有书作伴

黄伟林 著

广西人民出版社

图书在版编目（CIP）数据

有书作伴 / 黄伟林著 . — 南宁：广西人民出版社，2020.3
（桂学文库）
ISBN 978-7-219-10887-1

Ⅰ．①有…　Ⅱ．①黄…　Ⅲ．①书评—中国—现代—选集
Ⅳ．① G236

中国版本图书馆 CIP 数据核字（2019）第 180717 号

策划编辑　李筱茜
责任编辑　黄篆兰
责任校对　黄　玮
封面设计　李彦嫒
责任排版　梁敏芳

出版发行　广西人民出版社
社　　址　广西南宁市桂春路 6 号
邮　　编　530021
印　　刷　广西雅图盛印务有限公司
开　　本　787mm×1092mm　1 / 16
印　　张　20
字　　数　340 千字
版　　次　2020 年 3 月　第 1 版
印　　次　2020 年 3 月　第 1 次印刷
书　　号　ISBN 978-7-219-10887-1
定　　价　46.00 元

总 序

潘琦

　　桂学成立之初，就聚集了一大批钟情于广西地域文化研究的专家学者，经过八年多的潜心研究，桂学研究风生水起，取得了丰硕的成果。成果之多，是我们始料未及的。这些研究成果从各个不同的角度、不同侧面诠释了广西地域文化的丰富内涵和深厚的文化底蕴，体现了广西文化的理念、智慧、气度、神韵。同时注入作者的心思做细深的体认，彰显了作者敢于创新、开拓进取的勇气。人们能从这些文章中进一步加深对广西文化的认知、感悟、思考与审视，大大提高了广西人的文化自觉与文化自信，并为此感到无比的自豪。这是一支有水平、可信赖、能攻坚克难的桂学研究主力军。

　　地域文化性格既是中华文化多样性的标志物，也是中华文化有机整体巨大系统下的子系统，更是中国民族精神得以不断塑造培育的不竭源泉。广西历史源远流长，文化积淀丰厚。桂学专家学者们在研究地域文化过程中，力求在更广阔的平面上，更为完整、更为准确、更为深刻，同时也是更为贴切的在现代生活的实际层面上把握、认识、探索，不是以抽象的命题来解说广西文化的特色内涵与理论。因此这些成果有综合的、个别的，表达的方式、文体也是多样的。正是因为这种不同的层面、不同的角度、不同的时期、不同的表达方式，形成桂学地域文化研究的一系列优秀成果，展现出广西社会科学研究的繁荣景象，形势十分喜人！

为了展示桂学的研究成果，彰显专家学者不计名利、夙夜专攻、潜心研究付出的艰辛劳动，桂学研究会决定编辑出版一套"桂学专家学者文集"丛书。桂学研究会是一个为开展桂学研究提供组织、引导、服务的社会组织，对于社会科学研究的专家学者会员的研究成果和撰写广西地域文化相关的著作有扶持出版的义务。这套丛书的出版即可体现出来。

"桂学专家学者文集"所入选的作者是经过桂学研究会学术委员会讨论决定的，出版他们的个人文集既是对桂学研究成果的肯定，也是对在桂学研究上做出突出贡献的专家学者的表彰奖励。文集所选的作品是作者近年撰写的精品佳作。由于文体、课题和作者表述方式的不同，文集篇幅、字数不尽相同，在丛书体例一致的前提下，书本的厚度也不一样。为了避免重复和增加篇幅，整套丛书就写一个总序。至于对作者的文章的评价、说明简介，请读者通过其他渠道和方式了解。

这套丛书是费了很大工夫编辑出版的，这里面凝聚了作者的心血，也流淌着出版社编辑们的汗水，广西桂学研究会办公室的工作人员做了大量组稿联络协调工作，力求把这套书出成精品。虽然是这样，也许尚有不完善之处，自知难免，只好请作者、读者们原谅了。

有专家评论说，广西桂学的诞生体现了广西人的文化自觉、文化担当和文化自信，是广西文化发展史上的创举，必将对广西地域文化的发展产生积极而深远的影响。今天的桂学研究仅仅是万里长征迈开的第一步，还有很多事要做，还有很多领域要去探寻，还有很多高峰要去攀登，"雄关漫道真如铁，而今迈步从头越"。真诚地希望钟情于桂学研究的专家学者能团结一致、奋力拼搏继续沉下心来，脚踏实地、不折不扣地开展深度、广度、密度的研究。党中央关于发展新时代中国特色社会主义文化的大政方针，为桂学研究指明了方向，确定了基调，我们要坚决贯彻执行。可以预见，桂学研究将会出现一个崭新的局面，必将取得更加丰硕厚实的成果。

是为序。

（潘琦，中共广西壮族自治区委员会原副书记，广西壮族自治区文联原主席，广西桂学研究会会长）

目　录

contents

《论语译注》 ①

　　孔子是影响最大的中国思想家。司马迁曾说："孔子布衣，传十余世，学者宗之。自天子王侯，中国言六艺者折中于夫子，可谓至圣矣！"

　　20世纪80年代美国出版的《人民年鉴手册》列出世界十大思想家，孔子为十大思想家之首。

　　《论语》是一部记载孔子及其学生言行事迹的书。中国近古以来有四书五经的说法，《论语》列四书之首。

　　据统计，在最重要的10部世界名著中，《论语》被翻译的语种数量居第二位。

　　作为一个中国人，若要对中国文化有深入了解，不能不读《论语》。或者说，作为一个中国人，哪怕他未读过《论语》，他思想深处，也积淀着某些《论语》的精神。

　　"学而时习之，不亦说乎？有朋自远方来，不亦乐乎？人不知，而不愠，不亦君子乎？"这段话谈了学习、交友、做人三方面的道理，它常被作为中国人谈论这类问题的口头禅。然而，说过这些话的人不一定知道，这段话恰恰出现在《论语》开篇。

　　类似的格言在《论语》中比比皆是：吾日三省吾身；温故而知新；学而不思则罔，思而不学则殆；朝闻道，夕死可矣；知者乐水，仁者乐山；学而不厌，诲人不倦；三人行，必有我师焉；不在其位，不谋其政；逝者如斯夫，不舍昼夜；后生可畏；三军可夺帅也，匹夫不可夺志也；岁寒，然后知松柏之后凋也；工欲善其事，必先利其器；人无远虑，必有近忧；己所不欲，勿施于人……

　　可以说，《论语》中许多言语已经成为中国人经常运用的成语、格言、警句。这些成语、格言、警句代代相传，又内化为中国人为人处世、

──────────

　　① 杨伯峻译注，中华书局出版。

有书作伴

求知进取的原则标准。

《论语》是用文言写成的，但这并不妨碍有初中文化以上的中国人去阅读。因为，当你打开《论语》，你会发现其中许多话已被你说过，其中许多思想正仿佛是你自己的思想。

《论语》是一部会让每一个中国人感到亲切的书，《论语》是一部会让每个中国人感到似曾相识的书。假若你是一个中国人，哪怕你是第一次打开《论语》，你也会有一种回到家的感觉。

长久以来，孔子给人一种固执、迂腐、板正的感觉。读了《论语》，你会发现这种感觉完全是一种误会。记载孔子言行的《论语》，给我们提供的是一个具有圆形性格的孔子，他好学、深思、爱好音乐，他执著、天真、富有诗情。他是一位教育家，却丝毫不好为人师；他是一位哲学家，却从不抽象艰深，故弄玄虚；他是一位理想主义者，但仍食人间烟火，纯然一个性情中人。他说过：仁者不忧，知者不惑，勇者不惧。他正是这样一个仁、智、勇兼于一身的君子、圣人。

几千年来，为《论语》作注释的书，不胜枚举。影响大者，有何晏的《论语集解》、朱熹的《论语集注》、刘宝楠的《论语正义》等。这些都是研究《论语》的专门学者的必读书。作为一个普通读者，要了解《论语》，不妨读杨伯峻的《论语译注》。此书的目的在于帮助一般读者比较容易而正确地读懂《论语》，并给有志深入研究的人提供若干线索。《论语译注》由原文、译文和注解三部分组成。译文忠实原文、简洁流畅、通俗易懂，符合信、达、雅的翻译标准，尤其适合一般读者阅读。注释旁征博引，完备周详，可以满足专业读者需要。由于此书能适合不同层次读者的需要，所以自出版以来，备受读者青睐，被许多大学文史哲专业列入必读书目，拥有较大的发行量。而在我看来，青少年读者倘能阅读此书，在加强修养、陶冶性情、启发智慧、了解传统文化和世事人生诸方面，利莫大焉。

《老子全译》①

"祸兮，福之所倚；福兮，祸之所伏。"（灾祸呵，幸福的亲近伴侣；幸福呵，灾祸的藏身之所。）

几乎每个中国人都知道这句话，并且能理解这句话所蕴藏的人生智慧。这个简洁的对偶句把祸与福这对矛盾对立的事物之间的辩证关系作了明确有力的表达，它使得中国人能在幸福到来之时保持平常心，而在灾祸降临之际也不惊慌失措。

类似的人生智慧还可见于如下文字：

"故知足，不辱；知止，不殆；可以长久。"（知道满足，就不会受侮辱；知道适可而止，就不会遇危险。）

"不自见，故明；不自是，故彰；不自伐，故有功；不自矜，故长。多唯不争，故天下莫能与之争。"（不固执己见，所以事事物物看得分明。不自以为是，所以是是非非判得清楚。不自我夸耀，事业才能有成就。不自高自大，才能充当首领。正因为不跟别人争夺，所以天下没有谁能争得过他。）这种人生智慧属于典型的东方智慧，若让西方人面对这些格言，他们或许会觉得不可理解。

"夫轻诺，必寡信；多易，必多难。"（随便允诺别人的要求，势必很少兑现；经常把事情看得太容易，势必常遇困难。）

"持而盈之，不如其已；揣而锐之，不可长保。金玉满堂，莫之能守。富贵而骄，自遗其咎。功成身退，天之道。"（执求不止而想事事满足，倒不如罢手。捶砺不止而使之尖锐，不可能保持长久。金玉满堂，谁能守得住。富贵而骄傲，自己给自己留下祸根。功成身退，才符合自然之理。）

以上几段文字均引自《老子》。《老子》一书充满了这种中国人心领神

---

① 沙少海、徐子宏译注，贵州人民出版社出版。

会的人生智慧。事实上，在中国人的为人处世中，我们常能看到这种人生智慧的闪光。当然，作为一部意蕴深奥的哲学著作，《老子》的思想并不局限在这种人生哲理的范围。在某种程度上，上述格言并非最典型的《老子》思想。《老子》除拥有这些常识性思想外，还拥有非常识性的思想。这些思想出乎寻常又独具魅力，悖于常识又合乎至理。乍读之觉其荒谬，细玩之感其深邃。随手征引几段：

"五色令人目盲，五声令人耳聋，五味令人口爽。"（缤纷的色彩，使人眼瞎；繁复的音乐，使人耳聋；鲜美的食物，使人口伤。）

"大道废，有仁义。智慧出，有大伪。六亲不和，有孝慈；国家错乱，有贞臣。"（大道被废弃了，才会提倡仁义。智慧出现了，才有严重的诈伪。父子、兄弟、夫妇之间不和，才会提倡所谓孝慈。国家政治错乱，才有所谓忠臣。）

"绝圣弃智，民利百倍；绝仁弃义，民复孝慈；绝巧弃利，盗贼无有。"（灭绝聪明，抛弃智慧，人民将获利百倍；抛弃仁德，丢开义理，人民将回到孝慈；摒弃巧诈，去掉私利，盗贼才能绝迹。）

"人之生也柔弱，其死也坚强。草木之生也柔脆，其死也枯槁。故坚强者死之徒，柔弱者生之徒。是以兵强则灭，木强则折。故坚强处下，柔弱处上。"（人活着时，躯体是柔软的，他死后躯体就变得僵硬了。草木活着时，树干是脆弱的，它死后枝干就变枯槁了。所以坚强是通向死亡的道路，柔弱是通向生存的道路。因此兵力强大了就会失败，树木强大了就会摧折。所以坚强处于劣势，柔弱处于优势。）

这几段文字一看即知属于《老子》的思想专利。它们不仅显示了《老子》思想的魅力、思想的深度，而且显示了《老子》独特的思想方法和思想气质。

《老子》思想不仅奇特，而且深奥。其开篇一段话："道，可道，非常道；名，可名，非常名。无，名天地之始；有，名万物之始。故常无，欲以观其妙；常有，欲以观其徼。此两者同出而异名，同谓之玄。玄之又玄，众妙之门。"（道，说得出，就不是永恒之道；名，叫得出，就不是永恒之名。无，用以称述天地之始原；有，用以称述万物之根本。所以，应该从天地永恒之始原去观察道的微妙，从万物不变之根本去观察道的显豁。无与有同出一源而名称互异，两者都称得上深远莫测，从有形的深远境界到达无形的深远境界，这就是通向一切奥妙神秘的总门径。）

这段话可以说是整个《老子》思想的奠基石，是老子对其思想体系中基本概念道、名、无、有的定义。两千多年来，人们对这几个概念作了各种各样的诠释，至今未能达成统一认识。由此可见，老子的思想的确是玄之又玄，即深奥玄妙之极。

正因为《老子》如此深奥玄妙，所以，后代人对它的理解也见仁见智。有人把它当作哲学著作，有人把它当作宗教教义，有人把它当作治国策略，有人把它当作用兵之道，自然，也有人把它当作人生指南。一部五千言的小书，数千年弥久常新，数以亿计的人读之皆能读出新意，凡用心者均能于其中找到自己心有灵犀之处。可以说，《老子》是一部真正的奇书，虽然它玄之又玄，但我们仍不妨读读它，这既是对我们理解力的一次挑战，也是对东方神秘智慧的一次体验。

《禅外说禅》 ①

张中行生于20世纪初，一生孜孜于学问，直到20世纪末才有了著书立说的机会，文坛学界、报刊传媒才知道有这样一位文化老人。他的文章，称得上"亦诗亦史，亦哲亦痴"。这个概括实际上是说张中行是文史哲的通才，并且有执著的情怀。他的《文言和白话》《作文杂谈》是中学教育界极为实用又极有品位的参考书；他的《负暄琐话》《负暄续话》在散文界开出一条新路，成为一种典范；他的《顺生论》以简妙文体谈人生哲学，堪与培根《论说文集》媲美。此外，张中行还对佛学有精湛研究，著有《禅外说禅》《佛教与中国文学》等著作。

张中行是一个典型的书生学者，有点像曾经风行一时的长篇小说《青春之歌》中那个令人难忘的人物余永泽，上的是北京大学，兴趣是跑图书馆、钻故纸堆。张中行人生哲学的精义在乎顺生，从而能在不合时宜时，尽可能保持缄默。这种人生姿态给他免去了不少麻烦，在大动荡的时代幸存下来了，并在大建设的时代有了大器晚成的机会。

《禅外说禅》是一部谈禅的著作。作者认为，在中国文化中，禅是相当重要的成分。"有相当多的人走入禅堂，企图了他们的所谓'大事'，不走入的，有不少人乐得从禅堂讨些巧妙，来变化自己的文章、思想，甚至生活。"既然禅有如此大的势力，作者也就有了个心愿，弄个放大镜，上上下下，前前后后，左左右右，对禅作一个仔细的观照，弄清其庐山真面目。所以，《禅外说禅》是一部全面揭开禅的庐山真面目的书。

何谓"禅外"？作者指的是自己并非禅堂中人，或者说，作者并非参禅者。基督教堂中的牧师讲教义，那是教中说教。教中说教或许有一份虔诚，但也少了些客观。禅外说禅或许没有那份虔诚，却也多了份客观和公平。所以，书名的"禅外"，实际上不仅指作者并非禅堂中人，更指作者

---

① 张中行著，黑龙江人民出版社出版。

是以客观、公平、无偏倚的姿态来说禅。

何谓禅？作者解释：禅是梵语 Dhyana 的音译化简，全译是禅那；意译，早期是思惟修，后来是静虑，也可兼音及义，称为禅定。这是一种修持方法，用现在的话说，是用深入思索的办法改造思想。

当然，这样的解释不过是泛泛而言。实际上，《禅外说禅》全书 20 多万字，共计 12 章，包括《佛法通义》《中土佛教》《禅宗史略》《禅悟的所求》《机锋公案》《禅的影响》等章目，确实是从上下前后左右方方面面对禅作了一番详谈宏论。

以我的阅读经验，大多数关于哲学宗教的图书，要么抽象艰深、玄虚难解，要么武断主观、简单肤浅。前者容易走向神秘化，后者容易变成虚无论。张中行的《禅外说禅》避免了这两种极端。他反复强调，他是以常人的思想探究禅这一种超常的方法。禅外说禅，也因此有一种以平常心谈超常事的意思。以常对付超常，并不等于把超常降低为常，而是在承认超常的前提下尽可能去理解超常。孔子曰：未知生，焉知死。知识被局限于常人的理解范围之内。张中行则试图往前多走一步，承认禅悟之境难言，但难言也要言。这里的言不是乱语胡言，而是通过精研之后谨慎地发言。这些发言，是对禅的力求客观公正体察入微的理解。其中，关于禅是一种人生之道。禅，或说禅悟，是有关人生之道的一种设想、一种试验，其中有智，尤其有勇。就对"欲"的态度而言，儒佛就正好相反，儒家是"顺"之，佛家是"逆"之。佛家思想与天命战。如此种种，完全可以称得上是一个常人对禅这种超常事物的真知灼见。

禅宗是中土佛教的一个宗派，禅是佛教中一种有特点的修持方法。佛教是世界三大宗教之一，也是中国传统中与儒、道并列的文化体系之一。《禅外说禅》应该说是一部关于佛教，特别是关于禅宗的雅俗共赏的入门书。

《中国哲学简史》

我上小学时，中学就开设有政治课。政治课中多少包括一些哲学内容。上中学，则开设有哲学课。这哲学课一直开到大学。虽然我不是哲学专业的学生，但哲学课却纠缠了我很多年。我把哲学当作一个想摆脱又摆脱不掉的包袱。

然而，1985年，也就是我大学毕业的第2年，我改变了自己对哲学的看法。原因在于我买到一本刚刚出版的书，冯友兰先生的《中国哲学简史》。这本书改变了我原来对哲学的认识。我没想到，哲学竟然是如此有魅力的一门学问。

首先，是冯友兰先生对中国哲学传统的理解打动了我。他认为，"中国哲学的传统，它的功用不在于增加积极的知识，而在于提高心灵的境界——达到超乎现世的境界，获得高于道德价值的价值"；他认为，"专就中国哲学中主要传统说，……它既入世又出世"；他认为，"照中国的传统，……哲学所讲的就是中国哲学家所谓内圣外王之道"。

显而易见，冯友兰先生对中国哲学的理解彻底刷新了我原来从教科书那儿获得的对哲学的理解。尽管教科书都强调哲学是人们的世界观和方法论，但在我的感觉里，这所谓哲学都是离我们过于遥远的东西，它虽然正确到无懈可击，但却与我们无关。冯友兰先生的理解一下把哲学从遥远陌生的国度拉回到我的心里。或者说，因了冯友兰先生的指点，我发现原来哲学就隐藏在我们心底。冯友兰先生这本著作把我们每个人心中必然存在的哲学感觉开发出来了。

其次，是冯友兰先生对中国哲学历史的梳理打动了我。过去我一直认为哲学是一种阐述普遍性的学问，是唯一绝对真理的代名词。然而，冯友兰先生以从容冷静的笔调叙述了中国历史上各种哲学流派的发生和演变，探讨了各种哲学流派的理念和方法。我因此始知哲学原来也是充满人情味和个性色彩的学问。它并非高悬天际可望不可即的抽象说教，更非飞扬跋扈者专横霸道的一言官腔。书中描述的所有这些哲学，一律来自中国哲学家丰厚的人生体验，独特的个性思考和饱满的情感思维，它直接与具体的人生、性格、情感相关。用金岳霖先生的话说，对于一个中国哲学家，"哲学从来就不只是为人类认识摆设的观念模式，而是内在于他的行动的箴言体系；在极端的情况下，他的哲学简直可以说是他的传记"。

再次，是冯友兰先生对中国哲学历史的阐释方式打动了我。原来我所学的哲学都是抽象枯燥的高头讲章，于是，哲学给我的印象不过是由一系列抽象概念集合的价值体系。是冯友兰先生这部著作使我第一次知道还能以如此生动、具体、有趣的方式阐释哲学。这部著作不仅思路清晰，理念透彻，而且穿插了诸多哲学家的生活故事和名言隽语。冯友兰以极其感性的方式来阐述似乎极度艰深的理念，许多哲学史上诉说不清的问题在他的笔下变得灵性盎然，妙趣横生，真正说得上是深入浅出。如今许多学者为了显示自己博大精深，采取的是一种"拒绝阅读"的写作策略，似乎读者无法进入的文本就是深刻的文本。然而，以冯友兰真正大哲学家的身份，他写这本著作却纯然一副"亲近读者"的姿态，以平易的文字谈精深的道理。这番情景颇使我觉悟，真正自信者平易近人，虚张声势者拒人于千里之外。

冯友兰先生说："历稽载籍，良史必有三长：才、学、识。学者，史料精熟也；识者，选材精当也；才者，文笔精妙也。"我以为，《中国哲学简史》正是这样一部兼有才、学、识三长的著作。冯友兰先生著此书，本为写给西方读者，意在通俗、易晓、娓娓可读。显而易见，这些愿望，都在此书中得到了圆满的实现。

最后说一点，《中国哲学简史》最初是以英文本形式于1948年由美国麦克米伦公司出版的。此书出版后，又有法文、意大利文和南斯拉夫文的译本出版，在欧美颇有影响。直到1985年，著者的学生涂又光先生据英文本译为中文由北京大学出版社出版。中文本未采用传统的铅字排版工艺，全部文字由国产计算机——激光汉字编辑排版系统排版。这是我第一次读到激光照排的图书。以完全现代化的手段来出版这样一部讲述中国传统哲学的著作，在当时的我看来，真有一种沧海桑田的感觉。

《中国学术思想史随笔》 ①

几十年以后的人们回顾中国20世纪的文化历史，可能会感到费解。20世纪初，读经仍是中国学术主流，中国文化界尚存在康有为的今文经学和章太炎的古文经学之争。1905年清王朝正式下诏废除科举，新式教育日益兴盛，读经渐渐废止。辛亥革命失败后，又出现复古尊孔、保存国粹的潮流，袁世凯政府祭孔，规定读经为中、小学必修课。康有为甚至电请北洋政府尊孔教为国教。之后的"五四"新文化运动，出现了更激烈的"打倒孔家店"的口号，甚至有废除汉字、汉语、不读中国书等极端主张。20世纪40年代，朱自清写《经典常谈》，序中第一句则称"在中等以上的教育等，经典训练应该是一个必要的项目"。可见"五四"时代的极端又有所回旋。20世纪60年代"文化大革命"，传统文化又处于被全盘否定的状态。20世纪90年代，竟出现"国学复兴"。

不过，经过历史如此这般大起大落的折腾，人们发现，20世纪90年代尽管有所谓"国学复兴"，但许多人却全然不知何谓"国学"。经过近一个世纪的反反复复，即使那些提倡弘扬传统的人，也有许多已不知传统为何物了。

其实，"国学"并非什么玄妙之辞。按曹聚仁先生的说法，"国学"乃是外来语，并非国产。日本人原有"支那学""汉学"这样的名词，因此，19世纪后期，留学日本归来的学人，译之为"国学"，也就是"中国学术"之意。

知道"国学"为"中国学术"并不意味着真正了解了"国学"，因为，我们还必须进一步了解，何谓"中国学术"。关于这个问题，20世纪的中国学者留下了不少著作，如章太炎的《国故论衡》、钱穆的《国学概论》、顾颉刚的《汉代学术史略》、梁启超的《清代学术概论》、朱自清的

---

① 曹聚仁著，生活·读书·新知三联书店出版。

《经典常谈》，当然，也包括我们这里将要谈论一番的曹聚仁的《中国学术思想史随笔》。

《中国学术思想史随笔》是曹聚仁晚年之作，最初在香港《晶报》上连载，从1970年1月2日至1970年9月15日，连载了九个半月。这部书共分12部分。第一部分可称引子，从方方面面谈论自己写这本书的动机以及自己一生治学的经历，第二、三部分专门谈论儒家的兴起和两汉经学，第四部分谈除儒家之外的先秦诸子，第五部分谈玄学和佛学，第六部分谈宋明理学，第七、八、九、十部分专谈清代经学，第十一部分谈晚清的学术变革，第十二部分谈的是中国文章。

曹聚仁自称"这是一种'有所见'的书，不仅是'有所知'的书，窃愿藏之名山以待后世的知者"。此话颇为自负，但确也合乎实情。在我看来，《中国学术思想史随笔》正好具备这两大品格，其一为"有所知"，其二为"有所见"。

"有所知"指的是曹聚仁具有广博完备的国学知识。换句话说，读了此书，我们终于可以理解什么是国学。这种理解不是肤浅的、概括的、静止的，而是深入的、细致的、发展的。比如清代经学，此书不仅指出清代经学与宋明理学以及两汉经学的根本不同，而且专门谈了清初顾、黄、王、颜四大学派，乾嘉道咸年代的吴学、皖学、浙东、扬学四大学派，以及清末魏源、龚自珍、康有为等为代表的今文学。在这里，指出不同，可谓深入；详述流派，可谓细致；梳理变迁，可谓清晰。此书既以"学术思想史"命名，就必须完善"史实"。而这里的史实，对作者，是"有所知"，其本身有广博完备的国学知识；对于读者，亦是"有所知"，可以因读此书而获得广博完备的国学知识。

作为一部述史之作，不仅须"有所知"，而且应"有所见"。这里的"见"指的是"史见"，对历史的见解。对待博大精深的学术思想史，不是顶礼膜拜，而是冷静分析。这是"有所见"的前提。曹聚仁是"五四"新文化运动的参加者，不仅有扎实的国学功底，而且有锐利的疑古精神。他表示："我只是一个病理学者，我要对年轻人说明白，所谓'古书'是怎么一回事，我们要跳出科举制艺的圈子，用批判的眼光来认识中国学术思想的真面目。"正是这种"病理学者"的态度，使曹聚仁能看清国学中的精粹与糟粕。他告诫人们，如果对国学有兴趣，千万莫落入科举制艺的陷阱，必须跳出宋明理学、汉代今文学的圈子，要研究先秦诸子百家，就得接受清代学人的知识，如皖学、浙学和扬学，经过了考证学的基本工作，再来求其汇通。这是研究国学的方法的经验之谈。他告诉人们，"不要恋古、迷古、信古，要明白古代文化遗产，其中'国糟'多于'国粹'……"他叙述亲身的阅读经历，是房龙的《人类的故事》启发了他有关历史的智慧，是路威的《文明与野蛮》给他指明了文明的真实历史。他以这种经验为证，强调必须以现代的历史观和人类学知识来对待国学。这样才能去掉国学神话的外衣，发掘其内在的价值。用他的话说："我们只有真正通了'今'，才可以'博古'。"可见，《中国学术思想史随笔》确是一部"有所见"的书，它处处闪耀着建立在"真知"基础上的"灼见"之光。

《顺生论》 ①

谈人生的书数不胜数，我尤其看好这部《顺生论》。

顺生这个词，按作者的意思，是"率性"的另一种说法。《中庸》开头说："天命之谓性，率性之谓道，修道之谓教。"换成现代汉语：人有了生就必须饮食男女，这是定命，到身上成为性，只能接受，顺着来，顺着就是对；但人人顺着也难免有冲突，比如僧多粥少就不免于争，所以还要靠德、礼、法等来调节。

作者很欣赏这种人生哲学，并有所发挥写成这部《顺生论》。他这样解释书名："我们有了生，生有没有究极意义或价值，不知道；但有天赋的好恶，如没理由地觉得活比死好，乐比苦好，这是命定，或说性；已定，抗不了，一条简便的路，也许竟是合理的路，就成为，顺着天命的所定活下去，即本书所谓顺生。"

一部《顺生论》，洋洋20余万言。分三个部分：天心、社会和己身。天心谈12个问题，如存在、生命、鬼神、天道、命运等形而上的范畴；社会谈24个问题，如组织、分工、平等、道德、宗教等群体范畴；己身谈24个问题，如自我、机遇、婚姻、事业、信仰等个体范畴。三个部分60个问题，涉及人生方方面面。60个问题实际上是60篇美文，合为一体，成人生哲学体系；独立成篇，也是珠圆玉润，质文俱佳。

我之所以看好这部《顺生论》，理由有四。其一，是作者的态度。我们读过许多关于人生问题的书，作者对人生发言，多是持真理在手的姿态，仿佛他所说的一切，都是超越了他自身局限性的颠扑不破的真理。而这些所谓真理，多半大而无当，华而不实。张中行写《顺生论》，明确指出，"其中所写都是自己的有关人生的所想"，这句话中的"自己"很重要，它表明作者诚实、谨慎的态度。既然是自己所想，就不敢武断为真

---

① 张中行著，中国社会科学出版社出版。

理。于是，在这里，作者的发言，名义上，不再是放之四海皆准的真理；实际上，却表现了实事求是、推己及人的真诚。

其二，是作者的方法。大多数人生哲学，往往观点明确、论证有力，采取的是大胆立论、大胆求证的方法。张中行写《顺生论》，采用分析的方法，贯通怀疑的精神，既不"过于执"，也不唯我独尊。说自己的道理，任别人去取舍。这样的方法，表面看不够旗帜鲜明、雄辩有力。仔细体味，却有一种深婉透彻、润物无声的力量。

其三，是作者的见识。作者是老北大的毕业生，大学时代就打下了扎实的旧学功底。求知一生，学贯中西。早在青年时代，就学习人生哲学，想弄清楚人生是怎么回事，怎么样生活才好。中年之后，饱经沧桑，遂产生写《顺生论》的念头，且开始动笔，直到晚年才最终写成，写作时间长达40余年。渊博的书本知识，丰厚的人生体验，严谨、恒毅的写作态度，如此种种铸就的自然是充满真知灼见的人生论。

其四，是作者的文采。作者是训练有素的文章家，曾著有《作文杂谈》一书，深谙文章之道。尤其可贵的是，作者在作文方面不是纸上谈兵、眼高手低，他的《负暄琐话》《负暄续话》《负暄三话》等散文随笔，在文坛享有盛誉。《顺生论》虽然是一部人生哲学专著，但作者却能以美文之笔写出，是哲学和文学相结合的典范。随手引一段《后记》文字："是人生，我们时时在其中，像是并不觉得它；一旦设想跳到其外，绕着它看看，就立刻会发现，它是神异的，或说怪异的。你爱它，他会给你带来苦；你恨它，却又躲不开；你同它讲理，讲不清楚；不讲，决心胡混，又会惹来麻烦。"这番议论，有理有情，亦庄亦谐，富于逻辑又充满想象，诗美和哲思尽在其中。

其实，《顺生论》的妙处，绝不是上述四点就可以概括。我不过隔靴搔痒、浅浅道来。私心里，我愿意把张中行的《顺生论》与培根的《论说文集》相提并论。在哲学与诗、人生与文采的融合以及文体的纯净、简洁、工整方面，《顺生论》和《论说文集》堪称中西双璧。

《生活的艺术》①

在我的心目中，林语堂本是一个无足轻重的名字，知道他是因为读鲁迅文章。鲁迅太伟大了，所以，与鲁迅相比，其周围的人都显得渺小。更何况，在鲁迅作品的注释中，林语堂有很长时间是个灰色的名字。

上大学的时候读林语堂的《苏东坡传》，颇有好感；大学毕业不久读林语堂的《吾国吾民》，觉得不错；有一次出差无聊，买了部林语堂的《京华烟云》，一气读完，有不忍释卷之感；接下去，就是读林语堂这部中外闻名的《生活的艺术》了。

青少年的我受的教育一直是一种严肃板正的教育，读的书也都是严肃板正的书。所以，初读《生活的艺术》，确有一种别开生面、耳目一新的感觉。这种感觉在读梁遇春的《春醪集》《泪与笑》时有过，在读钱钟书的《写在人生边上》有过。梁氏和钱氏这三本书都是散文集，林语堂的《生活的艺术》却是一部系统之作。因为读了《生活的艺术》，我才知道，梁遇春的浪漫和钱钟书的诙谐，并非是独属于他们自己的个性，而共有一种文化的底蕴和根基。

这种文化的底蕴和根基是迥然相异于我从童年到青年所受到的学校教育的。学校教育把人生描述为励志、求知、奋发、成就的过程，林语堂在《生活的艺术》中表现的，却是闲适、放浪、快乐和享受。如果把前者理解为崇高，后者不妨称作优美；前者倾向于兼济天下的进取，后者偏重于独善其身的保守。

在我看来，一味强调人生紧张、沉重的一面，也不一定真能造就杰出的人才；适当说明人生的闲适、轻松，或许能给人造成一个自由伸展的空间。人生本是完整的，教育和阅读也没必要偏食，在这个意义上，《生活的艺术》不失为一部为我们打开一扇人生快乐之门的好书。

---

① 林语堂著，黄嘉德译，三环出版社出版。

有书作伴

崇高固然可敬，但也有别有用心者利用崇高而使崇高变成虚伪；享乐谈不上伟大，但也绝非有罪。承认自己对享乐生活的追求，不仅体现出道德意义上的坦荡和真诚，而且还可能激发科学实用方面的创造。读《生活的艺术》，虽然与崇高无涉，但确实能启发人的心智，让人们发现日常生活中的许多美点。书名为《生活的艺术》，内容则是启发人们怎样艺术地生活。全书14章，其中7章专门谈怎样享受人生的方方面面。享受生命、享受悠闲、享受家庭、享受日常生活、享受大自然、享受旅行、享受文化。事无巨细，人生中可享受的地方如此之多；千方百计，人生中享乐的方法是如此不穷。从穿衣吃饭到读书写作，处处有乐可享，时时有享乐技巧呈现。

林语堂自称《生活的艺术》表达的是一种闲适哲学，一种快乐哲学。作为中外闻名的幽默大师，林语堂把这种闲适快乐的哲学表达得诙谐生动、妙趣横生。如果说哲学是对人和人生观的塑造，那么，正统严肃的哲学或许试图塑造成功的人物，表达成功的人生观；而这种闲适快乐的哲学则没有这种雄心和气魄，它只想表达这样一种人生理想："让我们做合理近情的人。"

也许有人会认为林语堂油滑，《生活的艺术》中许多文字自由散漫，浑无正经；也许有人会认为林语堂低调，《生活的艺术》中不少观点迎合世俗，维护感官；也许有人会认为林语堂庸俗，《生活的艺术》实在谈不上崇高伟大、恢宏卓越。的确，《生活的艺术》不过是在启发你享受人生，其中一些观点和方法已显得陈旧落伍、不合时宜甚至有明显谬误。但是，我们没有理由认为林语堂是在不负责任的信口开河。《生活的艺术》写于20世纪30年代中叶，正值法西斯主义猖獗之时。在《生活的艺术》一书中，林语堂以放浪者为理想人。这似乎远离崇高，但却切中时弊。正如林语堂所说："在这个民主主义和个人自由受着威胁的今日，也许只有放浪者和放浪的精神会解放我们，使我们不至于都变成有纪律的、服从的、受统驭的、一式一样的大队中的一标明号数的兵士，因而无声无息地湮没。放浪者将成为独裁制度的最后的最厉害的敌人。他将他为人类尊严和个人自由的卫士，也将是最后一个被征服者。"我相信，读《生活的艺术》到这里，人们会理解彼时林语堂的良苦用心，理解林语堂那放浪不羁的叙述姿态下庄严正直的火热情怀。

《谈文学》^①

文学的特点在仁者见仁，智者见智。不像数学物理，有公式可依、定律可循。因了这一特点，许多谈文学的书就容易流于玄虚，常常是洋洋万言，给人模糊含混、难以捉摸的感觉。相比之下，朱光潜的《谈文学》，努力做到"切实"二字，以求实的态度对待务虚的文学，确实把握了文学的脉搏，感应了文学的律动，于文章得失、创作甘苦方面，道出了诸多内行的见解，知音的心得。

比如，朱光潜特别强调文学的趣味。他认为辨别一种作品的趣味就是评判，玩索一种作品的趣味就是欣赏，把自己在人生自然或艺术中所领略到的趣味表现出来就是创造。显而易见，朱光潜是把趣味问题作为文学的核心问题来看待的。在他的心目中，文学教育的第一件要事是养成高尚纯正的趣味。趣味如此重要，又如此玄虚，那么，怎样才能习养而成呢？如果没有切实的途径，所有关于趣味的谈话就显得轻浮缥缈，大而无当。所幸，朱光潜指引了习养趣味的途径，他表示，唯一的办法是多多玩味第一流文艺杰作，在这些作品中把第一眼看去是平淡无奇的东西玩味出隐藏的妙蕴来，然后拿通俗的作品来比较，自然会见出优劣。这是一条相当切实的途径，也是一条十分正确的途径，它同时还表明文学趣味的养成仍然是一种经验的积累。在这里，作者写作的求实态度和对文学自身规律的尊重都体现出来了。

求实的态度和纯正的趣味使作者能超越人云亦云的局面，表达自己独到的观点。批评界常有一种宽容的说法，即写作和欣赏各自独立，写作的平庸并不妨碍欣赏的高雅，所谓手低而眼高。朱光潜却以自己的经验为据，指出了这种说法的自欺欺人。他认为：你自己没有亲身体验过写作的

---

① 朱光潜著，开明书店 1946 年 5 月第 1 版，后收入上海文艺出版社出版的《朱光潜美学文集》第二卷。

甘苦，对于旁人的作品就难免有几分隔靴搔痒。很显著的美丑或许不难看出，而于作者苦心经营处和灵机焕发处，微言妙趣大则源于性情学问的融会，小则见于一字一句的选择安排，你如果不曾身历其境，便难免忽略过去。

朱光潜是研究美学的学者，标举高尚纯正的趣味，体现其眼高；朱光潜又是擅长说理文的高手，朱自清称他能近取譬，深入浅出的本领是他的特长，可谓手亦不低。可以说，朱光潜的作品，手高和眼高是和谐统一的。在《谈文学》一书中，专门辟有《作文与运思》《选择与安排》《咬文嚼字》等章节来谈写作的技巧，从中可以看出朱光潜在文章的结构布局、文字表现诸方面，确实功力深厚，经验老到。《散文的声音节奏》一节，强调白话文必须念着顺口，要自然、干净、明朗，能够在长短、轻重、缓急上面显出情感思想的变化和生展。这无疑是很高的标准，而以这标准去对照朱光潜的文章，也分明衬出朱光潜说理文的语言已臻较高境界。

朱自清说朱光潜的文字"像行云流水，自在极了。他像谈话似的，一层层领着你走进高深和复杂里去。他这里给你来一个比喻，那里给你来一段故事，有时正经，有时诙谐；你不知不觉地跟着他走，不知不觉地'到了家'"。这里所谓"到了家"，大概指的是读者已同意和接受了朱光潜的美学道理。由此可见，朱光潜以美文论美学，的确实现了学术和文章兼美。

《谈美》①

20世纪二三十年代的中国文化界有一个很好的传统，即一批大作家、大学者专门为青少年写作，作家中如冰心、叶圣陶，学者中如朱自清、朱光潜。这些名家为青少年写的作品，哺育了一代又一代中国青少年，成为影响几代中国人的传世之作。

冰心的《寄小读者》、叶圣陶的《稻草人》、朱自清的《经典常谈》、朱光潜的《谈美》就是这样的传世之作。

朱光潜曾在香港大学，英国爱丁堡大学、伦敦大学，法国巴黎大学和德国斯特拉斯堡大学做过14年的学生，回国后担任北京大学西语系教授，抗战期间曾担任过四川大学文学院院长和武汉大学教务长，之后又回到北大，继续做西语系教授直到逝世。可以说，朱光潜一生都生活在大学校园的围墙内，是一个典型的学院派人物。

虽然做的是西语系教授，但朱光潜研究的却是美学。他的《文艺心理学》《悲剧心理学》《西方美学史》等著作都是在文艺学、美学领域影响极大的书。他本人更是中国20世纪屈指可数的影响较大的美学家之一。以这样的学养和身份，朱光潜还专门为青年读者写了一系列著作，如《给青年的十二封信》《谈美》《谈文学》等。

作者自称《谈美》是给青年的"第十三封信"，也是《文艺心理学》的"缩写本"。《文艺心理学》是专门写给研究美学的人读的，《谈美》则是与青年读者就"美"这个话题做的谈心。作者说："我坚信中国社会闹得如此之糟，不完全是制度的问题，是大半由于人心太坏。我坚信情感比理智重要，要洗刷人心，并非几句道德家言所可了事，一定要从'怡情养性'做起，一定要于饱食暖衣、高官厚禄等等之外，别有较高尚、较纯洁

① 朱光潜著，开明书店1932年11月出版，后收入上海文艺出版社出版的《朱光潜美学文集》（第一卷）。

的企求。要求人心净化，先要求人生美化。"

从这段叙述写作动机的发言，我们得知，朱光潜并不把美学问题当作纯粹的学院学术问题，而是把美学问题和现实人生紧密联系起来。于是，美学在朱光潜的工作中就有了类似蔡元培"美育代宗教"的意义，即通过美学研究，来改变中国的国民性。用朱光潜的话说，谈美是为了免俗。什么是俗？俗就是像蛆钻粪似的求温饱，不能以"无所为而为"的精神做高尚纯洁的企求，俗就是缺乏美感的修养。怡情养性就是怡养美的人情、美的人性。

显而易见，这种谈美的方式与我们通常所见学院人士谈美的方式迥然不同。前者是亲近读者、切入人生的，后者是拒辞读者、疏离人生的。

《谈美》不仅有亲近读者的动机和方法，更有吸引读者、征服读者的内容。《谈美》一书由15节组成，这15节又可分为4个部分。一是谈美感和美，二是谈美的欣赏，三是谈美的创造，四是谈艺术和人生的关系。表面上看四个部分各自独立，自成一格。但仔细品味，却发现前面三个部分是第四部分的铺垫，第四部分是前面三个部分的升华。原来，朱光潜把人生态度分为三种：实用的、科学的、美感的。实用态度求的是善，科学态度求的是真，美感态度求的是美。于是，真、善、美构成一个完整的人生。作为一个美学家，作为一部谈美的书，朱光潜的《谈美》专心谈的是美感态度，对美感态度做了鞭辟入里、深入浅出的阐发。然而，朱光潜注重的是全体人生，而非局部态度。他专门开辟《人生的艺术化》一节，探讨艺术和人生的关系。在这一节里，他令人信服地证明：至高的善也是一种美，科学的活动仍是艺术的活动，于是，"不但善与美是一体，真与美也并没有隔阂"，就这样，真、善、美在美的巅峰得以融合，人生和人生态度在美的极致中得以圆满。

当我们厌倦了许多美学著作的生拉硬扯、牵强附会，当我们看穿了许多美学家信口开河的虚无空洞，这时候读一读朱光潜的《谈美》，感受其中的流畅生动、博学雅趣、细腻贴切和精警透彻，我们可以感觉到，学院里也有真情趣，学者笔下也有好文章。

《李宗仁回忆录》

中国现代政治领袖没有自己写回忆录的传统，这些政治领袖都有许多传记，但都是后人写的。他们似乎不喜欢自己回忆自己、评价自己，他们选择了让历史去评说他们。只有李宗仁例外。所以，《李宗仁回忆录》的撰写人唐德刚先生认为：《李宗仁回忆录》"在中国近代史传记项下，是一部鲜有其匹、全始全终的'当国者'的自述"。

唐德刚认为"李宗仁先生是中国近代史上一位屈指可数的政治领袖和英雄人物。读历史的人，纵使以成败论英雄，对这样一位不平凡的历史制造者，也不能等闲视之"。"论战功、论政略，他都是国民党旗帜下一位佼佼不群的领袖……少了他，历史可能就不一样了。"

传主的地位很大程度上决定了传记的价值。李宗仁的地位决定了《李宗仁回忆录》的重大价值。毛泽东就曾经关注过这本书的英文本，并请有关单位译成中文。不过，毛泽东是否读过这本书，不得而知。

历史人物的回忆录，最有价值的地方可能不是历史人物的历史，而是历史人物的心史。我们知道，一个人做了什么是会在历史上留下痕迹的，而一个人的情感心理，如果他不用文字的形式表现出来，就可能完全无迹可求。比如，今天我们经常对毛泽东如何看周恩来、如何看蒋介石、如何看林彪这些话题感兴趣，但是，这些毛泽东的看法，其实都来自第三者的转述，并不是评价者白纸黑字留下来的，而且这些转述多发表于当事人身后，它的真实性或权威性已经大打折扣。所以，当事人的回忆录，就变得特别珍贵。在这方面，《李宗仁回忆录》确实有其他中国现代领袖传记不可取代的地方，它保留了许多李宗仁对他同时代人物如蒋介石、汪精卫的情感态度，可以真实地看到李宗仁究竟亲近谁、疏远谁，对什么人欣赏器重，对什么人不以为然。这些情感心理一般不会在常规的史书中看到，也很难在别人写的传记中得到真切的表达，而《李宗仁回忆录》，在这个方面得天独厚。

比如，《李宗仁回忆录》就涉及大量对蒋介石的品评。品评这个词与评价这个词不完全相同，它带有较强的个人色彩，它关注的也不仅是历史人物的历史地位、历史功过这些问题，同时也关注历史人物的个人性格、个人素质以及道德品质、价值取向等问题，由于回忆录的作者与这些历史人物长期"亲密接触"，因此，他的回忆会更生动、更具体、更感性、更有趣，不像有的历史著作那样抽象乏味，大而无当。像书中回忆1937年的上海、南京保卫战，就对蒋介石的指挥失当进行了相当深刻的分析，认为蒋介石一是意气用事，二是对国际形势判断错误，三是不懂兵法，逞匹夫之勇。这里的意气用事和匹夫之勇说的都是蒋介石的性格气质、情感心理，如果不是当事人的回忆，断不可如此细腻、生动。所以，就回忆录的特点而言，它不仅可以书写"大历史"，而且可能还原"小历史"。这个"小"不是渺小的意思，而是贴近了历史的细部，注意了历史的细节，不仅有历史的性质，而且有文学的意蕴。

说到对李宗仁的历史评价，一般可以这样概括：桂系领袖、北伐名将、民族英雄、民主实践者、爱国人士。人们最熟悉的就是民族英雄这个头衔，即李宗仁对中国抗日战争的贡献。一般说到李宗仁与抗日战争，大多数人只知道台儿庄战役。其实，李宗仁还有很多重要的与抗日战争有关的事迹。他并不只是一个在战场上决战取胜的常胜将军，更是一个未雨绸缪，有预见力、决断力的战略家，不仅在军事上卓有天赋，是一个卓越的军事家，而且在政治上同样具有领袖的谋略和气魄，是一个杰出的政治家。我们不妨介绍几件《李宗仁回忆录》里写到的抗战爆发前的事情，看看李宗仁如何体现了他的战略家、政治家素质。

一是李宗仁提出了"焦土抗战"的战略。李宗仁早从日本的种种行径判断出日本侵华是早晚的事情。他在1933年就发表了一篇讨论抗日战略计划的论文《焦土抗战论》，这篇文章的主要内容是中国必须利用广土众民、山川险阻等优越条件来困扰敌人，作有计划的节节抵抗的长期消耗战。通过坚壁清野、敌后游击战、破坏交通等方式拖垮敌人。"焦土抗战"后来成为抗日战争期间最为流行的悲壮的口号，也成为中国抗战的战略方针。这个战略正是李宗仁提出的。

二是广西长期实行"寓兵于农"的政策，备战工作做得非常好，为抗战预备了大量的兵员。抗战爆发时，广西的常备军只有14个团。但因为有"寓兵于农"的政策，广西从1933年起实行征兵，新兵训练一年后退伍。

抗战爆发时已积累了四届训练有素的退伍士兵，一经动员，农民蜂拥报名入伍。因此，才能在短短时间内迅速编成三个军四十团开赴前线。开中国近代史上军事动员未有之先例。

三是建立了有效的情报渠道。早在1933年前后，日本因为两广抗日意识明确，多方派人拉拢李宗仁，军、政、商、学各界要员到广东李宗仁私宅访问的多至100多人。李宗仁利用这个机会与日本军人和知鹰二中佐成为好朋友，还认识了翻译何益之，并策动何益之做了中方的情报员。抗战爆发后，何益之为李宗仁的第五战区提供了大量情报，中央军委会所得情报还不及五战区可靠。

四是迁省会到桂林。李宗仁预见抗战即将爆发，觉得广西省会在南宁，距离海口太近，易受敌人威胁，1936年提出将省会迁回桂林。桂林的好处是避免了敌人海上登陆的威胁，可与中央密切联系，桂林山洞多，天然防空。省会迁到桂林不到半年，抗战就爆发了。

当然，在民间最有影响的还是台儿庄战役。台儿庄战役人们说得已经够多，这里只是说一个它对于中国抗日战争的意义。《李宗仁回忆录》是这样说的："台儿庄一役，不特是我国抗战以来一个空前的胜利，可能也是日本新式陆军建立以来第一次的惨败。足使日本侵略者对我军另眼相看。""台儿庄捷报传出之后，举国若狂。京、沪沦陷后，笼罩全国的悲观空气，至此一扫而空，抗战前途露出一线新曙光。"《白崇禧先生访问纪录》专门提到当时武汉行都狂热庆祝，游行人数超过10万，用卡车载李宗仁巨幅相片作为先导。

历史人物的回忆录，还有一个重大的价值，就是它不仅还原了已经发生过的历史，而且还提供可能发生的历史。因为历史人物有许多想法，有些想法影响了历史，有些想法由于种种原因没有影响历史，但它为读者提供了一种历史的可能性。这种历史的可能性对历史本身已经无济于事，但它对现实、对未来却不无补益。比如，前面我们已经说到李宗仁是一个战略家、政治家。所举的事例多局限于中国问题。事实上，李宗仁并不仅仅对中国问题和军事问题深谙于心，他是一个具有国际视野的政治战略家。在《李宗仁回忆录》中，李宗仁回忆了他在抗日战争后期对国际形势的分析和对策。其中有两件事非常能显示李宗仁的战略眼光和政治智慧。这两件事都发生在1944年。第一件事是李宗仁建议英国不要过早开辟第二战场，应当让德、苏两国拼死纠缠，两败俱伤，然后渔翁得利。如果英国真的采纳了他的建议，战后世界历史的确可能改写。东欧和柏林问题也可能不复存在。第二件事是李宗仁向美国提交的两份备忘录。备忘录的内容是建议中美两国应及早计划控制东北，以防苏联占据东北，为了达到这个目的，一是不必要求苏联参战，二是提前训练东北接收人员。但这两个建议都没有被美国方面接受，李宗仁对世界大势的预测也就只能成为纸上的备忘录，而不是历史的指南针。

李宗仁作为一个民主实践者这一身份鲜有人提及。但这确实是李宗仁与中国现代众多政治领袖不同的地方。早在抗日战争时期，桂系势力范围内的桂林云集了数以千计的抗日救亡的文化名人，造就了举世闻名的桂林抗战文化城。抗战胜利后，李宗仁任北平行营主任，虽然权力被架空，但还是尽其所能排难解纷，尽可能为深受国民党"劫收"之苦的民众解决了一些问题。其中，他为协和医学院知名教授到广西医学院谋职、他为齐白石老先生解决生活困难，他礼遇教授，每两周与北平学者聚会一次，放任学者发表对政府的批评意见，以及他竭力禁止军警和学生冲突，命令军警保护游行学生，使得学潮圣地北平平安无事，这些作为，确实深得民心，为其博得了"礼贤下士"的清誉，也被国民党党内外人士"看成国民党内民主改革的象征"[1]。他也以自己在北平三年，与北方教授揖让往还，相处甚得而引以自慰。当然，李宗仁作为民主实践者的最重要表现还在于他在蒋介石不情愿的情况下主动参加了副总统竞选，当时中外报纸对此还有专论，"一致认为我（李宗仁）参加竞选可以促使民主政治在中国早日实现"[2]。

国民党政府在赢得了抗日战争胜利后为什么在短短四年间就败退台湾？这确实是一个值得后人深思的问题。

据李宗仁的分析，主要有这样几个原因：

一是在日本投降接收问题上铸成了大错。错误主要表现在没有采取李宗仁提出的"后浪推前浪"的军队向收复区开拔的办法，动作慢了；让投降日军集中受降，导致大量战略据点和交通线被共产党占领，而李宗仁是建议让日军就地待命受降的；没有选对负责东北接收的人，李宗仁提出的黄绍竑这一人选被蒋介石否定；国民党将接收变成了"劫收"，"接收人员

行书作伴

---

① 《李宗仁回忆录》下册，华东师范大学出版社，1988，第640页。
② 同上书，第642页。

吃尽了抗战八年之苦，一旦飞入纸醉金迷的平、津地区，直如饿虎扑羊，贪赃枉法的程度简直骇人听闻。他们金钱到后，便穷奢极欲，大肆挥霍，把一个民风原极淳朴的故都，旦夕之间便变成罪恶的渊薮"①。陈诚下令解散了东北40万伪军，精华被林彪延揽。接收问题上的错误使国民党政府在北方形势极为不利。

二是国民党政权的腐败。"国民党政权在现在人民眼光中已反动透顶"。

三是国家通货膨胀严重。这种通货膨胀也是国民党政府造成的。抗战"刚胜利时，沦陷区中伪币的实值与自由区中的法币，相差原不太大，而政府规定伪币与法币的兑换第为二百比一。以致一纸命令之下，收复区许多人民顿成赤贫了，而携来大批法币的接收人员则立成暴富"②。以至连李宗仁也认为："当国者却如此以国事逞私欲，国民党政权如不瓦解，真是无天理了！"③

四是蒋介石心胸狭隘。他一心要消除异己，只想保存他的嫡系黄埔系，造成了国民党内部深刻的矛盾。这既导致许多"杂牌"势力与蒋介石离心离德，也导致蒋介石所用之人往往是阿谀奉承、唯命是从的人物。而蒋介石本人在军事上确实又是外行，他的瞎指挥加上部下的曲意逢迎，终于使战场形成节节失败的局面。

五是李宗仁代总统之后，蒋介石既要李宗仁为他赢得时间经营台湾，又不能让李宗仁真的获胜，在华中站稳脚跟，使蒋介石失去美援。这就导致蒋介石必须不断拆李宗仁、白崇禧的台，使李、白终于覆灭。

目前，坊间有多种与李宗仁有关的传记作品，如李宗仁原配夫人李秀文的《我与李宗仁》、杨树标等人的《李宗仁家事》、张秋实等人的《李宗仁在1949》、李永铭等人的《桂系三雄》、罗平汉等人的《桂系军阀》，但最好的李宗仁传记仍然是李宗仁口述、唐德刚撰写的《李宗仁回忆录》。之所以这样认为，首先是因为李宗仁本人的品德优秀，是少有的质朴平易的政治领袖，他的个人品德决定了他的回忆录的真实性，他的个人修养决定了他的回忆录的丰富性。其次是因为撰写人唐德刚学养的卓越。唐德刚

---

① 《李宗仁回忆录》下册，华东师范大学出版社，1988，第627页。
② 同上书，第624页。
③ 同上。

是一流的历史学家、优秀的中国近现代史专家,《李宗仁回忆录》是他用心最深、用力最勤的著作,他的学术修养和学术道德决定了这部书的学术价值。最后是因为这本书从撰写到现在已经过了将近半个世纪,但它的读者不断,而且,读者面越来越广,这本书的阅读史同样证明了它是最有学术含量和叙述魅力的李宗仁传记作品。

有
书
作
伴

《金庸作品集》

　　我曾在秋天的柳江边与朋友边走边聊，朋友问：你从事中国现当代文学研究这么多年，究竟最喜欢哪个作家？几乎到了长堤的尽头，我才脑子一亮，脱口而出：金庸。我说我至爱金庸，绝不是一时冲动。金庸小说情节紧张、紧密，故事曲折、宛转，悬念丛生、险境迭出，让你开卷就进入角色，书终才甘心罢卷，且伴随不绝余音，袅袅然于你心间。这仅仅是金庸小说可读的一面。其实，金庸小说不仅可读，而且耐读。金庸小说不仅拥有层出不穷、扣人心弦的故事情节，而且拥有令读者咀嚼再三、玩味不已、沉思良久的才情、哲理和智趣。

　　论才，金庸文章如行云流水，行于所当行，止于所不可不止。写景状物，无不传神；描形绘貌，无不通情。论情，金庸作品或刚烈奔放，或沉潜稳健，或蕴致含蓄，或绵执幽远，一律至情至性，至真至理。论哲理，金庸小说不仅有哲学沉思、政治反省，而且有人性考察、宗教透视，与日俱增令人激赏的，是金庸小说充满深厚的文化底蕴和高远的终极关怀。金庸小说绝不会让你读完即扔，你可以一读再读，百读不厌，因为在精彩纷呈的情节之外，金庸深呈大慈大悲、大智大勇的大哲风采。论智趣，金庸小说庄谐俱备、刚柔兼济、智勇双全。邪派的钩心斗角，老谋深算；正派的深谋远虑、料事如神；正邪之间的苦心煞费，曲折机巧，实在令人眼花缭乱、神思恍惚。而贯穿所有作品始终的，是金庸的潇洒超脱、奇思妙想、谐谑幽默，使读者在思绪纷繁的同时，又感到神清气爽、心畅目快、轻松舒朗、兴高采烈。

　　有的作家虽然深刻但是枯燥，有的作家虽然博大但是平淡，有的作家虽然优美但是狭隘，有的作家虽然横溢才华但是冷漠无情。金庸却深刻而且波澜壮阔，博大而且惊险万状，优美而且雄浑崇高，才华横溢而且情性益然。

　　文人自恋古今中外司空见惯。曹丕视文章为经国大业不朽盛事已臻登峰造极。事实上大多数文人文不能从政经商，武不能驰骋疆场，弱肩担不起道义，拙手只能作文章。金庸却不仅为文人留下千古绝唱，观政亦敏锐深察，经商游刃有余，假若他生逢乱世，没准能成为范蠡张良。

金庸1955年开始创作武侠小说，出手不凡，开篇就坐定了武林第一把交椅。1959年金庸创办《明报》，长期为《明报》亲撰社评，以真实深刻著称，倘没有对社会政治的敏锐深察，他怎能赢得政论家的名声？《明报》几经搏杀、几经开拓而成香港报业一强，金庸作为董事成为拥有几亿港元的富豪，堪称华人文化人之首富，这番成就还不算经商游刃有余么？

为文，金庸得名大矣；经商，金庸获利多矣。然而，金庸并不为名利所羁，他拿得起放得下。1972年他宣布封刀，从此不再涉足武侠。1991年他卖掉《明报》，至今仍未结缘商场。真可谓任情任性，能入能出。入则轰轰烈烈，出则简洁逍遥。范蠡张良功成身退或许为了全身避祸，金庸出入从容则俨然马斯洛所谓人生最高境界自我实现。

《王国末日》

　　放在整个中国当代文学的格局中，《王国末日》的一个很突出的特点是提供了一个比较新颖的人物形象。

　　卢开云的身份是多重的。首先，他是一个彝族人。在这里，彝族不是一个普通的少数民族符号。因为，民国时期的彝族是掌握了云南的军政大权的，称得上是云南的主流民族。龙云、卢汉两代手握重权的云南统治者都是彝族，小说中写到或提到的张冲、安恩溥等著名的滇军将领都是彝族。这个现象是耐人寻味的。它似乎在提醒我们彝族并不像人们想象的那样是一个封闭的、消极地等待其他民族启蒙的少数民族，至少在民国时期，彝族已经相当"现代化"，已经进入了民国时期的主流权力格局，如果我们将彝族仍然想象成未曾开化的"蛮夷"，那不过是一厢情愿。当然，在强调彝族的"现代化"的时候，我们也不能忽略彝族的少数民族特质，它的尚未"现代化"的杂糅了奴隶制与封建制的社会形态，小说中反复提到"改土归流"这一历史事件，也是在提醒我们彝族社会形态的独特性。因此，作为一个彝族人，卢开云的身份是特殊的，他既有"现代化"的一面，这从他以舅父身份主持的姐夫家的分家原则就可以看出：他坚持将财产一分为四，打消了长子也就是他的外甥吴永强多占财产的念头；他坚持姐夫的妻妾可以自由选择生活的现代人权理念；他还教育外甥吴永强不要躺在祖宗的余荫卜过日子。显而易见，这都显示了卢开云作为新派彝族人的现代化的一面。但另一方面，卢开云又承传了一个民族丰富深厚的文化传统，而且，他有明确的民族使命意识，他特别关心彝族的历史文化，更关心彝族的现实命运。这是当代许多"现代化"了的少数民族人物形象身上少有的一种品质。比如在小说里，卢开云的弟弟卢开文和妹妹卢绮云的民族意识显然远不如卢开云强烈和明确，"因此，在这里，卢开云的民族意识尽管包含许多现实功利的因素，但也称得上难能可贵。

　　其次，卢开云是滇军一个团长，中级军官。在中国现代史上，云南和滇军确实是把握了时代主流的。小说里卢开云曾总结云南和滇军的三件光彩的大事："一是最早响应武昌起义，二是倒袁护国，三是奋起出滇抗日。"在那种纷纭复杂的形势里，能一次又一次廓清迷雾，超越迷宫，分辨出时代潮流动向，做出正确的选择，这是非常困难的。云南和滇军做到了，这就不得不佩服它的"现代化"程度及其审时度势、进退有据的能力。卢开云能做出这样的总结，看得出来，他不是一个单纯以服从为天职的军人，而是一个有头脑有见识希望有所作为的思考者，这样的素质，在那样一个大动荡的时代，当然是重要的。作为一个滇军中级军官，卢开云这个人物在现当代文学的人物画廊里是不多见的。卢开云不仅有过参加台儿庄战役和武汉保卫战的战功，而且还是一个有责任感、有抱负、有反思能力，特别还是一个保持了较大独立性的人物。这里并不打算对这个人物的最终走向进行猜测，只是想指出，这样一个人物对我们的文学阅读确实是新鲜的。如果说彝族的身份标志着卢开云民族身份的特殊性，那么，滇军军官的身份则标志了卢开云意识形态的特殊性。这双重的特殊性造就了卢开云作为文学人物的新颖性。的确，大千世界，芸芸众生，人物是形态各异、情态万千的，卢开云这一形象有助于丰富当代文学世界的人物画廊。

《王国末日》第二个突出特点是写出了抗日战争胜利之际中国动荡复杂的社会局面，尤其重要的是，这种复杂动荡的局面始终是与主要人物的人生选择联系在一起的。抗日战争胜利，外患消除的同时国内矛盾日渐突出，蒋介石为首的国民党、毛泽东为首的共产党在军事上已经形成分庭抗礼的局面。与此同时，地方军阀的力量也让蒋介石不敢掉以轻心。蒋介石以其一贯策略，试图通过内战消耗共产党与地方军阀的力量。这对地方军阀而言是"司马昭之心，路人皆知"。具体到云南，蒋介石的策略第一步是让滇军倾巢出动到越南接受日本投降，以调虎离山计使昆明在军事上完全控制在蒋介石的亲信中央军杜聿明手中。于是，云南的龙云政权岌岌可危。这种形势是精明并且有责任感的卢开云看得很清楚的。小说专门写到了一段卢开云的心理活动：

他又想到了昆明，想到了五华山的安危。此次从滇南路过昆明乃至在昭通滞留期间听到的种种传闻齐涌心头，他产生了一种隐隐约约的危机感。入越的滇军还能再回云南吗？五华山的局面还能继续维持下去？他甚至莫名其妙地想到了三百年前的"改土归流"。刀光剑影，血流成河！那时一个宣慰司宣抚司什么的，其地盘也不过几个县顶多一个专区吧，而现在是一个省！是一个集团，是统治了云南近二十年的整个根基。如果倾其大厦必须挖根基！他感到不寒而栗，甚至觉得前途茫茫，不知将来何去何从！

这番心理描写是很有概括力的，极其有力地传达了卢开云处于人生十字路口的复杂心态。随着小说故事情节的发展，我们知道，卢开云面临多种选择：蒋介石体系的中央军拉拢他（翠湖海心亭），龙云体系的云南地方势力（五华山）更有其根深蒂固的关系，妻子的同学则希望他携军界的影响投身商业。这既是来自各方面对于卢开云的诱惑，同时也是当时云南形势条分缕析的写照。大动荡的年代个人人生方向选择的困难在这里表现得淋漓尽致，国家、民族命运与个人前途的那种深刻的纠缠被写得入木三分。

《王国末日》第三个突出特点是主题的深刻。小说题为"王国末日"，其意应该是作为一个封建制与奴隶制杂糅的彝族社会面临土崩瓦解的末日。小说的深刻在于，它不仅写出了抗日战争胜利之际"云南王国"面临的形势，同时反复联系"改土归流"这一历史事件，不仅暗示了"王国"走向末日的这一历史趋势，而且建构了"王国"走向末日的历史深度，强化了"王国"走向末日的历史必然性。客观地说，作为一个彝族作家，由于设定了卢开云这样一位有所作为的彝族军官作为小说的主人公，着力写出了卢开云为了维持这一"王国"竭尽所能的努力。他与沙马特依歃血为盟，意在为彝族"王国"培养一个有战斗力的"王国军队"作铺垫、打基础。当他发现五华山遭遇政变时，立刻不顾个人安危前往"救驾"，试图挽狂澜于既倒。然而，卢开云的所作所为并不能丝毫改变历史进程，历史完全不因其个人意志所影响，只是按自身的逻辑一往无前。于是，卢开云的所作所为显得有点一厢情愿，试图以一己之力改变大厦将倾的局面，似乎像是与风车作战的堂吉诃德，而相对历史的必然性，则更像螳臂当车。因此，整个小说在叙述基调上有一种挽歌的意味。它倾向于以一种同情的基调复述这一鲜活的历史进程。它对历史与人物的评价不是基于温情脉脉的道德立场，也不是基于冷冰冰的历史立场，而是基于审美的、以人为本的人性立场。我觉得这种挽歌风格是非常有价值的。颂歌往往表现了对历史必然性的简单歌唱，可以称之为识时务者为俊杰，但常常也来自"胜者王侯败者贼"的文化心理。挽歌却是对"知其不可为而为之"的情态的缅怀，它开辟了从另一个角度理解历史的渠道。毕竟，历史与人一样有其巨大的丰富性，我们不能因为历史的必然性而省略历史的丰富性，将历史缩减为一条走向单调、是非分明的河流。在这里，美国民众对南北战争的理解和反省态度就对我们有特别启发，据旅美学者林达的《我也有一个梦想》记述："在南北战争最大的一个战役，葛提斯堡的昔日战场上，保留着一个纪念馆。你在里面找不到对于胜利者英雄式的歌颂，也找不到对'敌人''叛乱者'的轻辱。你能够看到的只是对于战争悲剧性的平和与客观的陈述。"的确，当人们仅仅将目光投注于历史的必然性，将忽略许多历史中活生生的内容，这种忽略毫无疑问对我们的今天和未来是有危害的。因为我们在以一种简单粗暴的方式对待历史的时候，同样有可能用简单粗暴的方式对待现实和未来。林达说："在美国南北战争之后，这样一种自发的、出自人性本能的对于内战的反省，其结果就是，在这个国家，再也没有一个政治家试图用武力去解决国内问题，不论他是来自南方，还是北方。"

《王国末日》第四个突出特点是其叙述的循序渐进，从容不迫。在这种循序渐进、从容不迫的叙述过程中，我们对彝族的认识、对"云南王国"抗日战争胜利之际的形势的认识逐渐走向深入和开阔。

读《王国末日》，有一种随着卢开云的足迹旅行的感觉。这个旅行的最大收获也许是对彝族历史人文传统的认识。旅行的第一站是野那村卢家官寨，这是卢开云的家。由于这个家庭的主人卢一夫有过留日的经历和参加护国战争的历史，还娶了一个广东籍的太太，因此，卢家官寨可能是我们在书中看到的彝族官寨中现代化程度最高的官寨。在这一站里，作者描写的重点是现代文明以及中原文化对彝族官寨的影响。第二站是林卡官寨，这是卢开云姐夫的家。在这一站，作者描写的重点是通过卢开云对家务事的处理，来展示彝族的传统风俗，尤其是彝族风俗中一些与现代化不相适应的成分。第三站是贵州小城威宁，这一站主要是借卢开云妻子安静的亲戚红土河安家安大老爷的讲述对彝族的历史文化进行一个更具拓展性和纵览式的展示，同时以威宁的现实状况暗示"王国"的最终情景。三个地点，风景各异，彝族的主线则一以贯之，卢家官寨彝族侧重与外部世界的交流与影响，林卡官寨侧重彝族自身的文化承传，贵州威宁则侧重彝族的历史变迁和现实可能。作者的写作态度很严肃，以现实主义的态度，按生活本来的模样描写。读者在领略云南、贵州彝族生活区自然与人文景观的同时，也对彝族的历史与现状有了真实深入的了解。

从时间上说，《王国末日》选择了大厦将倾而未倾、狂澜将倒而未倒的时刻。历史的趋势已经隐约可现，现实的状况却具有多种可能。这有点像《拉奥孔》所说的最有包孕的时刻。也类似中国成语所谓箭在弦上，引而未发的时刻。随着卢开云故事的进展，形势逐渐呈现水落石出的局面。滇军越南受降、移师东北，在内战中消耗的结局几乎不可逆转。五华山易主的局面也在必然中突然降临。这一切构成了小说情节发展的悬念，有力地吸引了读者的阅读。但是，作者在写这一进程时，并不局限于卢开云单一的视角。他通过卢开云与父亲卢一夫的父子谈话，以及卢开云与县长一行官僚的谈话、与中央军军官赵钱孙的谈话、与有学问的资本家尹克明的谈话、与地下党谢静如的谈话，还有与滇军陇副师长、张冲军长、龙云主席的谈话，所有这些人物分别站在自己的立场上对形势做出了自己的判断。在某种程度上，《王国末日》可以说是一部由多声部交谈结构而成的长篇小说。（附带说，小说在描写云南山寨民俗生活时，也真实地写出了当地多元民族杂居的现实，所谓"苗家住山头，彝家住半山，汉家住田头和街头""吃羊到苗寨去拉，要吃牛肉到回寨去买"等等，这种多元风情也真实地反映了当时的社会情态，反映了当时少数民族地区的开放与交融的情景。）多声部的谈话结构的好处在于避免了单一视角，避免了将历史与现实简单化的思维模式，历史被还原为一个纷纭复杂的整体，一个活生生的"横看成岭侧成峰，远近高低各不同"的存在。正是在这样一个多声部交谈中，形势变得日渐分明，"王国"的末日终于以不可阻挡的势态降临。

最后，我以为，作为一部以彝族为主人公、以云南地方政权竭力抵抗历史命运为主要情节的长篇小说，《王国末日》不仅开发了一个当代文学中重要的题材资源，而且开辟了一个反思历史的视角和理解彝族历史人文生态的思路，显而易见，对于中国当代文学特别是中国当代少数民族文学，这是一个难能可贵的贡献。

《命运记忆》

2005年，陈平原在接受查建英访谈时谈到一个学术上的"隔代遗传"问题，即"八十年代的我们（指陈平原一代学者），借助于七八十岁的老先生，跳过了五六十年代，直到继承了三十年代的学术传统"。我读张攻非的纪实文学作品《命运记忆》，老想到陈平原所说的这个问题。但与陈平原不同的是，20世纪80年代开始活跃于中国新闻出版界的张攻非，他与老一辈文化人的关系，不是隔代遗传，而是直接遗传。

《命运记忆》讲述的是张攻非个人的命运，但给我印象最深的却是那一批对他的命运产生了关键影响的老一辈文化人：张知辛、阎宝航、孙起孟、沈粹缜、陈铭德、邓季惺、赵超构、束纫秋……

张知辛是张攻非的父亲，1927年参加湖南农民运动，1936年到重庆投身抗日救亡运动，曾先后在阎宝航领导的新生活运动会、邹韬奋领导的生活书店工作，1938年，根据周恩来的指示，进入陈诚担任会长、郭沫若和谷正纲担任副会长的"全国慰劳抗战将士委员会"担任总干事，1946年，张知辛创办《人物杂志》，此杂志被认为是"在中国两种命运决战的历史关头，在新闻出版的阵地上，刺向黑暗的一把匕首"。新中国成立，张知辛奉调北京。1951年起，担任中华职业教育社常务副总干事，兼任中华函授学校校长。"文革"前几年，中华职业教育社总干事孙起孟和常务副总干事张知辛共同谋划，举办了一个长达200多课时的"语文学习讲座"，主讲人皆由张知辛亲自面请，全是当时闻名遐迩的语文大师，共41人，如叶圣陶、老舍、冰心、赵朴初、吕叔湘、王力、朱德熙、赵树理、张健、楼适夷、陈白尘、周振甫、王瑶、吴组缃、张志公等。"文革"期间，张知辛无端被囚禁，蒙冤去世。

《命运记忆》对张知辛先生的记述并不很多，但书中有一句话说得很好，即"母子连心，父子连根"。这个"根"是什么，我以为，这个"根"首先是"心系百姓"的灵魂之"根"。张攻非的青少年时代，每年大年初一的早上，父亲都要带他沿街步行，向交警和清洁工人拜年，并告诉他，什么时候都不要忘记老百姓。这样的行为如今的年轻人或许很难理解，但这恰恰是中国一代文化人所拥有的美德，只不过如今已经像《广陵散》一样烟消云散。幸好，张攻非曾经直接领受过这种人文遗传，拥有了这种人文基因。张攻非表示自己想当记者，就是想帮老百姓说话，这显然吻合了赵超构、束纫秋这些老报人的办报思想，他也因此顺利通过了进入报社的三场考试。而这种灵魂之"根"，也就成了他进入报社之后，能够与老一代报人心灵相通的思想前提。

除了这个貌似抽象的灵魂之"根"，"父子连根"的"根"，还有第二层含义，那就是张知辛人生道路上的战友们，成为张攻非事业成功的重要根脉。张知辛去世很早，但作为父亲，他以"根"的方式，为张攻非建构了众多"人生脉络"。在张攻非的成长道路上，处处可以看见张知辛"根系"的繁茂深长。

孙起孟是该书中出现最多的文化老人。1951年，张知辛从重庆调任北京，在北京前门火车站，正是时任中共中央统战部副部长兼人事部副部长的孙起孟在站台上迎接张知辛全家。1978年，张攻非根据恢复工作、担任全国政协党组成员、副秘书长的孙起孟的指点，收集了大量证明材料，为父亲的平反做了重要的基础工作。1979年，孙起孟有意整理修改出版十多年前他与张知辛谋划的"语文学习讲座"的讲义，并决定请张攻非担任主编工作。因为张攻非的出色表现，孙起孟建议他从事新闻工作，并向即将复刊的《新民晚报》创始人陈铭德、邓季惺以及社长赵超构推荐。

作为中国报业的大师级人物，新民晚报社社长赵超构是张攻非从事新闻工作之后的最高领导，更是张攻非能够在新闻事业有所作为的恩师。在书中，我们可以看到赵超构办报理念对张攻非的直接指导和潜移默化。诸如"为民分忧，与民同乐"的社会理念、"编辑中心制"的管理思想、"短广软"的版面编辑"三字经"以及"鸡毛蒜皮"的编读沟通方针，均对张攻非的具体新闻实践构成了直接的指导。张攻非还曾经以赵超构的办报思想为指针，写出改革新闻的论文，获全国优秀新闻论文奖。

"父子连根"，其实也是直接遗传的一种表达。张攻非不仅遗传了张知辛的人格思想，得到了张知辛人生战友的关照和提携，而且，张攻非人生中可圈可点的两项事业，同样是对张知辛人生事业的继承。当年张知辛创办《人物杂志》，后来张攻非参与《新民晚报》复刊；张知辛所办刊物给旧时代有力打击,张攻非任职的报纸成为新时代著名传媒。当年张知辛主持"语文学习讲座",后来张攻非主编"语文学习讲座丛书";当年张知辛担任中华职业教育社副总干事,后来张攻非担任黄炎培创办、邹韬奋任第一任主编的《教育与职业》复刊主编和中华职业教育社理事。父子俩都在新闻出版和职业教育两个领域做出业绩。

我如此阐释"父子连根",很容易给人宿命论的感觉,似乎前辈的命运会笼罩和锁定后代的命运。其实不然。对此,张攻非有很好的说法,他如此解释命运一词:"命运,我始终拆开来解。命和运,命是注定了的;运是可以自己改变的。"本文中,之所以更多关注张攻非"命"的一面,是因为,我在阅读张攻非这本书的时候,发现了一个当今知识界、出版界相对忽略的一个文化人群体,他们不是生活在大学或研究机构的知识界名流,也不是以笔为旗的文艺界战士,他们生活在我不那么熟悉的行业,从事着我不那么熟悉的职业,本文中的黄炎培、孙起孟、张知辛都是这样的人物,但他们对现代中国却产生了非同寻常的影响,对旧中国的灭亡和新中国的诞生起到过非同小可的作用。

以孙起孟、张知辛为代表的这个文化人群体既不能代表20世纪中国的政治主流,也不能代表20世纪的学术主流,但作为更接近民众和底层的文化人群体,他们表现出了很高的道德自律,似可代表最基本的道德传统。事实上,虽然张攻非的书以命运命名,但全书始终贯穿道德的自省。比如:"这种环境使我小小的年龄已经种下知爱知恨,知善知恶的种子。"又比如:"道德层面的厌恶和对'文化大革命'不文化的不理解,驱使我准备离校,出走串联。"还比如:"从与大师们的接触中,我懂了一个道理,学问生于道德;精神出于认真。我们铸就自己,不应该背离道德和认真。"作者这些有意无意的书写,恰恰反映了作者内心深处关于道德的体验和思考。

行文至此,回应本文开头,如果说陈平原等一批学者幸运地隔代遗传了王瑶一代学者的学术传统,那么,张攻非则幸运地直接遗传了赵超构一代报人的报业传统。王瑶和赵超构都是民国时代成长起来的学者和报人,如此赞扬他们的学术传统和报业传统,是不是就等于赞扬民国时代?回答显然是否定的。一个充满了战乱和腐败的时代,同样可能生长出崇高的人文精神,如同青莲之出淤泥而不染。张攻非的《命运记忆》让我们看到一批中国文化人在极其艰难的环境中所表现出来的人格力量,看到他们曾经为人类理想所做出的超乎寻常的努力。正是在这个意义上我似乎理解了本书的命名：命运记忆，作者表面上是在书写命的注定和运的改变，实质上是在命与运的客观呈现中，去辨析和传承那种有益于人生、有益于社会、有益于后代的记忆，这或许才是作者想要破解的命运密码和想要传递的命运记忆。

《中国治水史诗》

　　杨钦欢先生是一位企业家，他掌舵的梅雁水电集团是一个以治水为主业的上市公司。在多年的治水事业中，他形成了许多关于水的思考。在他看来，"中国的历史就是一部治水史"。作为一个成功的企业家，杨钦欢先生比一般的企业家有更广阔的胸怀和战略的眼光，他认识到："水电工程建设在对地区经济发展有促进作用的同时，对当地经济也可能产生负面影响。""在所谓水电局开发的双赢决策中，较大的赢方是经济发达地区，而不是落后地区。特别是，征服自然的代价是昂贵的、缺乏效益和损害社会与生态环境的。"基于这样的思考，他希望"我们在用水、治水的同时，还要给子孙留下绿水"。他深知，他的这种想法，或者说，他传达这种想法的声音还不够大，"常常被市场的讨价还价声给淹没了"。于是，他期望"求助于我们的历史，弘扬华夏千百年来的治水文化"①，为了实现这个愿望，他策划了《中国治水史诗》这部大书。

　　程贤章先生是一位记者、作家，20世纪50年代开始文学创作，著有10部长篇小说、多部中短篇小说、大量散文和报告文学，被誉为广东文学界的一棵常青树、广东文学事业发展的一个标杆、广东文学工作者的一面旗帜。他被杨钦欢先生的眼光和胸怀感动，以79岁的高龄，毅然接下了主编《中国治水史诗》的任务。那一年，是2009年，5月12日，程贤章先生在汶川地震灾后一周年纪念日奔赴成都，考察了映秀和都江堰。从四川返回广东的途中，程贤章先生又专门到广西叩拜了秦始皇修建的灵渠。7月，程贤章先生奔赴新疆考察了坎儿井、天池。之后，程贤章先生先后到北京、山东、上海、浙江、吉林、黑龙江、辽宁，实地考察了古运河济宁段、东营黄河出海口、钱塘江、京杭大运河、黄浦江、鸭绿江、松花江等

---

　　① 　上述引文见杨钦欢总策划，何建明、程贤章主编《中国治水史诗》的序和后记，《中国治水史诗》一书由作家出版社2010年5月出版。

著名江河，约见各地著名作家，讨论治水史诗的写作方案，形成了《中国治水史诗》的总体构架，组建了由72位中国著名作家组成的撰稿阵容，其中包括4位中国作家协会副主席，10多位中国作家协会主席团成员或全委会委员，30多位各省作协主席、文学院院长，以及一批全国重要文学刊物和重要媒体的主编。

2010年5月，《中国治水史诗》由作家出版社出版。全书249万字，分为黄淮、长江、珠江、海河、松辽、西部、东南共七卷，从古代公元前3世纪的都江堰、灵渠到公元后21世纪三峡工程等古今著名的水利工程，从新疆的坎儿井、西藏的雅鲁藏布江到台湾的曹公治水，从东北黑龙江到海南岛南渡江，《中国治水史诗》无不囊括其间，记述了中国所有大的江河水系和部分地方水域的治水历史和水资源现状。这是一部真正意义的大书，程树榛、李存葆、蒋子龙、谭谈、张笑天、叶延滨、陈世旭、赵丽宏、张炜、何建明、刘兆林、叶兆言、徐坤、关仁山、何申、董立勃、阿成、邓刚、陈应松、冯艺、熊育群、杨克等一批在中国文坛具有重要影响力的作家为这部大书奉献了他们的锦绣华章。

美国学者魏特夫在他那部影响甚大的著作《东方专制主义》中将中国理解为治水社会。他认为，东西方社会是两个完全不同的社会形态，东方社会的形成和发展与治水是分不开的。由于大规模修建水利工程和有效地管理这些工程的需要，必须建立一个遍及全国至少是遍及全国人口中心的组织，"因此，控制这一组织的人总是巧妙地准备行使最高统治权力"，于是便产生了专制君主和东方专制主义。在他看来，"治水社会"可以划分为核心地区、边缘地区和次边缘地区，而中国正是这样一个"核心地区"，"治水社会"的一切本质特征在中国便得到集中而充分的体现。

虽然魏特夫这部著作曾经引起中国学术界较大规模的批评，但他的观点并不孤立。因为《万历十五年》而在中国内地产生很大影响的历史学家黄仁宇在他的《中国大历史》一书中，就表达过与魏特夫相似的观点，他是这样表述的：

黄河经常有淤塞河床、引起堤防溃决泛滥，造成大量生命与财产损失的可能。这河流的水量在洪水期间和枯水期间幅度的变化又大，更使潜在的危机经常恶化。按理说来，有一个最好坐落于上游的中央集权，又有威望动员所有的资源，也能指挥有关的人众，才可以在黄河经常的威胁之下，给予应有的安全。当周王不能达成这种任务时，环境上即产生极大的压力，务使中枢权力再度出现。所以中国的团结出于自然力量的驱使。

……《孟子》一书中提到治水的有11次之多，可见其重要性。其中一段更直接指责当时人以洪水冲刷邻国的不道。我们不难从中看出洪水与黄河暨黄土地带牵连一贯的关系。孟子所说天下之"定于一"，也就是只有一统，才有安定。由此看来，地理条件和历史的发展极有关系，尤其是当我们把地理的范围放宽，历史的眼光延长时，更是如此。[①]

不论是否同意他们的观点，但治水对中国的重要性已经不言而喻。在汉语词汇中，江山成为国家的代名词。大禹治水的典故不仅让我们认识到大禹是一个治水的英雄，而且，大禹正是因为治水有功，从而结束了禅让制度，开创了中国的君主世袭制度，建立了中国第一个王朝夏朝。老子的"上善若水"将最高境界的善的品性赋予了水。中国有为的君主之一唐太宗，更是将"水能载舟，亦能覆舟"奉为治国的座右铭。甚至"治"这个字，本义就是一条河流的名字，因此偏旁从水，后来引申为治理之义，才有政治、治国、治本、治病的含义。显而易见，在中国，从词源学上看，治国是与治水意义攸关的。

由此可见，治水对于中国意义多么重大，而承载了如此重大意义的《中国治水史诗》，它的价值自然非同寻常。

《中国治水史诗》的总策划杨钦欢和主编程贤章有一个共识，即中国自北魏郦道元《水经注》以后，尚无一部完整理想的治水书。显然，杨钦欢和程贤章在策划《中国治水史诗》的时候，是有一个明确的模范的，这就是《水经注》。郦道元的《水经注》作于公元6世纪，距今正好15个世纪。1500年过去，《中国治水史诗》出版，我们不妨看看，这部以《水经注》为模范的大书，哪些方面对《水经注》有所继承和突破。

《中国治水史诗》对《水经注》的第一个继承，是它坚持了实地考察中国江河湖泊、水利工程的原则。郦道元做《水经注》，为了获得真实的地理信息到过许多地方考察，足迹踏遍长城以南、秦岭以东的中原大地，积累了大量的实践经验和地理资料。前文已述，程贤章先生为了构思《中国治水史诗》全书大纲，以79岁的高龄，实地考察了中国西北、西南、东

① 黄仁宇：《中国大历史》，生活·读书·新知三联书店，1997，第22-23页。

北、东南的河流状况，获得了对中国水资源的总体认识。同样，《中国治水史诗》的72位作者，无不对自己的撰写对象进行了实地考察。熊育群为了写雅鲁藏布江，几乎把雅鲁藏布江从头走到尾，这可能是整个《中国治水史诗》最艰难的一段行程，人迹罕至，许多地方只能步行，沿途不仅要爬山，还得涉水，除了高原反应之外，一路上还要经历泥石流、地震的威胁，由于这片广袤的区域地形复杂，生态凶险，连专业人员都很少进入，以至于熊育群一路上经历的许多地方都是无名区，他甚至发现了许多地图上找不到踪影的大湖泊，穿越了不久前才正式宣布的世界第一大峡谷，就在他离开墨脱后的第四天，中国国务院才正式给这条峡谷命名为雅鲁藏布大峡谷。然而，正是因为有这样的实地考察作为基础，《中国治水史诗》才能为我们提供关于雅鲁藏布江丰富的地理与人文信息，为我们揭开了这条神秘大江的面纱。董生龙为了写黄河，"曾考察黄河多次，几乎走遍了整个黄河流域。其上游源头到过黄河源头第一县的玛多，在黄河沿的草原上徜徉，在吐蕃王松赞干布迎接大唐文成公主并联姻之处的柏海——今鄂陵湖、扎陵湖、星宿湖的广阔雪域行走；到过黄河中游的内蒙古河套地区及山陕交界的龙门、壶口、禹门口南下潼关；从河南省郑州北邻的北邙山，最后直至山东东营市的黄河入海口。曾参观采访过建立在青海省境内黄河大峡谷中的龙羊峡、拉西瓦、李家峡、公伯峡等大型水电站，游览过刘家峡（甘肃）、青铜峡（宁夏）、三门峡（河南）等水库风景区"。实地考察的结果是作者掌握了大量有关黄河的第一手材料，才能将黄河这条中华民族的母亲河的来龙去脉说得清楚明白。

《中国治水史诗》对《水经注》的第二个继承，是它超越了单纯的技术视角，建构了水文地理的历史、人文视角。现代以来，我国曾出现过郑肇经的《中国水利史》、冀朝鼎的《中国历史上的基本经济区与水利事业的发展》、姚汉源先生的《中国水利史纲要》和中国水利水电科学研究院水利史研究室编校的《再续行水金鉴》，然而，这些著作基本没有脱出以水利工程和技术为主的框架，缺少了能够与更多读者沟通的人文内容。相比之下，《水经注》内容丰富，包括自然地理、人文地理、山川胜景、历史沿革、风俗习惯、人物掌故、神话故事，被认为是一部中国6世纪的地理百科全书。侯仁之先生称之为"赋予地理描写以时间的深度，又给予许多历史事件以具体的空间的真实感"。在这一点上，《中国治水史诗》紧随其后，甚至有过之而无不及，从政治、经济、文化全方位揭示中国水文地理状况，阐发治水历史与治水现实的意义。何建明的《百年梦想——中国几代伟人与三峡工程》从1919年三峡水闸构想写起，一直写到1997年重庆直辖市的设立，既写到了孙中山的《建国方略》，也写到了美国水利专家的《萨凡奇计划》。在这漫长的岁月里，中国几代国家领导人都对三峡战略倾注了心血，章鸿钊、丁文江、翁文灏、钱昌照、张光斗、林一山等更是对三峡地质水利用尽了心思。读完作者长达6万字的华章，人们可以对这一世纪工程的来龙去脉和它所涉及的政治、经济、文化、科技等多元问题有一个综合的了解。

《中国治水史诗》对《水经注》的第三个继承，是它采用了文学的表述方式。《水经注》研究已经成了一门学问，即"郦学"。1500年来，郦学形成三大学派，分别是考据学派、词章学派和地理学派。其中，词章学派就是因为《水经注》文字优美，张岱曾经评论："古人记山水，太上郦道元，其次柳子厚，近时则袁中郎。"可见《水经注》具有很高的文学审美价值。《中国治水史诗》由72位中国著名作家撰稿，文学性自然是这部大书的一个重要诉求。看叶兆言《水上的文章》写秦淮河：

不妨想象一下，河水不流，又会怎么样。壤非壤不高，水非水不流。流水不腐，秦淮河要是不流动，早就不复存在。正是因为有了秦淮河，我们才可能在它的淤泥里，重温历史，抚摸过去。这些年来，人们都在抱怨秦淮河水太臭，污染是原因，水流得不畅更是原因。流水是江南繁华的根本，流水落花春去也，看似无情，却是有情。是流水成全了锦绣春色，江南众多的河道，犹如人躯体上的毛细血管，有了流水，江南也就有了生命，就有了无穷无尽的活力。

再看叶兆言笔下的南京：

南京又被称为吴头楚尾，或许长江天堑的缘故，江南的最初碰撞，应该是东和西之间的较量，而南京的秦淮河，恰巧就是这么一个衔接点。追溯到吴王夫差和越王勾践时代，卧薪尝胆的越国胜利了，接管吴国的地盘，为了与更强大的楚国对抗，把秦淮河畔的冶城扩建成越城。冶城和越城就是南京城的雏形。很快，强大的楚国灭了越，越城改名为金陵邑。关于金陵二字有很多说法，最流行的是楚王觉得此地有"王者"之气，必须要改造它，于是在周围埋了一些金，以图镇住王气。到了秦始皇南巡，风水先生认定金陵的王气仍然存在，为保子孙永世为帝，秦始皇下令凿断了此地的龙脉，并改金陵为秣陵。这一改，再次体现出汉字的趣味，金木水火土，金乃五行之首，太贵，秣是牲口的饲料，差不多就是最贱的了。

成也王气，败也王气。金陵帝王州，秦淮佳丽地，南京的繁华不是胜利带来的，恰恰相反，它的欣欣向荣是因为失败。失败的江南有着太多的不堪记忆，只要想想"南下"和"北伐"这两个不同的词组，就知道南人和北人内心深处的强弱。南方要想打回北方去，风萧萧兮易水寒，不知道要费多大的力气，要闻鸡起舞，要卧薪尝胆，要悬梁刺股；而北方要想打来南方，却如严冬的寒流一样，想杀过来，立刻势不可挡，转眼就是百万雄师过大江。

当年的项羽何等英雄，率了八千子弟渡江，所向披靡，到最后四面楚歌，仓皇别姬。历史证明，谁能在中原称雄，谁就可以控制中华。逐鹿中原的潜台词，是角逐对大一统中国的最终控制权。说到底，一个国家只能有一个中心，如果说真存在着什么黄河文化和长江文化，那么处在中心位置的，从来就是黄河流域。谁占有了中原，谁就可以君临天下，雄视江南。黄河既是我们的母亲，也是我们的爹。胜败兵家事不期，包羞忍耻是男儿，江东子弟多才俊，卷土重来未可知。事实上，在南方和北方的对峙中，南方根本就不是对手，一直处在失败的境地，企图卷土重来，多数是书生之见，不过是纸上谈兵，说着玩玩而已。

品读这样的文字，的确能深深感受到词章之美。作者以浓郁的人文情调点染江苏的水文地理，哲思的内蕴、历史的神秘、情致的深婉、词章的流利，铺陈的恰恰是一篇"水样的文章"。

阅读《中国治水史诗》，看到它对《水经注》的继承，固然欣赏；意识到它对《水经注》的突破，更是欣喜。

《中国治水史诗》对《水经注》的第一个突破，是水义地理记述范围的突破。

首先是中国江河水系范围的突破。按今天的地理视野看，《水经注》40卷30万字，共记述了1252条大小河流，范围基本为黄河、长江、海河、珠江四大流域所覆盖，其中，对黄河水系记述尤详，对长江水系虽有涉及，但记述明显单薄。郦道元为北魏人，为写《水经注》，他的足迹遍及长城以南、秦岭以东的中原大地，这在1500年前，已是奇迹。然而，1500年后的今天，郦道元的实地考察范围及其《水经注》的河流记述范围都已经被突破。《中国治水史诗》共7卷249万字，不仅记述了黄河、淮河、长江、珠江、海河、辽河、松花江等传统意义上的七大水系，还包括了西部与东南江河水系，记述范围远远大于《水经注》。显而易见，辽河、松花江，西部和东南江河水系基本不在《水经注》水文地理的记述范围，《中国治水史诗》对这些水系的记述，是对《水经注》水文地理记述范围的明显突破。

其次是各个江河流域范围的突破。具体而言，即便在《水经注》已经覆盖的水系，由于现代科学技术的支持，《中国治水史诗》的记述范围也有了巨大的突破。以长江为例，战国末期《禹贡》关于长江有这样的记述："岷山导江，东别为沱。"认为长江的上源在四川岷江。西汉初期《山海经·海内经》关于长江的上源已经上溯到金沙江。东汉时期《汉书·地理志》关于长江的记述则推进到岷江与金沙江的汇合处。北魏郦道元《水经注》大大突破了《汉书·地理志》的范围，虽然它仍然把岷江作为长江的正源，但却记述了金沙江的上流淹水、中流泸水和下流马湖江，"实际上已经把长江上游的干支流分布记载清楚了"[①]。《中国治水史诗》显然有了进一步的推进，王宗仁曾经上百次到过长江源头，他对长江源头的记述是这样的：

> 长江正源沱沱河出于青海省西隅唐古拉山脉主峰各拉丹冬山西南侧姜根迪如冰川，……各拉丹冬是一片起伏连绵的雪山群，主峰海拔6621米，为巨大深厚的冰川覆盖，雪线海拔5820米，冰川末端海拔5400米。源头以冰雪融水补给为主。主流由南向北两侧先后汇入30多条融水，形成源头段纳钦曲。纳钦曲经过冰川槽谷，出峡11公里与源于各拉丹东雪山北麓的切苏美曲汇流后称沱沱河。这便是长江的正源。还有南源当曲和北源楚玛尔河，它们组成了江源区。

> 我上百次到过长江源头，主要就是指沱沱河、当曲和楚玛尔河。这三条源头河呈扇形分布在唐古拉山下。我的双脚踏踩过或听说过的它们的主要支流有解普勒节曲、北麓河、英曲、牙哥曲、科欠曲等。"曲"在藏语里即河的意思。

显然，郦道元关于长江的记述基本还局限在四川境内，王宗仁关于长江的记述已经延伸到青海境内，对长江做了一个彻底的正本清源。

　　再次是水的范围的突破。《水经注》所记水文地理主要是陆地之水，主要是江、河、湖泊，包括泉、井、伏流、瀑布等，较少涉及海洋之水和冰川之水。《中国治水史诗》则专门写了海洋之水和冰川之水。张炜、李亦的《大河徙——黄河口笔记》、沈仁康的《山高水长话珠江》、刘兆林的《辽河入海水轻清》、谢富强的《钱塘东去》都因为河流入海而涉及海洋之水。南翔的《香港澳门供水、治水（治污）、填海造地侧记》、蓝博洲的《曹公治水——一个河南人在台湾成神的传说》、商震的《正说南渡江》、刘钦伟的《万泉河：一端是五指山，一端是博鳌港》则直接写中国香港、澳门、台湾、海南岛之水。此外，主编程贤章还专门约请邓刚写《面对大洋之水》。1983年邓刚以中篇小说《迷人的海》一举成名，不仅获得了当年度全国优秀中篇小说奖，而且从此成为当代中国作家在海洋题材小说写作方面的高峰。以中国最好的海洋题材作家写海洋治水文章，真正是好钢用到了刀刃上。文章中，他放眼世界，孟加拉国、菲律宾的热带风暴，中美洲的米奇"飓风"，印度洋的大海啸，美国的"卡特里娜"飓风都在其视野范围；他胸怀祖国，中国自鸭绿江口至北仑河口1.8万公里的陆地海岸线和1.4万公里的岛屿海岸线尽收其眼底。以这样的视野写风暴潮、海啸、海水倒灌等海洋灾害，写江河之水与大洋之水的殊死决斗，程贤章先生称邓刚这篇文章是"大气魄，大手笔，文采飞扬"。诚哉斯言。

　　《中国治水史诗》对《水经注》的第二个突破，是以治水作为全书的核心主题。《水经注》就其本质而言是一部水文地理著作，《中国治水史诗》才是真正的治水书。

　　首先，《中国治水史诗》将写作的重心与焦点放在对中国历史和现实产生了重要影响的治水工程。从古代四川的都江堰、广西的灵渠、贯通南北中国的京杭大运河、江苏的范公堤、台湾的曹公圳、新疆的坎儿井到当代河南的红旗渠、重庆的三峡工程、改变中国南北水资源格局的南水北调工程、广西的红水河梯级电站，可以说，《中国治水史诗》努力将中国从古到今的重要治水工程几乎一网打尽。

　　其次，《中国治水史诗》对中国当代一系列治水行为进行了特别的关注。如1998年长江抗洪救灾、20世纪50年代的黄河大移民、20世纪90年代的三峡大移民。治水工程是人类改造自然留下的物质文化遗产，它将长时段地留存于中国大地，看得见摸得着。治水行为则是人类改造自然的行为过程，当行为过程结束，就无法观看和触摸。正是在这个意义上，治水行为的记录变得十分重要，它将留下一份人类改造自然的精神遗产。今天，我们恰恰是从谢克强的《这也是一场战争——1998年长江抗洪救灾纪实》和阿成的《大江作证——松花江抗洪纪事》中看到了已经时过境迁成为过眼烟云的1998年长江、松花江大水的历史纪录。随着时间的推移，这份纪录将变得越来越珍贵。因为，大自然的一次任性的行为，必然包含着它的秘密。当人们还不能真正破解的时候，诚实的纪录尤其重要，它有可能为人类最终破解自然的密码进行有效的积累。同样，读冷梦的《中国梦幻：黄河水清——黄河大坝与黄河大移民》，则可以看到中国作家对黄河治水历史执着的探究，许多问题也许无法在现实中找到答案。然而，历史，或长或短的时间，往往会给人类必须面对的回答。这里面的功与过、幸与不幸、欣慰与疼痛、正确与错误，总会有其承担者。而如果没有这样的纪录与思考，人类又怎么能够积累经验和教训，健康地前进？

再次，《中国治水史诗》对那些具有跨时代、超越了漫长历史时段局限的治水行为和治水著作给予了特别的关注。我这里说的是置于卷首的熊育群的《大禹治水回望》和置于卷末夏汉宁的《〈水经注〉，一部举世无双的地理巨著》。主编以这样两篇特稿分置前后，构成了极具意味的首尾呼应。前者写大禹，中国第一个治水英雄，神，受命于天；后者写郦道元，中国最伟大的水文地理巨著《水经注》的作者，人，立足于地。首尾圆合、前后呼应，神人沟通，天人合一。《中国治水史诗》策划人与主编者的良苦用心正是在这种极具张力的大书结构中昭然若揭。

《中国治水史诗》对《水经注》的第三个突破，是呈现了人类在治水、用水和人水关系理念上的演进。

这种演进，原因在于人类面临的水问题越来越复杂、越来越多样。在西方基督教的大洪水传说和中国的大禹治水传说中，洪水是人类面临的最为严峻的水问题。在《水经注》里，郦道元记述过洪水泛滥、以水代兵、缺水致亡等水问题。如今，人类面临的水问题早已超过了郦道元生活的时代。在《中国治水史诗》中，我们可以看到各种各样水问题的记述。

如果说洪水是人类童年时代的水灾记忆，那么，缺水则是今日人类面临的最严峻的问题。

陈桂棣在《淮河的警告》中转述了《沂蒙九章》关于缺水的描述。这种缺水并不是因为自然的原因，因为沂蒙有大小河流2000多条，可采淡水资源为山东之最。沂蒙成为缺水地区是因为乡镇企业的超常发展，对水资源的恶性开采，导致地面河流趋于枯竭，地下水位日渐下降。陈桂棣写的虽然只是沂蒙，但沂蒙是整个中国的缩影，中国还有比沂蒙更加缺水的地方。

河水断流使缺水现象达到了登峰造极的程度。邓刚记述1997年的黄河全年断流高达7个多月，"断流河段从沿海河口一度回延至河南开封，山东境内黄河全线干涸。被称作'中华民族摇篮'的大河，5000年来一直桀骜不驯的大河，就这样叹息一声蜷进了内陆"。

水污染是现代令人类困扰的水问题之一。陆永基、管毓鹏《太湖——水鉴》专门写了新中国成立以来最受国内国际关注也最有震撼力的水污染事件——2007年5月太湖大面积暴发蓝藻。《淮河的警告》回顾了1994年7月28日江苏盱眙县遇到的淮河污染情景：

7月28日凌晨，被连天干旱和高温折磨得筋疲力尽的盱眙人，一觉醒来，吓呆了：平日黄绿色的盱眙，突然变成了酱油色；浑浊不堪的水面像涂抹了一层又厚又怪诞的油漆，浮荡着白花花的泡沫，奇腥恶臭；随处可见的死鱼无不翻瞪着恐怖的眼睛，似在怒问苍天。

作者陈桂棣告诉我们：我国已经成为世界上污水排放量较多的国家之一，排放总量每年高达340亿吨，这个数字还不包括密如繁星稠如树叶的乡镇企业。而黄河平均径流量才187亿吨，这意味着我国每年有超过两条黄河的污水泄向江河湖海。

咸潮以及陆地的沙漠化和盐碱化同样令现代人类头痛不已。沈仁康的《天高水长话珠江》写咸潮袭击珠江三角洲，城乡人民饮用水的含盐量高出一倍。邓刚在《面对大洋之水》中专门写道："21世纪初，大连四大海水倒灌区已危及城市上亿立方米的地下库存水……一旦苦咸的海水贯通地下水库，将污染上亿立方米库存水，'灾难性地逆转水资源生态平衡，使受灾面积加速扩展'。盐碱化的土地使良田变成赤地，庄稼根枯叶黄，粮食颗粒不收。一些地方，老百姓已经不能直接喝从井里打上来的水……"

越来越严重、越来越复杂的水问题，导致了人水关系理念的变化。导致了人们治水、用水观念的变化。赵丽宏在《为了上海母亲河的清澈》中告诉我们，严重的水问题造就了现代的水伦理。水伦理涉及的正是人与水的关系。邓刚在《面对大洋之水》中说："如果说过去治黄的首要目标是防洪水、防决口，那么今天，'维持黄河健康生命'已成为科学治黄、依法治黄、和谐治黄的新目标。"李钟声的《梅江在我心中流——梅州儿女治水壮歌》专门叙述了梅州治水观念的大飞跃："从过去几十年水利建设的拦水、堵水，变为导水、亲水。"梅州人提出了建设"生态水利、民生水利、活力水利"的水利发展新路子，强调科学治水、人水和谐，把生态水利作为水利建设发展的最高目标。那么，什么是生态水利，李钟声在文章中有很好的表述：

搞"生态水利"既要考虑到水利与生态系统的关系；又要密切关注水资源开发与利用对生态环境的影响，处理好水利工程建设与生态系统演变的关系。在水资源开发、利用、保护和配置中，在提高水资源的有效利用水平、节约用水的条件下，保证生态系统的自我恢复和良性发展的途径和措施。因此，生态水利是把人和水体作为整个生态系统的要素来考虑，照顾到人和自然对水利的共同需求，通过建立有利于促进生态水利工程规划、设计、施工和维护的运作机制，达到水生态系统改善、优化，人与自然和谐，水资源可持续利用、社会可持续发展的目的。

水，对于人类的重要性不言而喻。每个人的身体都需要大量的水，水对于人体的重要性甚至超过了食物。水可以饮用，水可以灌溉，水可以交通，水可以洗涤，水可以发电，水可以审美。一句话，人类离不开水。

千百年来，人类饮水、用水、治水，但是，有多少人想到爱护水、珍惜水，想到水也是大自然的一种生命存在，想到水的终结，也就意味着人类的终结？程贤章先生走遍中国东西南北的大江大河，他发出了一声沉重的叹息："无论南方北方，所有江河都进入了苍老期。"

正是基于这样的认识这样的情感，程贤章先生才能从杨钦欢先生关于水的谈论中感受到忧虑和责任，才能焕发起"国家有难，匹夫有责""老骥伏枥，志在千里"的激情和勇气，以79岁的高龄，足行万路，走遍万水千山；思接千年，与郦道元著《水经注》为楷模，主编了《中国治水史诗》这部大书，这部新世纪中国的《水经注》。

《老舍评传》

客观地说，尽管中国少数民族文学是一个与中国古代文学、中国现代文学平行的学科，但它的影响力却无法与这些学科相提并论。我想，很重要的原因是迄今为止这个学科尚未形成自身成熟的理论体系和独特的研究方法。目前，有关中国少数民族文学研究的著作不少，但这些著作要么与学术主流缺少联系，要么就是套用汉族文学的研究方法进行研究，无法形成学科特色。这些，无疑是中国少数民族文学作为一个学科难以发展壮大的根本因素。

关纪新的《老舍评传》也许是一个突破。学者们公认这部著作给人最强烈的印象是它真正说出了老舍作为一个满族作家所独有的深刻的满族的历史文化积淀。我以为，这一点至少有两方面的意义。一是对老舍研究而言的。几十年来，老舍研究是中国现代文学研究的显学。但长期以来，老舍创作中的满族文化质素在学术界基本处于被遮蔽的状态。关纪新的这一成果为老舍研究领域开辟了一个崭新的视角，属于填补空白的创举。二是对中国少数民族文学研究而言的。大多数中国少数民族文学学科的研究成果只是采用汉族的文化思维方式去研究少数民族作家，至多在材料上使用一些少数民族历史文化材料。于是，从这些研究成果去理解少数民族作家，除了作家在题材和某些写作素材方面的特色外，我们看不出这位作家在历史背景、文化积淀、思维方式和心理意识上与汉族作家的差异。然而，这种差异在事实上肯定是存在的。假如中国少数民族文学只能提供中国古代文学、中国现代文学也可以提供的研究成果，而不能提供这两个学科无法提供的研究成果，那么，中国少数民族文学作为一门学科，其存在的合法性就受到了挑战。正是在这个意义上，我以为，关纪新的《老舍评传》不仅是中国现代文学一个重要的研究成果，而且为中国少数民族文学的学科合法性提供了有力的依据。

接下来，我想指出，一个学科能否产生大的影响力，常常与这个学科的研究对象是否与主流学术发生联系有关。比如，鲁迅研究长期以来在中国现代文学领域处于显学地位，这是与中国新时期的启蒙主义思潮紧密相连的。学术研究固然需要甘于寂寞，有长期坐冷板凳的思想准备。但学术研究若想有大的影响，故步自封和画地为牢显然是不行的。中国少数民族文学学科长期不受重视，没有取得在学术界真正有分量的研究成果，我想多少与这个学科"闭关自守"的研究风格有关。学者们研究一个少数民族作家，通常处于一种"就事论事"的状态，而不是从整个中华民族的文化大视角去思考问题。必须承认，汉族文化和汉族文学在整个中国文化与中国文学格局中是处于主流地位的。如果要探讨少数民族文学的成就和价值，不把它放在整个中国文学格局中是很难说明问题和引起关注的。作为一项中国少数民族文学学科极有分量的研究成果，关纪新的《老舍评传》最有分量的地方不仅在于揭示了老舍作为一个满族作家具有多么深厚的满族历史文化积淀，而且在于揭示了老舍的这种满族历史文化积淀是怎样影响了老舍的文学创作，更重要的，是揭示这种满族历史文化积淀是如何将老舍和其他汉族文学大师区别开来，揭示这种满族历史文化积淀在整个中华文化格局中的独特性，揭示这种满族历史文化积淀对整个中华文化的或积极或消极的影响。我想，正是这种建立在与主流文化相联系的基础上的揭示才是特别有价值的，才是真正具有学科特色的。

中国少数民族文学是边缘学科。它的边缘性要求它的研究学者具备多学科至少包括文学和民族学的知识储备，这一切意味着这一学科既面临着学术的困难也面临着世俗的困难。在这双重困难中，关纪新推出了他的力作，我想，这无论是对于他本人还是对于整个中国少数民族文学学科，都是一个巨大的鼓舞，它使中国少数民族文学的研究学者们看到了他们工作的价值和前面的希望。

《老舍与满族文化》

　　继1998年出版《老舍评传》之后，十年磨一剑，2008年，关纪新推出其新作《老舍与满族文化》。

　　《老舍评传》在老舍研究中的一个重要贡献是引入了少数民族文学的研究视角。它不仅叙述了老舍京城旗族的人生来历，阐释了老舍作为京城旗族的独特的文化性格，而且对老舍一批重要作品中人物的满族身份进行了精确的辨析。像《骆驼祥子》里的祥子、《牛天赐传》里的牛天赐、《四世同堂》里的祁瑞宣、《龙须沟》里的程疯子以及《月牙儿》里的女主人公，"无不呈现出依稀可辨的满人质感"。作者通过对这些人物身世、经历、才能、性情和趣味的分析，"破译"出他们的满族身份密码，为人们研究现代文学学科语境中的老舍文本开拓了一个新的富有阐释价值的空间，也为少数民族文学学科存在的合法性提供了一个有力的证据。

　　作为中国现代作家评传中的一种，《老舍评传》既受到评传文体的规范，也受到现代文学学科传统的约束，不可能将少数民族文学研究的方法和内容作为全书的主体内容。当《老舍与满族文化》出版，我们可以发现，经过十年的积累，关纪新为我们奉献了一部完全意义上的少数民族文学研究专著。《老舍与满族文化》在观念层面、方法论层面以及知识系统层面，都堪称少数民族文学研究的典范之作。

　　严格地说，观念层面的少数民族文学研究意识，还在《老舍评传》写作时，关纪新已经相对明确。他关于作家与本民族传统文化关系三种类型的分析，显示出10年前他的观念意识已经抵达相当的高度。经过10年的磨砺，我们发现，即使在观念意识层面，关纪新的少数民族文学研究又有长足的发展。如果一定要对关纪新的少数民族文学观念进行概括，不妨借用"多民族文学史观"这个概念。首先，他明确了民族文化存在的客观价值，诚如他指出："一个民族的文化要把该民族从遥远的洪荒时代一直送到今天，没有其内在力量的存在，没有其存在的合理性，是不可思议的。"其次，他也理性地承认当代少数民族文学已经处于交流与融合的文化语境之中，"在古往今来愈来愈见整合趋向的中华多民族文学交流进程中，可以不再指望会辨认出某一民族的某一作品，还属于纯而又纯的'单一基因'的民族文学标本。'你中有我，我中有你'，当是对迄今为止多民族文学交流结果的异常恰当的设譬。""我们观察汉族与少数民族文学长久互动的历史，应该注意到，汉族作为中原地带发祥地极早且文化始终领先于周边的民族，其文学对许多民族的文学都有过不容置疑的影响，各个少数民族的文学承受了处在中心文化位置上的汉族强势文学的辐射。然而，文化发展相对滞后的少数民族，他们的文学在与汉族文学的接触中，也不是仅仅体现为被动接受汉族文学的单向给予，少数民族文学同样也向汉族文学输送了有益的成分，它们之间的交流，始终表现出双向互动的特征与情状。中华各民族的交流互动，早已形成了优良的传统。"正是基于这样的认识，他得出了结论："科学的文学史观之拥有，其中当然需要包含中华多民族文学史观之确立。在新时代的文学史家头脑里，中华民族是由56个兄弟民族共同组成的，中华的文学是由所有现存的以及曾经在这片国土上存在过的民族的文学共同构成的，这根思想上的弦儿，是不可以松动的。我们今后撰写的'中国文学史'，既不应当再是中原民族文学的'单出头'，也不应当是文学史撰写者出于'慈悲心肠'或'政策考量'而端出来的国内多民族文学的'拼盘儿''杂拌儿'。中华民族是多元一体的，中华民族的文学也是多元一体的。中华的文学应当是一个有机连接的网络系统，每个历史民族和现实民族，都在其中存有自己文学坐标的子系统，它们各自在内核上分呈其质，又在外延上交相会通，从而体现为一幅缤纷万象的壮丽图像。"①在这里，我不惜篇幅引用关纪新的观念表述，既是想呈现他在少数民族文学研究观念意识方面的拓进，也是想说明，这些观念看似平实，但仔细深究，可以发现，如果没有对少数民族文学长期的潜心研究，是很难抵达这样的认识的。

在方法论层面，《老舍评传》遵循的是以时间为经作品为纬的评传模式，这正是文学研究叙论结合的传统模式。《老舍与满族文化》建构了一个"文化—文学—文化"的论述模式。这里，文化包括了家庭出身、社会变迁、伦理观念、地理、艺术、语言、文化调式、文化反思八个单元的内

① 关纪新：《老舍与满族文化》，辽宁民族出版社，2008，第319-320页。

容，每个单元又各自对应了老舍的人文模塑、民族心理、精神伦理、地理情结、艺术才华、语言天分、文学风格以及思想境界八种个人素养。由于少数民族文学研究在方法论上尚未达到定型的程度，因此，这个论述模式很大程度来自关纪新的匠心独运。全书前面七章采取"文化—文学"的论述思路。在传统文学研究中，我们习惯了社会生活与文学创作这种两相对应的思维方式。显而易见，由于文学与生活所具有的必然联系，这种思维方式确实具有强劲的思想力量。《老舍与满族文化》并未排除这种方法。但值得说明的是，传统现当代文学研究中的社会生活通常具有较强的同质性，作家们多生活在同质的社会历史语境之中，因此，传统的现当代文学研究往往会偏重于文学文本的分析与阐释，社会历史常常受到忽略。然而，少数民族作家与汉族作家相比，多了一重与主流社会相异的少数民族的社会生活环境，对这种特殊社会文化环境的分析就变得相当重要。《老舍与满族文化》全书八章的前面四章都可以归纳为社会文化环境的范畴，并细分为人文模塑、民族心理、伦理精神和地理情结四大元素，确实全面体现了少数民族文学研究中"外部研究"的性质，能充分而且深入地展现少数民族文学研究中独特的社会文化特质。接下来艺术、语言、风格三章，以满族艺术、满族语言、满族文化调式对应老舍这个作家个案的艺术才华、语言天分和艺术风格，进入到韦勒克文学理论所谓的文学"内部研究"的内里，挖掘更为隐蔽的少数民族"文化—文学"内蕴。第八章调转"文化—文学"的论述方向，确立"文学—文化"的论述方向，将文学文本作为文化文本的材料，将文学思考上升为文化思考。最后的《跋》则集中陈述作者的"多民族文学史观"。可以看出，这是一个从文化到文学、从外部到内部最后从文学到文化、从自我认识到自我超越的理论构建，它既具有明显的创新性质，又符合少数民族文学研究的内在规律，在一定程度上，具有为少数民族文学研究提供方法论展示的意义。

观念与方法固然重要，但是，没有相应的知识体系，就很难有效地证明观念和充分地运用方法。观念可以通过启蒙普及，方法可以通过示范推广，但知识体系却需要艰辛的努力和厚实的积累才可能丰富与完善。因此，相对于传统现当代文学研究而言，《老舍与满族文化》最大的难度仍然是少数民族文学研究所需要完善的知识体系。这种知识体系首先包括少数民族所独有的人文历史、人文风俗、人文精神，也包括少数民族所特有的土地情感、艺术传统、语言体系以及性格素养。尤其困难的是，对于上述精神价值，作者不仅要知其然，而且要知其所以然。比如，确认老舍的满族身份可能并不难，泛泛谈论八旗子弟的没落也还算容易，甚至，一般性地理解"旧日旗族生活全方位艺术化"也不是没有可能，但是，如何在这些基本共识的基础上进一步深入思考，没有一个庞大的知识体系作支撑，显然难以为继。这其实正是少数民族文学研究最大的难关所在。表面上看，少数民族文学研究开辟了一个传统文学研究所未曾覆盖的新的空间，有许多新材料，也可能孵化许多新思想，但是，这种显而易见的诱惑很大程度上是一个陷阱。因为，一旦真正进入少数民族文学的研究领域，我们会发现，原来的知识体系根本无法帮助我们进入研究的腹地，如果没有相应的知识体系作为支撑，我们只能在一些既定的观念意识上停滞不前，重复一些大而不当的思想结论。诚如关纪新所指出的："对旗人们的生活艺术化，看到的人不少，指责的人也有许多，而指责的人又往往是人云亦云，以讹传讹。对旗族人们为什么要用艺术来调剂生活，大多不曾给予起码的体察和谅解。"[①] 略知其然而不探究其所以然或无法探究其所以然的作风，造成了少数民族文学研究入门容易深入难的情形。的确，上述所谓历史、风俗、艺术、语言，尽管不过是几个名词，却关涉史学、民俗学、艺术学、语言学几个庞大的学科，没有相应的学科修养，如何能抵达少数民族文学研究的纵深地带？仅就上面满族、八旗子弟、旧日旗族生活全方位艺术化这三个概念而论，我们可以发现，《老舍与满族文化》一书就论述了满族的历史、八旗制度的来龙去脉、旗族生活艺术化三大问题，并厘清了这三个似乎不相关的问题之间的内在联系，像作者指出的那样："清代中晚期京师旗族的文化艺术修养大幅度攀升，不可一味地归咎于他们的'游手好闲'，而主要是源自旗人们要摆脱'八旗制度'造成的人生悲剧所显现的精神逃逸。与这一全民族的艺术化倾向同时完成的，乃是都市满族人在精神气质上的各种演变。概要地看，这些演变多是将起初满族性情中偏于粗粝的一面转而趋向细腻，将原本豪放的一面转而趋向了精致。"[②] 这就使我们对原来人云亦云的一些观念有了知其然又知其所以然的认识。在与这些问题相关的第五章和第六章中，我们可以发现，如果没有系统的满族艺术学知识体系和语言学知识体系，我们是无法从少数民族文

有书作伴

---

① 关纪新：《老舍与满族文化》，辽宁民族出版社，2008，第156-157页。
② 同上书，第164页。

学研究的视角走进老舍的文学艺术堂奥的。作者不仅将老舍放在满族文学历史发展的格局中去把握老舍特有的满族文学气质和语言文字修养，而且，他还必须将老舍特有的满族文学气质和语言文字修养放在满族传统艺术和满族语言系统中进行辨识和分析。比如谈老舍的语言艺术一章，作者就充分调动了他的语言学知识储备，将王国维的"以自然之舌言情"[1]、胡适的"旗人最会说话"[2]这些只言片语的评价，进行了寻根溯源的阐释。像"北京现代方言中所保留的汉语古音韵，是最为稀少的"[3]这种带有定量评价性质的结论，以及"中国文学史上凡是一回又一回民间口语的清新气息吹拂进入文苑以内，多是在异民族的文化对中原文化构成了某些碰撞填充而后"[4]这种定性式的结论，还有书中对满族古代文学语言、近代文学语言的实证性分析，无不表明作者在这个领域较为全面精深的知识积累。唯其如此，他才可能对老舍的文学语言进行具有文化深度和语言专业性质的品评。想想看，即使我们掌握了相应的方法，但如果我们没有相应的知识准备，我们同样一筹莫展，除了说些常识和套话之外，根本无法实现知识的递增和思想的创新。

正因为作者有了相应的知识准备，真正潜入了满族文化的深水区，他才可能将他的方法运用自如，使观念、方法和知识得以达到融会贯通的境界，使研究变得左右逢源、得心应手，并且，每有独到的发现和颖悟。认真说来，人文社会科学研究的目标是获得真知灼见。前面所说的知识体系指的就是真知，在真知的基础上，通过正确的方法，就可能获得灼见，即对新思想、新知识或新规律的发现。《老舍与满族文化》一书的确有许多堪称灼见的见解。比如，书中第七章探讨老舍文学艺术中的满族文化调式，主要论述幽默、雅俗共赏和开放胸怀三个问题。其中，关于幽默这样一个已经被"过度阐释"的问题，作者仍然能说出新意，他一方面指出汉语文学缺乏幽默质素，另一方面，则分析了满族之所以幽默的文化心理根源，并从幽默观与幽默表现两方面对老舍创作中的幽默元素进行了画龙点睛的分析。在讨论雅俗共赏这个问题时，作者不无新意地指出："在我国各个少数民族传统文学的词典里，雅文学与俗文学之间，都没有什么断然

---

[1]　关纪新：《老舍与满族文化》，辽宁民族出版社，2008，第145页、187页。
[2]　同上书，第200页。
[3]　同上书，第175页。
[4]　同上书，第189页。

可分的界限。"①他还分析了老舍通俗却未被列入"通俗文学"行列的原因，那是因为他"善于站在人类现代文明的高度，以一种更深刻更博大的进步人文情怀，去批判中国传统社会流行价值观念落伍于时代的成分"。"老舍则是既做到了置身于市民生活之中，用'平视'眼光去悉心观察和表现他们的生活现实，又能动地逸出这种生活及观念的规约局限，跳向'云端'再回首，用高屋建瓴的'俯视'眼光，扫描那种生活文化以及社会流行价值观的得与失。"②确实，指出老舍文学的通俗品质并不难，但能深入论述老舍通于俗却不流于俗的文学品质却不易，能有效地说明老舍文学作品"学问大的人看了不觉浅，学问小的人看了也不觉深"③这种雅俗共赏的文化调式更是难能可贵。同样，谈到满族文学的开放胸怀，作者不是满足于一般性地认为"满族人见什么学什么，学什么像什么"④，而是从满族文学历史，从纳兰性德、岳端、文昭、曹雪芹、文康一直说到老舍，用满族文学向中原学习、向西方学习的实实在在的事实来证明它的开放胸怀，其中，《儿女英雄传》的作者文康虽然善于编故事、写心理，但他仍自觉率先引进"西洋法子"进行创作，选择了当时中国小说中不易见到的留悬念、设伏笔、倒叙的外国文学技巧，从而"领中国文学（学习外国文学）风气之先"⑤。陈丹青在谈奥运会开幕式时专门谈到张艺谋要求策划人员必须提供"干货"，所谓"干货"，"就是你满口道理、主意再绝，你得可实行"⑥。这里，我所谓干货指的是真知灼见，是从研究者庞大的知识库存那里烹炼琢磨出来的思想，长期积累偶然得之的发现，而不是大而化之、华而不实的理论表演。的确，不仅能说出有什么，而且能说出没有什么；不仅能概括印象式的共识，而且能提供胜于雄辩的事实；不仅知其然，而且知其所以然；所有这一切，无不需要作者足够完善的知识积累，需要持之以恒地将学与思融于一体的学问精神。

　　研究少数民族文学，需要科学的、与时俱进的观念指导，需要正确的、得窥门径的方法运用，需要潜心、专注、长期积累的学问态度，除了

① 关纪新：《老舍与满族文化》，辽宁民族出版社，2008，第242页。
② 同上书，第248页。
③ 同上书，第253页。
④ 同上书，第255页。
⑤ 同上书，第257页。
⑥ 陈丹青：《那一刻人人都是李宁》，载《南方周末》2008年8月14日。

这一切，少数民族文学研究还需要能入能出的超越意识。具体到《老舍与满族文化》，我们注意到，作者虽然对老舍怀抱强烈的感情，但是，正如他所说的："认定老舍创作个性中的满族素质，把老舍的作品看作少数民族文学的组成部分，当然不是出于给某个民族争一位文化名人的世俗愿望。"①其实，在我看来，少数民族文学研究也不是为了蜷缩在某个边缘学科，画地为牢，自我封闭，以制造学科壁垒自说自话，自得其乐。少数民族文学研究自有其独立自足的价值。事实上，从学科性质而言，《老舍与满族文化》的研究既属于少数民族文学，又何尝不属于现当代文学，同时，它同样属于比较文学。它的多重学科属性恰恰要求它具有超越性，需要它不仅对主流知识体系有游刃有余的把握，而且要能对边缘的知识体系有深潜其中的精研，进而使已有的知识体系与边缘的知识体系得以汇通，从而实现真正意义的知识创新。因此，对于少数民族文学学科而言，深入到某个民族文学的深水区，探究这个民族深厚的文学底蕴，发现这个民族独一无二的文学价值，并不是为了满足这个民族的文学虚荣心，而是为了发现文学的多样性、发现文化的多样性，为了使当今的文学更加丰富，为了使当今的文化更加丰富。即使在今天这样一个全球化的时代，文学文化的多样性与丰富性仍然是人类本质的心理需要，少数民族文学研究满足的恰恰是人类这种本质的心理需要。在这个意义上，我们的少数民族文学研究，其实正是为了人的全面、健康发展贡献力量。

有书作伴

---

① 关纪新：《老舍与满族文化》，辽宁民族出版社，2008，第319-320页、第312页。

《柏杨评传》

　　台湾作家柏杨在大陆名声极大，盖因为《丑陋的中国人》一书之缘故。20世纪80年代中叶大陆的大学生，没读过此书的人或许不多。"丑陋的中国人"，至今仍时有耳闻。由此可见柏杨其人其书的影响。

　　然而，若有人问起柏杨其人，鲜有人说得出其中二三。我也是在读了《柏杨评传》一书后，才对柏杨其人及其作品有了一个比较完整的了解。

　　《柏杨评传》与20世纪90年代大陆出版的诸多港台作家如金庸、古龙、三毛等人的传记相比，其严谨的学风和厚重的积累显得尤为突出。近年来诸多港台作家传记多是一些报纸杂志有关内容的辑录整合，既缺乏新鲜材料，也不重视史料钩沉，对传主思想发展、心灵轨迹更缺乏深刻透视，写作趣味也多在奇闻轶事，对商业的考虑太多，对学术的追求太少。《柏杨评传》却是一部执著于学术品格的人物评传，读后令人感到作者的趣味与流俗果然不同。

　　《柏杨评传》从柏杨出生的1920年一直写到柏杨在台湾成立"人权教育基金会"，向其今生最后一个"大梦"跨出第一步的1994年。74年的历史，柏杨童年时代的家庭生活，少年时代的教育背景，青年时代的人生选择，从事文学创作的历程，罹难"文字狱"的前因后果，狱中生活，出狱后的辉煌事业以及柏杨一生中的五次婚姻，都有详尽清晰的叙述。其中许多材料系作者亲自访问柏杨所得，属第一次披露，更有不少历史事件，或因传主本人记忆有误或其他材料记载有误，作者专门做了考证和澄清，由此可见作者写此书所花费的功夫。

　　与追求客观真实的史家作风相配合，作者体现了相当深刻的分析能力。这种分析能力在书中多有所见。其中给我印象最深的是有关柏杨对蒋介石的思想变化、柏杨对爱情境界的追求以及柏杨小说的思想艺术成就三个方面。

　　柏杨是一个具有浓厚的思想家气质的作家，他对中国历史、中国文化

有
书
作
伴

的深刻洞见是与他自身的人生经历密切相关的。在柏杨的思想发展中，蒋介石无疑是一个很重要的因素。30年代末，蒋介石成为柏杨的精神偶像，从此柏杨有了精神的寄托。40年代末，柏杨对蒋介石的虔诚信仰开始动摇，进而对蒋介石所代表的权力体制也开始怀疑。50年代中期，柏杨甚至对蒋介石的人格都产生了反感，并开始从这位领袖的人格反思整个民族的性格，为后来柏杨的"文化救国论"打下了一个相当感性的意识基础。可以想见，倘若作者本人不精于思考，是很难把握柏杨这一相当细腻又极其深刻的心路历程的。

　　柏杨一生五次婚姻，其中既有封建式的家庭包办，也有因战争而导致的夫妻分离，还有因性格不合与第三者介入而导致的婚变，冤狱十年导致又一次妻离子散，直到最后与张香华结合。五次婚姻无不显现了柏杨的思想、性格及其对爱情的积极追求。柏杨是一个思想者，更是一个浪漫主义者。正因为他有思想，他才能有理想；不仅有理想，更有为理想孜孜以求的奋斗行为。对待事业如此，对待爱情亦如此。在与艾玫、张香华的恋爱中，人们不仅感受到柏杨热情如火的追求精神，感受到柏杨爱情至上的爱情观念，同时也感受到柏杨拿得起、放得下，激流勇进，哀而不伤的情爱性格。

　　柏杨是一个杂文家，更是一个小说家。柏杨的杂文思想奇崛，语惊天下。柏杨的小说似乎更能显示他对社会的洞察、对人生的感悟和对人性的体会。柏杨从进入文坛，17年的小说创作留下了大量小说作品，不定期写有讽刺小说、童话小说、爱情小说、挣扎小说、人性小说。作者对柏杨不同阶段、不同类型的小说创作都有深入的分析评价，对其小说创作的得与失做了全面的探讨。在我看来，作者这方面的研究使昔日柏杨研究的一个薄弱环节得到了有力的改善。因为，作者长期研究中国现代小说，对中国现代小说的历史有自己独到的见解，以这样的学术功力探讨柏杨的小说创作，自然能高屋建瓴，理解不隔。

《莲生与阿玉》

　　2010年3月我曾与上海作家陈丹燕在桂林雁山园见过一面，始知她父亲出生平乐，陈丹燕可以算是桂林人。没想到今年1月我就得到了陈丹燕的新著《莲生与阿玉》，其中讲述的正是作者的这段故乡之旅。

　　书很好读，充分显示了作者叙事的才华。有关莲生的部分，作者是将莲生的回忆录与她的回乡记并置参照。1919年，莲生出生在平乐一个贫穷的家庭，天资聪颖，受过很好的小学教育，九一八事变时就参加了小学的夜呼队，向老百姓宣讲抗日。1932年，莲生母亲去世，父亲离乡躲债，13岁的莲生辍学，相继在桂林二我轩照相馆、线毯家具厂做学徒工，之后又到平乐一家银行做杂役。业余时间，经常到平乐图书馆借书阅读，流着眼泪读完了《少年漂泊者》。1935年，莲生到桂林读初中，参加了抗日救亡的学生运动，经常到生活书店与进步青年聚会，参加了广西师专杨潮组织的广西"反对帝国主义反对法西斯主义大同盟"，从苦闷压抑的心理状态中走了出来，找到了生活的意义。1937年7月，莲生加入了中国共产党。1938年春天，莲生离开桂林前往延安。

　　作者在叙述有关莲生到延安前的这段人生道路的时候，差不多是用了电影蒙太奇的手法，将莲生当年在平乐和桂林的生活故地，做了跨越80年时间的回放。作者的幸运在于，她几乎找到了所有莲生曾经生活、学习和工作过的青少年时代的故地，甚至许多房子还存在。我在桂林生活了40多年，经历了近半个世纪的桂林城市的变迁，我很惊讶陈丹燕的观察力和表现力，她将70—80年前的桂林、平乐与今天的桂林、平乐表现得那么精确传神，她的叙述，使我平时阅读获得的各种概念，转化成为一个鲜活的、血肉丰满的形象。

　　这个形象很独特。在陈丹燕笔下，桂林（平乐）是她的父亲——少年莲生走向革命人生的起点站。当陈丹燕踏进她父亲的出生地，她发现平乐十二岁的男孩身上那种"在上海滩难以见到的文雅，一种古旧的、不自觉的文雅"，她发现平乐老百姓还保持着"敬天、敬地、敬君主、敬祖先、敬师长"的古老的价值观，她发现平乐的孩子有着端正和宁静的面容，目光非常良善，毫无大城市的小孩目光里本能的戒备和疑问，她从一个谦恭多礼的、写得一手方方正正的好字、说着有点南方口音的小学教师身上意识到：这就是广西。

读完全书，我意识到，陈丹燕回乡感受到的桂林（平乐）与她的父亲、姑姑生存体验到的桂林（平乐）并非完全一致。然而，这两者之间构成的张力，可能才是真实立体的桂林（平乐）。

作为一个桂林读者，我读《莲生与阿玉》的驱动，是因为这本书的桂林内容。然而，读了几页，莲生的人生经历及其信仰选择吸引了我。从书里我得知，莲生到延安后，曾到西北公学学习情报、保卫工作，之后从事情报工作多年。也许是巧合，恰恰是去年，我看了两个热播的电视剧：《潜伏》和《人间正道是沧桑》。《人间正道是沧桑》有一段写到军调处的生活，莲生正好有过军调处工作的经历。《潜伏》中，余则成最后被派往台湾，而莲生正好做过向台湾派遣中共情报人员、建立情报网的工作。看电视剧，我体会的是梦幻般的惊险传奇。而有关莲生的叙述，则好像是在梦幻传奇与真实人生之间建立了一段桥梁。

莲生的经历中，还有一段同样会引起人们的关注，那就是延安整风与抢救运动。这些年来，坊间已经有不少图书涉及这两个事件，可谓众说纷纭。莲生作为亲历者，他的感受，当然值得人们重视。

《莲生与阿玉》的副标题是"关于信仰的事"，这实际上是全书的主题。莲生的信仰可以归纳为政治信仰，阿玉的信仰，我没有读完，可能可以归为宗教信仰，她曾经信仰佛教，最后终于不信。在陈丹燕的叙述中，莲生被反复书写成一个精神至上的人，他在那个时代算是受过比较好的教育，也有天然的对求知的热爱。因为出身底层，他强烈地感受到社会的不平等，自然而然地接受了共产主义的信仰。可以说是信仰救了他，如书里所说："国破家亡，理想与信仰这些原本抽象的单词，这时竟渡他出了这苦海。"但事情并没有那么简单，这个精神至上的人，也有他的内心冲突，因为他"不能适应执政以后，出生入死的理想主义者转变成各办公室官员的日常生活，也不适应从前的勇于为信仰牺牲转化为现在的公私兼顾"。

一个身处底层的少年选择反抗现实的理想是容易理解的，一个身居执政位置的官员的内心冲突，则不那么容易辨认。陈丹燕之所以能够将莲生的真诚从包裹在《红旗》杂志社论式的句子和词语中识别出来，当然是因为她与莲生之间的血脉联系。因为这层血脉的联系，她才能深切地体验到贯通莲生一生的特殊的精神洁癖。

显而易见，陈丹燕这部并不厚重的《莲生与阿玉》，涉及的都是重大的事件、重大的话题，我甚至没有能力对这些重大事件和重大话题做出评价。因此，我特别钦佩陈丹燕在叙述这一切时的举重若轻。陈丹燕确实有非同寻常的叙述能力，凭了这能力，她为人们写出了"一个在古老、颓败小城里长大的理想主义者"。

有书作伴

《王蒙四味书屋》

　　王蒙是一个著作等身的作家，出版过王蒙著作的出版社实在不少。其中给我印象较深的有人民文学、中国青年、三联几家，此外，就是漓江出版社了。

　　在我的印象中，漓江出版社一共为王蒙出过四次书。四次都颇具特色。第一次出了本《王蒙王干对话录》，出版著名作家和评论家的对话，好像是漓江社首创，似乎目前尚未有追随者。这本书谈论的是20世纪80年代的文学，以此为话题的书实在不少，但以对话文体，且同时开放作家和评论家双重视角，可以说独一无二。而且，这本对话的内容确实精彩，许多观点经得起时间的检验，称得上是一部20世纪80年代文学的备忘录。第二次出了本《王蒙评点红楼梦》，这本书开了当代著名作家评点古典名著的先河，从实际操作的层面将中国传统文学批评的方法推陈出新。此书刚一出版就产生较大反响，后出现效仿者，但迄今为止，我尚未发现更好的新创的评点本出现。第三次出了本《王蒙幽默小说自选集》，王蒙的小说集出了许多，但以幽默为专题，且由作者自选，似乎也是第一次。第四次就是这套《王蒙四味书屋》，它包括四本书：《王蒙诗情小说》《王蒙荒诞小说》《王蒙幽默小说》和《王蒙蠢话》。这套书是将王蒙的作品做了分类，其意义王蒙自有说法，他是这样说的："我出过各种小说选集，以风格分，分别出我的'幽默''诗情'与'荒诞'小说选，则是一个创举。"

　　我想，这确实是一个创举。王蒙是当代文坛上经历特别丰富的作家。近20年前他曾用"三十功名尘与土，八千里路云和月"来概括他的人生体验。20年过去了，王蒙的人生体验不知又有了几多拓展。他个人的命运不由自主地和中国20世纪后50年的政治历史、文化历史紧紧地联系在一起了。王蒙又是一个才能异常全面的作家，他具有将自己的各种人生体验用不同的文体风格表现出来的能力。这使得王蒙的作品自然而然地变得杂色多味。有的人只看到王蒙幽默甚至"油腔滑调"的一面，殊不知王蒙也有诗意盎然激动人心的一面；不仅有看破红尘直逼荒诞的一面，还有真诚伤感细腻优美的一面。事实上，王蒙是从诗意开始出发的。一部《青春万岁》，真切地传达了一个时代的诗意，表现了一个诗意的时代。也许，至今许多读者还记得那种"所有的日子，所有的日子都来吧"的青春诗意的感觉。同样，每一个《组织部新来的年轻人》的读者，都将缅怀那种青春终将逝去的忧伤。20世纪80年代的王蒙，更是用他那趋于成熟的笔，写出了时代中的荒诞，展示了曾经沧海的人生智慧和生命感悟。绝大多数读者更熟悉这时候的王蒙，他们以为这就是王蒙的全部抑或全部的王蒙了。然而，曾经沧海的王蒙犹有诗情似旧时。在冷峻、潇洒、大彻大悟、游刃有余等所有感觉之外，王蒙还能唤起我们花开花落泪迷离的感觉。《王蒙四味书屋》让我们立体地、全面地体验王蒙的诗情、王蒙的荒诞、王蒙的幽默以及王蒙那大智若愚的蠢话。在体验王蒙的所有杂色多味的同时，也许就体验了我们共同经历过的历史以及我们共同的生存环境。

《虹影精品系列》①

　　漓江出版社最新推出的六卷本《虹影精品系列》将使人们对虹影的关注推向一个新的高度。这个系列包括三部长篇小说、一部中短篇小说、一部散文和一部诗图集。在某种程度上《虹影精品系列》已经将虹影迄今为止最好的作品一网打尽，它不仅收入了畅销欧美的《饥饿的女儿》，而且收入了虹影的新作——无论是题材还是技巧都将为广大文学读者关注的长篇小说《K》。尤其值得一提的是，这个系列还附录了大量有关虹影及其作品的背景材料，这个附录为所有"虹迷"或中国当代文学的研究者提供了一个具有"景深"的虹影。正是在这个意义上，我想说，出版界对虹影的关注已经从"畅销的卖点"转向了"长（常）销的经典"。

　　对虹影其人其作的评头品足在各种媒体频频曝光，其中不乏真知灼见。但不可否认，其中，炒作或时尚的意味掩盖了事物的真相。许多人是把虹影作品这样定位的，即虹影写出了"食与性"的双重饥饿。我觉得这个说法指出的只是现象而不是真相，它看到了浅层的事实，却忽略了深层的意蕴。它反映了批评家的惰性以及对大众口味不作任何思辨的附和。其实，只要我们对虹影的小说稍稍采取一点深究的姿态，就可以发现，"食与性"的饥饿对于虹影远远不意味着全部。事实上，在触目惊心的"食与性"的饥饿后面，还隐藏着一种深层的饥饿，那就是"心灵的饥饿"。我觉得虹影在这个层面上的表现惊心动魄。我认为，"六六"——《饥饿的女儿》的主人公，她的苦难固然有"食"的饥饿的原因，但同样，"心灵的饥饿"同样扮演了重要的促成苦难的角色。如果我们意识不到这一点，那么，我们就无法理解"六六"远离了"食与性的饥饿"之后为什么仍无法"餍足"，进而，我们也无法理解无法解决当一代人的温饱问题解决之后，为什么还会有苦难存在的问题。

---

① 虹影著，漓江出版社出版。

没有爱、没有同情、没有人与人之间最起码的关心，这是《饥饿的女儿》提供给我们的一个惊心动魄的事实，也是一代人心灵饥饿最有力的证明。说实在的，正是因为读了虹影，我才理解了为什么多年前中国会出现一场"寻根"运动，我才理解了为什么稍后几年中国又出现了新写实小说。阿城的《棋王》已经写到了饥饿，但他那个"道家的棋"实在是把问题理想化了。方方的《风景》呈现了"奇观式"的风景，但"二哥"的经历实在忧伤，"七哥"的人生哲学过于突兀，作者的知识分子立场使人们一下还没有意识到"心灵饥饿"的问题。只是到了虹影，她的作品不仅触及"身体的双重饥饿"，而且直抵"心灵的饥饿"。一百年来，我们做了许多"毁灭文化"的事情，我们以为这仅仅是对文化的"破坏"，殊不知，这是"对心灵的抢劫"。我想，刘小枫的"爱"、钱理群的"精神的底子"、陈思和的"心灵教育"、王安忆的"心灵世界"和"重建象牙塔"，这些出现在不同学科、不同领域的言论，大概都是来自对现实、对一代人精神状况的洞察，并共同指向"人文的重建"。这一人文重建与文化寻根、与小说新写实异曲同工，它使人们意识到中国不仅匮乏过"食"、禁忌过"性"，同时也认识到为什么今天会出现"食与性"的泛滥，而这一切，无不与心灵的饥饿、信仰的缺失有关。

《覆水》

　　《爱在无爱的硅谷》《特蕾莎的流氓犯》和《望断南飞雁》是陈谦广为人知的三部小说。这三个小说都是以海外华人女性为主人公。上海文艺出版社出版的长篇小说《爱在无爱的硅谷》讲述了电脑专家苏菊在硅谷的事业和爱情，这个小说具有通俗小说的品质，情节曲折，对大众读者颇有吸引力。发表于《收获》2008年第2期的中篇小说《特蕾莎的流氓犯》讲述了半导体专家特蕾莎的"文革"故事，她曾经出于少女的嫉妒告发了一个大她几岁的男孩，导致这个男孩人生受到重大挫折，这个小说因为涉及"文革"忏悔主题而引起文坛关注。发表于《人民文学》2009年第12期的中篇小说《望断南飞雁》讲述了南雁的美国梦故事，这个故事的独特之处在于，它把美国梦叙事和性别叙事做了巧妙的整合，故事因此有了复合的意蕴，突破了许多移民小说美国梦叙事的简单和肤浅的局面。

　　因为《爱在无爱的硅谷》，陈谦成为海外新移民作家的代表人物；因为《特蕾莎的流氓犯》的"文革"叙事，陈谦小说的思想深度得到了人们的认同；因为《望断南飞雁》的美国梦叙事和性别叙事，再一次显示了陈谦生活和艺术的积累，在一个更高的层面引起了人们的关注。不过，本文不打算对上述三个小说进行深入的分析，而是想着重阐释数年前陈谦在《小说界》2002年第6期发表的中篇小说《覆水》。这个小说发表后似乎没有引起太多的关注。不过，广西人民出版社出版的陈谦中短篇小说集，陈谦以《覆水》命名，这表明，在陈谦的心目中，《覆水》是一个重要的小说。

　　《覆水》的主人公依群少年丧父，虽然长得文气端庄，却因为患有先天性心脏病，婚嫁成了她不敢奢望的事情。美国白人老德民国晚期曾经有过到中国的救灾经历，爱上了依群的姨妈，但这段爱情未成正果。老德回国后结婚生子，依群的姨妈年纪轻轻抑郁而终。中美关系解冻后老德已经人到中年，离了婚，重新燃起了对依群姨妈的思念，来到中国，没有见到当年的情人，却见到了仿佛姨妈再生的楚楚可怜的依群，一见钟情，依群与比她年长30岁的老德结婚去了美国。在美国的医院里，依群做了开胸手术，扩张了心室那根曲窄的血管，多年来压迫她的心脏病终于治愈，依群的身体从此告别了虚弱气紧，充满了生气和活力。康复后的依群到社区学院补习英文，几年后转入了加州大学伯克利分校电机系，凭着老德的支持和自己的努力，依群完成了学业，在硅谷进了一家中型半导体设计公司，从一个普通工程师一步一个脚印晋升为中层主管。

在依群的事业刚刚开始的时候，老德选择了退休。当初，56岁的老德到中国接依群去美国，途经香港，两人在香港铜锣湾的一家酒店完成了他们的初夜。因为年龄和疲劳，老德是用非常态的方式结束了依群的处女状态。后来在酒精的帮助下，性爱的内容得以完成，但依群却领略了老德的衰老。在依群心脏病未曾治愈的时候，双方还算旗鼓相当。当依群心脏病治愈，身体变得强健，欲望也日益高涨，过了60岁的老德，生理上的颓势却日益明显。年轻强健的依群身体欲望得不到满足，将精力完全投入到工作中，成了一个以公司为家的工作狂。

性能力已经丧失的老德，性心理却未曾泯灭。日暮途穷的倒行逆施，竟让依群生出了鄙视之情。在依群40岁、老德70岁的时候，两人正式分房而居。老德日益衰老，心理上对依群越来越依赖。依群因为目睹了老德太多的难堪，对老德的态度变得日渐厌倦和冷漠。在长期的怠慢中，依群甚至忽略了老德的健康隐患，虽然家庭问题专家给了她善意的提醒，但仍然没有引起她高度的重视。终于在一个早春的雨夜，老德爆发了心肌梗死，在医院抢救四天后，离开了人世。

之所以用这么大的篇幅来复述这个小说的情节，是因为后面对这个小说的多维解读必须以小说的情节为基础。

首先，我们可以从性别文化视野解读《覆水》这个小说。在这个视野中，最简单的说法，这是一个老夫少妻的故事。老德与依群年龄相距30岁，双方的身体与性正好形成一种错位的状态。夫妻生活的不和谐是不言而喻的。《覆水》的意义在于，它细腻地展现了男性由强而弱，女性由弱而强的过程，而不是通常文学作品书写的女性总是处于弱势一方的地位，呈现了一种"阴盛阳衰"的现象。在女性主义影响日益强大的今天，《覆水》揭露的男性弱势存在是值得关注的。

其次，我们可以从代际文化视野解读这个小说。客观地说，老夫少妻的婚姻模式并非罕见。从传统文化视野，年轻妻子与年老丈夫相依相伴共度一生，也曾经得到过许多正面的描述。反面的描述则往往是从现代文化视野，从批判封建制度的角度对老夫少妻现象进行描述。但是，《覆水》超脱了这类非此即彼的价值判断，陈谦是以一种跨代际文化视野描述这一事实的。

依群的母亲树文代表了传统文化，她对报恩的价值观是毫不置疑的。老德改变了依群的命运，改变了他们一家的命运，她牢记的是，老德对他们一家是有大恩的。这种大恩当然值得用一生去报答。因此，她对依群表现出来的对老德的冷漠绝不赞同，对依群表现出来的急切脱离老德的心理更不支持。

依群的妹妹依慧代表了现实文化，她对老德充满感激，而且与老德相处和谐，但她却对依群那种既不离开老德又不亲近老德的状态不以为然。她的现实文化价值观决定了她的态度，她认为如果依群不开心，就应该离开，成就另外一种生活；而这样对老德阴阴的逃避，对彼此的伤害更大。她对依群说：其实有些事情，你走出去了，就都活过来了，老德也不会图你一生的抵押的，他是个好人，你要真走，他肯定不会为难你。

依群则处于传统文化与现实文化之间。她受到传统文化价值观的熏陶，也接受了现实文化价值观的影响。但她既不像母亲树文那样具有坚定不移的传统价值信念，又不像妹妹依慧那样具有潇洒灵活的现实主义态度。她虽然有报恩的思想，但也有对白头偕老价值观的怀疑。"白头偕老真的有那么重要吗？"这个内心的疑问暴露了她的取舍不定、患得患失。是"她自己走不脱身，不关老德的事"这个判断表明了她的拖泥带水、深陷内心的重围。因为不坚定，所以有犹豫、彷徨，生命因此处于失调的状态；因为不洒脱，所以有负累、有沉重，生命因此有与她年龄不相称的忧郁。正是因为她的文化选择与她的生命状态未能达成和谐，进而造成了她内心的分裂。她既想保守传统之承诺，又想获得现实的快乐。然而，圆满的境界几乎是不可能的。

尽管，无论依群选择哪一种价值观，都不可能有现实的圆满。这也是小说中反复陈述的"所有的生活方式，都是要付代价的，依慧她们，自然会有她们自己的账要付"。这或许正是依群和艾伦都能认识到的"现代人的苦衷"。然而，如果一个人的文化心理能够与生活现实相契合，其内心就不至于拥有那么多的冲突，他可能仍然有许多现实生活的困难，但他的现实与自我就不至于过于分裂。就像依群的母亲树文，虽然也历尽坎坷，但终能保持内心的和谐。客观地说，陈谦自己也是认识到了这个问题的，在小说中，她专门为她笔下人物职业规划师艾伦设计了一个"多元文化对人们职业生涯的影响"的课题，小说中的艾伦，这位与依群有过短暂暧昧情感的英国男人，曾经对依群说过一段话："我喜欢听你将周围的事情，跟你文化的根联系起来……其实这很重要的，我是说，对一个人的心理建设。"这段话直截了当地表明文化心理与人的内心建设有着深刻而又密切的关系。

最后，我从文化象征意蕴的层面解读这个小说。

小说的整个情节，可以概括为依群的三次危机及其得到救助的过程。

人生在世必然面对与自然、社会、自我三重世界。依群先天性的心脏病，象征着自然世界为依群构建的生命难题，是大自然对依群造成了身体创伤。这个难题是由西方人老德解决的。老德把依群带到了美国，利用美国先进的医疗技术治愈了依群的心脏病。依群的身体得到了拯救，获得了进一步发展的基础。这是否可以理解为西方文化在物质文化层面上引领东方进入了现代文明时代，西方文化有效地治疗了人类的物理创伤，解决了人类最基本的物质生存问题。

依群因为心脏病的原因，婚姻成了问题，这象征着依群得不到社会的接纳，面临着社会为她构建的生命难题。最后依群凭借老德的帮助和自己的努力，从一个中国南疆小城街道铁器厂的绘图员，成长为一个美国硅谷高科技公司的中层主管，并把母亲、哥哥、妹妹全家接到了美国，实现了她的美国梦。这是否可以理解为西方现代政治文明的成全，是学习、工作和事业拯救了她，一个在中国得不到承认的灰姑娘在美国变成了令人尊敬的在蓝天飞翔的白天鹅，依群实现了她的社会价值，得到了社会的认同。

然而，走通了自然和社会两个世界的依群，仍然隐藏着深刻的自我内心悲剧。这种悲剧是双重的。一方面表现为身体欲望的失调，老德以非正常方式结束依群的处女生涯，这个初夜的噩梦，成为依群内心世界永远的伤痛。依群与老德无法常态、和谐的性爱方式，在依群鄙视和怨恨的心理作用下，日渐一日积淀成为依群内心最深处的硬伤。性的粗暴与性的缺失都造成了自我内心的创痛。这是小说反复呈现的一种生命真相。另一方面表现为内心道德的拷问，由于依群清楚地认识到自己对老德的厌倦和冷漠，意识到这种厌倦和冷漠对老德的伤害，意识到这种厌倦和冷漠是对自己原来承诺的背叛，意识到自己的潜意识是希望老德赶快离开这个世界，进而有意无意忽略了这个最终结束了老德生命的心肌梗死这个死亡杀手。作为一个深受中国传统文化熏陶的女性，她对自己的这种情感是充满罪孽意识的，这是又一种生命真相，是依群不愿示人甚至不愿正视的生命真相。如果前一种真相尚能得到同情，后一种生命真相却是很难得到理解的。显而易见，依群面临着文化自我与文化他者的巨大冲突。人与自我的关系是否和谐，很大程度上来自人对自己的欲望的调控是否合适。而人的欲望，恰恰与某种文化的塑造有关。老德粗暴而非常态的性爱方式是否可以理解为西方文化在创造令人惊叹的物质文明和政治文明的同时，也对东方文化造成了永久性的伤害？而依群的自我拷问，显然象征着依群的自我面临着严峻的折磨。

如何走出这种自我内心的悲剧？陈谦还是提供了答案的。一条道路是爱，它来自理性的宣示，就像小说中那个家庭问题专家所说的："只要有爱心，你总能找到出路的。"另一条道路还是爱，它来自感性的救助，来自一个更为久远、更为漫长、也更为坚定不移的文化传统，就像小说结尾，依群的母亲留给她的并不回头的身影和那句耐人寻味的箴言："好好上路吧。"

《云海玉弓缘》

我第一次接触梁羽生先生的作品是1981年的春节之后，当时我正值大学一年级的寒假，一个人住在北京口腔医院，除了到附近的陶然亭看看风景，大量的时间就是在病房里看书，其中一本就是梁羽生先生的《萍踪侠影》，那时我只觉得小说写得好看，一口气读完，很过瘾，甚至连作者名字也没去注意。

1985年，我大学毕业已经有半年，大陆的大众文学市场升温，梁羽生先生的书开始在大陆热销，我的一个小学生朋友整天捧读梁羽生的书，诸如《七剑下天山》《白发魔发传》《冰山天女传》，我才发现，当年我读的《萍踪侠影》原来为梁羽生先生所写。这期间，我读了梁羽生先生的几部小说，其中，给我留下深刻印象的是《云海玉弓缘》，小说中金世遗这个人物让我难以忘怀。

后来我还读过金庸、梁羽生、百剑堂主三位先生的随笔集《三剑楼随笔》，读过孙宜学先生写的《梁羽生新传》，读过孙立川先生写的有关梁羽生先生的文章。两年前，广西师范大学出版社的北京贝贝特公司出版梁羽生先生两部有关中国古代文化的散文集，当时，责任编辑曹凌志先生专门从北京打电话请我找到数年前梁羽生先生在广西师范大学的演讲文稿编入书稿中。

读梁羽生先生的武侠小说，用一个词概括感受就是着迷，我以为，小说家最大的荣耀就是他的小说，他创造的世界能够让读者着迷。读梁羽生先生的散文随笔，用一个词概括感受就是敬佩，因为这时候会发现原来作者是如此博学多才，学贯中西。读关于梁羽生先生的传记，用一个词概括感受，就是羡慕，羡慕他遇到了那么多优秀的老师，常说每一个成功的男人身后都有一个女人，其实，每一个成功者的人生路上一定会有一个对他有过重要影响的老师。简又文、饶宗颐、冼玉清、金应熙都是对梁羽生产生了重要影响的好老师。我还羡慕他遇到了那么多的好朋友，也可以说是人生知己，人生知己同样是一个人成功的重要因素，原来香港新晚报的罗孚先生、金庸先生，现在香港大公报的孙立川先生都可以视为梁羽生先生的人生知己，如果了解梁羽生的人生经历，我们会发现，因为有了这些亦师亦友的老师、亦同事亦朋友的人物的存在，梁羽生先生的人生变得那么丰富、充实、有趣。

几年前，我在广西师范大学王城校区礼堂聆听了梁羽生先生的演讲，仰望了梁羽生先生的音容笑貌，那是我唯一一次见到梁羽生先生，虽然隔着数十米的距离，但我确实感受到了梁羽生先生的君子风范。

读梁羽生先生的著作，追慕梁羽生先生的侠义情怀、君子风格，在梁羽生先生的故乡蒙山，第一想表达的是对梁羽生先生的感谢，因为我读了他的书；第二想表达的是对梁羽生先生的怀念，梁羽生先生应该属于民国时期接受高等教育的最后一代人，他的去世，是不是也意味着某个时代教育文化的消失呢？我想，有我们的怀念，那么，梁羽生成长时代的有价值的东西就有可能得到承传和发扬光大。

《南斗文星高》

　　我案头摆着罗孚先生的一张贺卡和四部著作。我有写一部桂林文学史论的计划，罗孚先生无疑是我重点研究的对象。由于罗孚先生长期生活在香港，大部分著作都在香港出版，不好搜集，承古道热肠的朱袭文先生借了三部给我，我不得不抓紧时间阅读。

　　时值春天，收到友人信，读到友人书，实为快事一桩。

　　这四本书，其中《香港，香港》我已于1989年读过，此次属于重温。1989年我刚认识罗孚先生，《香港，香港》是刘作义先生借我读的。去年逛书店时见到此书，遂买了一本。想当时读此书，一是对香港有了一个新鲜的了解，二是对罗孚先生的文体欣赏不已。

　　第二本《南斗文星高》是一部香港作家剪影，漫谈了金庸、梁羽生、亦舒等一批香港文坛名家，其中许多篇章我已在1989年前后的《读书》杂志上读过。初读文章时，我尚不知作者是什么人，只是从文章中感觉到他对香港文坛非常熟悉，典故轶事生动有趣，立论说理公允新颖，文风文体更是自成一家，独创一格，与流行的平板乏味抑或艰涩做作截然不同。没想到作者果然有异地风物的陶冶和海外气韵的贯注。

　　第三本《丝韦卷》是罗孚先生的文章自选集，分小品随笔、杂感、文艺评述三辑。有评论者认为，这些文章写江山情韵饱满，记人物魅力焕发，谈风习则达到了不留情面又合乎分寸的境界。这样的评价，显然非大家难当。但对照罗孚先生的文章，又的确名副其实。

　　第四本《香港文化漫游》可能是罗孚先生众多著作中少见的系统之作。此书分传媒、电影、文学、艺术、生活文化几大类型分而叙述，立志在纠正"香港是文化沙漠"的偏见。其实，作者这番心意在《香港，香港》一书中已见端倪，《香港文化漫游》则可称为集这番心意之大成了。

　　读罗孚先生的文章，突出感觉是轻松。似乎他写得轻松，我读得也轻松。可读完之后，我会发现自己忽然增长了许多见识，用时髦的话说，罗孚先生的文章信息量极大，从容舒缓，纷至沓来，这似乎与轻松的感觉恰好相反，显见罗孚先生写文章是举重若轻。既然罗孚先生文章有如此魅力，当我作文时，也忍不住想模仿那份轻松，那份如同行云流水的轻松，那份如同乘兴而去、兴尽而返的轻松。可每当模仿之际，总有力不从心之感，才恍悟罗孚先生的这份轻松难学，正如武功招数中的无招之境，非蕴藏过人功力超人智慧不可，戏用另一句话，这份轻松或许属于寻常人不能承受之轻松。

罗孚先生原名罗承勋，1921年出生于桂林"城中之城"明朝靖江王府的王城根下，1948年到香港，长期编《大公报》《新晚报》这两份香港著名的报纸。1982年到1993年，罗孚先生在北京居住。1993年，罗孚先生重返香港。

在《明报月刊》上，我曾读过一系列有关罗孚先生返港的文章，深知他十年离港的沧桑之情。此刻，面对他多姿多彩的著述和精致简约的贺卡，我不妨以此文表达一个故乡人对他的夏天的问候吧！

《刘墉作品系列》

　　20世纪80年代大陆曾畅销过台湾作家柏杨、李敖、龙应台的散文作品。这些散文作品的一个共同特点是批判国民劣根性。90年代，台湾出现了一个面貌全新的散文作家，名叫刘墉。刘墉的出现显示出人们开始乐于以理性、高雅的气质，富于建设性的思想和简洁、生动的语言叙说人生。

　　在刘墉的作品里，我们已经看不到丑陋中国的身影，我们看到的是慈父、是绅士、是浪漫节制的青少年；我们已经感受不到龙卷风的犀利、威猛，我们感受到的是吹绿大地的春风。

　　刘墉的出现意味着什么？

　　我想，刘墉的出现意味着我们的时代已经结束了痛苦的破坏、艰难的否定，开始进入文明的建设、和平的创造；刘墉的出现意味着我们的时代不仅关注火药的呛味、硝烟的刺眼，更喜欢巧克力式的馥郁、口香糖式的清凉；刘墉的出现意味着对风雅的向往、对绅士的推崇。

　　不信吗？

　　请听听刘墉的萤窗小语吧，其中充满肯定自己的美妙和声。

《墨写的黄河》

　　前几年，诗人任洪渊曾经以他的《女娲的语言》点燃过一把汉字大火（王一川语），如今，他又以一部《墨写的黄河》提出了一种"色情"的诗学。

　　这种诗学建立在对中国传统诗学的考察基础之上。任洪渊认为，长久以来，汉语文学一直处于一种无性写作的状态，无论是儒的礼，还是道的空，或者是佛的悟，都是拒绝了身体（性）的头脑（智）写作。任洪渊指出，无性的写作是一种仅仅依靠"名词命名名词，动词推动动词，形容词形容形容词的逻辑生殖与想象生殖"，是"一种语言衰退的单性繁衍"，这种写作除为这个世界增加一些名词、一些动词、一些形容词之外，什么也不会增加。任洪渊强调："无性的写作的文本是生命残败的写作的文本。"

　　我个人认为，任洪渊这种说法还是很有道理的。举一个例子，中国有武侠小说，欧洲有骑士文学。在这两种对应的文学中，欧洲的骑士总有一个心中的恋人，这个恋人成为他人生奋斗的目标和动力，也就是说，异性，抑或性成为骑士生命内在的推动力。相反，中国的武侠形象，正面的往往心中存在一种道德理想，反面的则充满权力向往，无论是道德理想还是权力向往，都以拒绝性为前提。金庸小说有大量类似的情形。郭靖、萧峰可作为前者的代表，东方不败和岳不群可作为反面侠士的代表。尤其是岳不群，这个道貌岸然的君子，不仅"伪"，而且"萎"，金庸专门写了他的"伪"的表现，"萎"的过程，真是触目惊心，为了权力，他可以挥剑自宫，武功和权力终于把人异化到非人的程度。

　　其实，仔细想想，中国的汉赋、唐诗、宋词尽管都写了情，但这种情都被高度社会化了、道德化了、空灵化了，也就是"礼"化、"仁"化、"道"化、"佛"化了，于是，我们很难从这些经典文本中感受到震撼人心的个体自我的生命冲动，只能体会作者仕途的失意、山水的寄托以及为君为民为社的"操心"。甚至，在儒、道、佛尚未浸染的《诗经》中，本来应该存在性的写作，但经过删削和阐释，也变得"诗无邪"乃至"思无邪"了。

　　基于这种考察，任洪渊表示应该恢复"性的写作"。值得说明的是，这种性的写作不是泛滥于20世纪末中国文坛的性文学，更不是中国历史上以《肉蒲团》《金瓶梅》为代表的性文学。为什么这样说呢？因为任洪渊标榜了一部"性的写作"的标本，即《红楼梦》。任洪渊认为，"是《红楼梦》一个'淫'字的涌流——血的一次红艳的艳绝的澎湃和炫耀，显现了色与情，使儒使道使佛远远逃遁，空出了纯净的生命场"。按照我的理解，任洪渊以《红楼梦》为标榜的性的写作，是一种植根于人的身体，也就是人的原始生命冲动的写作。这种写作牵涉任洪渊对文学乃至对文化的整体理解。他认为几千年来，人类的理性思考（头脑）已沉重地压抑压迫了人类的感性冲动（身体），在人类纪元的又一个千年之始，人类的写作应该从头返回身，从理智返回感觉。这是一场由任洪渊命名的词语红移的曹雪芹运动。任洪渊认为这场运动能够创生真正属于新世纪的新的千年的文学。

《聊斋志异评赏大成》

据认为，明清两代是我国古典小说发展的鼎盛时期，产生八部世界一流的大作品，其中七部都是白话小说，即《三国演义》《水浒传》《西游记》《金瓶梅》《三言》《儒林外史》和《红楼梦》。唯有《聊斋志异》用文言写就。在浩如烟海的小说之林中，《聊斋志异》是个独特的存在，不仅是中国文言小说的扛鼎之作，也是古代短篇小说的艺术高峰，是神话幻想与现实理想的艺术奇迹。为此，小说家、文学史家吴组缃曾说："对于《聊斋志异》，我们应当一篇一篇加以分析评论。因为每篇作品都是一个有机的艺术整体，各有自己的生命；我们必须逐篇研究，探求其内在的精神和艺术特色。"

鉴于《聊斋志异》对中国文学史乃至世界文学史作出的独特贡献，以出版世界文学精品著名的漓江出版社推出了洋洋240万字的《聊斋志异评赏大成》。本书对蒲松龄的《聊斋志异》逐篇评论、赏析。由于《聊斋志异》为文言性质，为方便读者，本书前出《聊斋志异》本文，后殿白话译文。全书各篇均由本文、评赏、译文三部分组成。

这是一部充满魅力的大书。就本书中的《聊斋志异》本文而言，编者在版本上多方参阅，择善而从，为广大聊斋爱好者提供了一个可称权威的聊斋文本；就本书中的译文而言，译者多采用直译，辅以意译，少作生发，略加注释，符合信、达、雅的翻译原则；就本书中的评赏文章而言，评赏者从作品实际出发，有长说长，有短说短，话多即长，话少即短；兼顾思想性、艺术性、知识性、学术性与趣味性，见仁见智，不拘一格；同时又深入浅出，多有真知灼见。

这是一部充满魅力的大书。主编者把《聊斋志异》放在整个世界小说史上考察其价值和地位，认为《聊斋志异》是表意类短篇小说的高峰。这个断语并非凭空而发，而是据实而论，是建立在对整个东西方小说发展历史的充分了解基础上的。用主编马振方教授的话说：《聊斋志异》"以短篇的灵活多变，把神话幻想与各种各样的人与人生紧密而巧妙地结合起来，以幻异的形象结构刺贪刺虐，讽喻现实，美化爱情和种种人情，造成许许多多亦真亦幻、富于意蕴的艺术世界，塑造一大批亦人亦仙、美丽多情的女性形象，是中外古今同类作品的压卷之作"。马振方教授还专门从短篇小说形式的角度考察了《聊斋志异》的独创。认为《聊斋志异》中的大部分作品已超过了传统讲故事的形式特点，从而开创了一种"简约""新到""巧慧"，写一时一地之事，截社会生活横断面的短篇小说新文类。对此，马振方教授强调，蒲松龄"是在短篇小说普遍处于故事化时代以《聊斋志异》的一大批作品标新立异，独树一帜，是对短篇小说艺术的近现代化作出了巨大贡献的第一人"。

　　这是一部充满魅力的大书，不仅因为它版本体例的珍贵科学，研究分析的世界眼光，而且因为它装帧设计的精美考究、版本设计的大方流畅。而隐藏在这些可视可触的外表之下的编者认真严谨的学术作风和精湛深厚的学术功力，在这个粗制滥造现象层出不穷的时代，而显得高标独立、卓尔不群。

《古典文学名著评点系列》

《红楼梦》《三国演义》这些中国古典文学界名著流传数百年，它们所描写的生活和时代更是与我们相距甚远。一代又一代中国人都在阅读这些文学名著，但可以肯定的是，不同时代的人对这些古典文学名著必定有着不同的读法。

漓江出版社最新推出的《古典文学名著评点系列》的《红楼梦》（王蒙评点本）、《三国演义》（李国文评点本）、《三言精华》（高晓声评点本）使我们看到了当代一流作家对古代一流名著的现代读法。

《红楼梦》第3回写王熙凤的出场，有一个关于王熙凤身段的形容词：体格风骚。王蒙的评点是："体格风骚是什么意思？有无类似'性感'含义？"《红楼梦》第4回写贾雨村因私枉法，王蒙评点："这是一切官员，而且不仅官员常常面临的悖论——两难选择，不自保焉能报效？枉法以保自己，又哪里谈得上报效？报效谁！"《红楼梦》第23回写黛玉葬花，王蒙评点："对美的尊重与珍惜。与某种毁灭美的本能（如'文革'中给漂亮女演员推阴阳头、砸碎工艺品等）成为对比。"

《三国演义》第3回董卓上表朝廷，词藻动人，似出公正。李国文评点："凡充满革命词藻的响亮口号，都不宜深信之。"《三国演义》第43回写张昭在诸葛亮的雄辩面前哑口无言。李国文评点："至今，这些耍嘴皮子的，谁不是像张昭那样在上座肥头大耳地坐着。"

如此种种。王蒙、李国文评点《红楼梦》《三国演义》，有诸多特色，充分体现出他们对社会的真知，对人生的深察，对文学的通熟，对文化的谙悉，而最可贵的是他们思维的现代性，他们以独到的阅读见解表达了他们的现代智慧。这种古典文学名著和当代名家评点融为一体的作法，使读者两栖于古代与现实之间，不仅能体会古代名著的高远，而且能感觉当代名家的透彻。如果说得实用功利一些，当你读着《红楼梦》（王蒙评点本）、《三国演义》（李国文评点本）、《三言精华》（高晓声评点本），你当然也能直接从中学到古典名著的现代读法。

《四大古典文学名著缩写插图本》

名著，是一个民族文化精粹的浓缩，是一个民族情感和智慧最集中的体现。名著使读者的心智得到开启、得到滋润，品格得到锻炼，风度修养得到培养。每个青少年健康成长的过程中，少不了名著的营养。

基于这样的想法，接力出版社耗时3年，精心策划，全力操作，终于在1995年新春到来之际，推出由当代一流作家刘心武、李国文、林斤澜、叶楠缩写的《四大古典文学名著缩写插图本》。

为什么要出版这样一套《四大古典文学名著缩写插图本》？李元君社长介绍说："青少年必须阅读名著，这已是共识。版本的选择，则是一个问题。原著写作年代离现在太过遥远，给今天的青少年读者形成许多阅读障碍；原著内容庞大，给生活在快节奏社会中的青少年造成很大的阅读负担。接力出版社出版这套缩写本，就是想提供一套最适合青少年读者的名著读本。"

在回答要请名家来缩写这一问题时，李元君社长说道："名家缩写名著，恰恰是我们接力出版社推出这套书的一大特色。既然不是原著，缩写本就存在一个是否忠实原著、保存精华的问题。因为，作为当代一流作家，他们具有最纯正的阅读口味和最值得信赖的写作能力。在如今文坛高手云集的情况下，请刘心武、李国文、林斤澜、叶楠这四位名家缩写四大名著，是经过慎重的考虑的。首先，四大名著均为长篇小说，倘要成功地缩写，必须具备驾驭鸿篇巨制的能力，刘心武、李国文都是茅盾文学奖获得者，是长篇小说的行家里手。其次，四大名著均为古代作品，要在缩写中存其精华，需要作者有深厚的古代文化修养。近年来，刘心武的《红楼梦》研究，李国文的《三国演义》研究，林斤澜的《水浒传》研究，已在文坛产生广泛影响，他们不仅是小说家，也是新意迭出的研究专家，请他们缩写，无疑是最佳选择。最后，四大名著缩写本的读者是青少年，缩写者的语言文字必须适合青少年口味，刘心武当过多年中学教师，写过大量青少年题材的作品，十分了解青少年的阅读口味和阅读心理，林斤澜作为金鸡奖最佳编剧奖获得者，同时也是一个卓具特色的小说作家，他的小说语言清新、意境优美、诗意盎然。由他们缩写的名著版本肯定会得到青少年读者的喜爱。"

为了使"四大名著缩写本"成为真正的文化精品，李元君社长花费了许多心力。她不仅对缩写者精心选择，而且对插图者也十分重视。为四大名著缩写本插图的李老十、刘进安、于水、钟儒乾均是当代画坛实力派画家，他们的插图生动传神，极能体现名著风貌。李元君社长自信地说："一流的作家，一流的画家，一流的设计，一流的印刷，'四大名著缩写本'就是要创造出全新的阅读美感来。"

《大学语文》

　　由黄伟林、李咏梅主编，广西美术出版社出版的《大学语文》（以下简称"桂版语文"）是"新世纪广西高等教育教学改革工程""十一五"第四批立项课题"语文课程定位、教材建设与教学方法研究"的核心成果。"桂版语文"已经在广西师范大学、玉林师范学院、梧州学院、河池学院、贺州学院、钦州学院、桂林师范专科学校等学校试用，得到了广泛好评。"桂版语文"主编黄伟林、出版策划人张东、教材发行人覃喆曾到教材使用学校与任课教师进行了深入的交流，对"桂版语文"的编写理念有了更深入的认识，也明确了今后教材修订的方向。本文旨在对"桂版语文"的编写理念进行阐述，希望能对使用"桂版语文"的教师和学生有益。

　　"桂版语文"的编写理念可以概括为五个关键词，分别是大学教育、中国文化、广西元素、通识理念、语文技能，下面逐一解析。

　　第一，关于大学教育。

　　《大学语文》，顾名思义，它的教学对象是大学生。长期以来，大学语文为人诟病，就是因为课程没有充分注意教学对象的性质和特点，把大学生与中学生等量齐观。因此，"桂版语文"首先要解决的就是这门课程的学习对象问题，而我们的解决办法就是在教材中植入大学教育的内涵，植入大学生活，让学生在学习中理解大学的目标、大学生应该具备什么样的人文素养以及大学的学习生活形态。有些文章，作者就是专门为大学生而写的，或者，是作者在大学里针对大学生做的演讲。

　　"桂版语文"卷首郑晓沧《大学教育的两种理想》开宗明义告诉我们，英国的大学理想在养成绅士，与中国对应的词语是君子；德国的大学理想在养成学者，与中国对应的词语是士。作者是著名教育家，经过对西方与中国大学教育的深思熟虑，他指出：君子尤重人格上之修养，士则重学问上之修养，进而综合两者理想，认为大学教育的理想是培养"士君子",所谓:"今之大学学生,不可不勉为绩学之'士',不可不勉有'君子'之风。"

人文素养是如今谈得很多的问题,但为什么需要人文素养,究竟什么是人文素养,答案常常莫衷一是。"桂版语文"专门编选了龙应台在台湾大学法学院的演讲《政治人的人文素养》。龙应台明确表示,20多年后,今天的大学生必然会成为社会的领导人,所以,他必须具备价值判断的能力,必须具备人文素养。什么是人文素养?她指出,人文素养就是文、史、哲的素养,其中,文学使人感觉到现实背后纵深的存在,史学使人意识到任何事物皆非孤立,而有一个辗转曲折、千丝万缕的来历,哲学使人发现引导他走出迷宫的满天星斗,而所有人文"学"到最后都有一个终极的关怀,对"人"的关怀。确实,今天的大学生肯定是今后的领导人,是社会的主流人群,如果这个人群没有对"人"的关怀,很难设想社会的今后会走向哪里?

大学教育的理想是培养"士君子","士君子"必须具备人文素养,那么,当大学教育完成,学生走出大学校园的象牙之塔,进入鱼龙混杂的社会,是不是就告别了"士君子"的理想,放弃正在建构的人文素养呢?显然,答案是否定的。"桂版语文"专门在全书最后选收了胡适的《赠与今年毕业的大学生》。这篇演讲虽然是讲给70多年前的大学生听的,但其中传达的道理却有相对的恒久价值。胡适认为,大学毕业进入社会,一个人一是容易抛弃学生时代的求知识的欲望,二是容易抛弃学生时代的理想的人生的追求。对此,胡适专门为大学生提供了三个药方以防御这两方面的堕落。第一个方子是"总得时时寻一两个值得研究的问题",第二个方子是"总得多发展一点非职业的兴趣",第三个方子是"你总得有一点信心"。显而易见,胡适对学生毕业以后可能的遭遇是有先见之明的,同时,他给出的防身药方也是实事求是,确有疗效的。

"桂版语文"不仅注意植入大学教育理想,而且努力提供理想大学教育的情状。张中行的《红楼点滴》就给我们还原了20世纪30年代的北京大学课堂,生动地再现了当年大学课堂的包容,当年大学师生追求真理的执著与认真。汪曾祺的《泡茶馆》回忆作者在昆明西南联大求学的课外生活,作者专门指出,在那样一个污浊混乱的年代,西南联大却培养了许多杰出的人才,与当年大学生的自诩清高、鄙视庸俗,绝不颓丧灰心的精神状态分不开。如果前面三篇文章旨在阐释大学理想之理,那么,后面这两篇文章则在呈现大学理想之象。北京大学、西南联大的大学气象，正好为我们提供了"大学之大不在大楼，而在大师"的生动注解。

第二，关于中国文化。

大学语文在民国时期被称为大一国文。朱自清、俞平伯、游国恩等国学名家都是大一国文的教师。因此，大学语文应该是中国大学语文，它应该具有承载中国国学，抑或中国传统文化的功能。如果说，在基础教育阶段，语文课程作为基础课程，偏向语言文字的运用，那么，到了大学阶段，大学语文作为一个公共课程，作为一门通识课程，它当然应该担当传承中国传统文化的角色。

儒、道、法三家是中国传统文化的重要构成。"桂版语文"专门选收了孔子的《论语·子张问政》、庄子的《马蹄》和韩非子的《说难》，让大学生从选文中感受传统文化的精义，感受两千多年前我们的前辈的思想魅力。

王守仁的《尊经阁记》系统阐述中国古代经典的真谛，所谓"以言其阴阳消长之行，则谓之《易》；以言其纪纲政事之施，则谓之《书》；以言其歌咏性情之发，则谓之《诗》；以言其条理节文之著，则谓之《礼》；以言其欣喜和平之生，则谓之《乐》；以言其诚伪邪正之辩，则谓之《春秋》"，对大学生理解儒家六经也颇有教益。

儒、道、法讲述了中国人面对人与自然、人与社会以及人与自我的理性沉思，中国古代诗歌则是中国人面对自然、社会与自我这三个世界的情感兴发。陶渊明的《归园田居》、无名氏的《古诗十九首·今日良宴会》、李白的《日出入行》、杜甫的《佳人》、王维的《春日与裴迪过新昌里访吕逸人不遇》、李清照的《永遇乐》等诗歌对中国的情感世界进行了丰富、深入、细腻的表现。真正理解和欣赏了这些经典的诗歌，才可能真正深入了解中国文化。因为，不了解中国人的情感，就不可能了解中国传统文化，也不可能了解中国。

中国文化蕴含着独特的哲理和诗情，这是毫无疑问的。所有的大学语文教材都会选用相当数量的中国古代文学作品，这些作品都是中国文化的载体。那么，"桂版语文"如何彰显自己对中国传统文化的匠心独运的传承呢？

尽管文化是一种精神存在，但是，任何精神都有物质存在的依凭。中国文化的形成源于中国独特地理环境的造就。正是因为认识到这一点，

有书作伴

"桂版语文"专门选用了许倬云的《孕育出中国文化的自然地理》和单之蔷的《山是骨骼，河是血》，试图为理解中国文化提供一个多数《大学语文》未曾注意的地理视角。中国古人喜欢将"读万卷书"和"行万里路"相提并论，而语文课程往往只注意了"读万卷书"，地理视角的介入，意味着将超越文化的纯粹精神层面，在"行万里路"的想象中感受中国文化的奥妙，不仅努力通过对"诗"的欣赏理解中国文化的"人情"，通过对"经"的研读理解中国文化的"心性"，而且，通过对中国自然环境的把握感悟中国文化的"地理"。应该说，由于建构了这样一个理解系统，"桂版语文"对中国文化的传承确实显示了它的匠心独运。

在今天这样一个全球化的时代，仅仅局限于中国视野理解中国文化，或许会有井蛙之嫌。如果建立了全球眼光，再来重新审视中国文化，则可能有新的发现。"桂版语文"专门选用了赛珍珠的《中国之美》。赛珍珠是美国人，长期生活在中国，对中国文化有深刻的领悟，《中国之美》一文以宏深的眼光发现中国之美，自有别人不可企及的地方。在赛珍珠眼里，中国具有世上罕见的美，中国之美不需要在名胜古迹中表现、不需要包装和做广告，中国之美是那些体现了最崇高的思想的古董和古迹，是雅致庭院里文化气息浓郁的生活，是山中寺院建筑的精巧，是中国家庭珍藏的古代文物。中国之美，古色古香、含蓄优雅。今天，中国的古色越来越稀薄，中国的古香越来越浅淡，读了这篇文章，相信我们的大学生会开始懂得珍惜赛珍珠传达的这种中国之美，进而珍惜我们珍贵的传统文化。

第三，关于广西元素。

《大学语文》数以百计，有的偏重人文，有的偏重技能，有的偏重文学，有的偏重语文。由于这些教材的编者都有强烈的全国意识，因此，极少大学语文教材考虑到地方特色。相比之下，"桂版语文"有鲜明的地方特色，全书植入了相当多的广西元素。

这种广西元素首先表现为广西作者。"桂版语文"选用了一批广西作者的文章，主要有王了一的《骑马》、梁羽生的《水仙花的故事》、白先勇的《少小离家老大回》、东西的《故乡，您终于代替了我的母亲》、张燕玲的《此岸，彼岸》。这些广西作者，都是文坛名人。王了一是王力小品写作的笔名，王力是中国现代著名语言学家，因为语言学方面的杰出成就，人们忘记了王力在小品文写作上的卓越表现。不过，只要阅读王力的小品文，会立刻感受到作者的语言文学的才华。梁羽生是新派武侠小说的开山祖师，人们熟悉他的武侠小说，但不一定了解他的随笔小品。读了他的《水仙花的故事》，我们会意识到梁羽生的武侠小说之所以写得那么出神入化，是与他对中西文化、中西人情的熟谙分不开的。白先勇是海外华人作家的代表人物，他的作品虽然不算多，但却得到了读者、评论家、文学史家的高度认同，而白先勇所有作品最动人的地方，恰恰是那种"旧时王谢堂前燕，飞入寻常百姓家"的沧桑之感，本书选用的《少小离家老大回》，正是用散文的形式抒发了作者的故乡情结。东西是当下蜚声文坛的"文学桂军"的代表人物，大家都知道他的小说写得才华横溢，想象卓越，可是，读了他的《故乡，您终于代替了我的母亲》，同样会佩服他散文作品的优秀。张燕玲是广西有影响的评论家之一，她的这篇《此岸，彼岸》，选材堪称另辟蹊径，立意堪称别开生面，有深邃的哲思，也有深婉的情致。

广西元素的第二个表现是广西题材。徐霞客的《三里风物》、袁枚的《游桂林诸山记》、北岛的《周氏兄弟》、周去非的《钦州博易场》、李宗仁口述的《台儿庄之战》都是广西题材。这些广西题材的文章，或写的是广西人，如在国际上卓有影响的壮族画家周氏兄弟，对中国现代历史进程产生了重要影响的军事家、政治家李宗仁；或写的是广西风光，如桂林山水；或写的是广西风物与风俗，如上林三里的风物和钦州的边境贸易。

为什么要在大学语文教材中植入广西元素？

首先，广西元素可以帮助广西大学生了解广西。因为"桂版语文"的主要使用者是广西高校的大学生，这些大学生或者是广西人，或者要在广西上四年大学。在我们看来，无论是广西籍的大学生，还是在广西求学的大学生，都应该对广西有一个较为准确而且有一定深度的了解，大学语文课程无疑是一个很好的了解本土文化的途径。

其次，广西元素可以帮助澄清人们对广西的误读。当代中国，人们一说起广西，一言以蔽之："老少边山穷。"老指的是老区，即当年共产党闹革命的地方；少指的是少数民族，广西生活着壮、侗、苗、瑶11个世居少数民族；边指的是边境，广西与越南接壤；山指的是广西多山，所谓八山一水一分田；穷指的是广西经济落后，百姓贫穷。"老少边山穷"，用来概括广西，所有五个字，指向的就是一个穷字。因为穷才闹革命，因为穷才是少数民族聚居地，邻的也不是富裕的国家，多山少田也导致了穷。然而，广西果然应该如此理解"老少边山穷"吗？我们认为不应该。老，是

有书作伴

因为广西人有革命精神，今天的革命，可以理解为广西人有着对中原文化、对先进文化的向心力，从来在国家统一、民族团结问题上不含糊；少，少数民族文化在今天这样一个全球化的时代，不仅不代表落后，反而代表了文化的多样性，代表了文化资源的丰富；边，广西是中国边境地区，边境贸易繁荣，出国方便快捷；山，广西有中国乃至世界最优美的山，喀斯特岩溶峰林地貌世界第一；穷，穷的本意其实并非贫困，而是穷途末路，对于中国，广西确实已地处边缘，可是，对于世界，广西却成为中国沟通东南亚的快捷通道，不仅不是穷途末路，而且是国际枢纽。的确，广西在农业经济时代，在闭关锁国的时代，确实穷过；但到了知识经济的时代、全球化的时代，广西的"老少边山穷"不仅不是劣势，反而成为优势。桂林山水吸引了全球观光客的目光，周氏兄弟的壮族血缘成就了他们绘画的异彩，"桂版语文"应该拨乱反正，澄清世人对广西的误读。

再次，广西元素可以帮助广西人提升自己的文化自信。近年来，本教材的主编相继发表了《重拾广西的文化自信》（《广西日报》2006年3月16日11版）、《重新发现广西之美》（《当代广西》2007年第3期）、《广西文化：我们曾经存在的思维障碍》（《广西日报》2008年3月13日8版），如今，我们在《大学语文》教材中植入较多的广西元素，都是一个目的，就是重建广西的文化自信。显而易见，语文课程是建立文化自信的一个重要途径。

第四，通识理念。

中学生没有划分专业，无所谓专业课程；大学生有了专业区别，语文课属于公共课。这是大学语文与中学语文的一个重要区别。

公共课，从授课对象说，就是所有专业的学生都应该开设的课程。如果从大学语文课程的目标内涵看，它更应该被理解为一门通识课程。所谓通识，即所有专业的学生都应该了解、掌握的知识、思想与技能体系。

大学生有了明确的专业分流，在建立专业信念的同时，也可能产生唯"我"（自己的专业）独尊的本位意识。大学语文课程的通识性质，使它能够在专业分流的学习时段，帮助大学生了解更多学科的价值。而对多学科价值的深入了解，对大学生的知识构成和未来发展无疑有着重要作用。当然，大学语文课程这时候扮演的绝非多学科介绍的角色，而是深入到不同学科的理念核心，以探求真、揭示善、发现美的方式呈现不同学科的魅力。比如，经济意识现代社会，商业无孔不入，大学生有必要对现代经济形态有一定的了解。"桂版语文"专门选收了周去非《钦州博易场》、弗里德曼《市场的力量》、司马迁《货殖列传序》等文章。又比如，艺术教育在今日时代变得越来越重要，"桂版语文"专门选收了梅兰芳《养鸽》、北岛《话说周氏兄弟》、吴冠中《说树》等文章，帮助大学生深入了解艺术家的生活以及艺术家的工作方法。其他如徐霞客《三里风物》描写民俗、李宗仁《台儿庄之战》讲述军事、沈括《土气有早晚》分析地理、罗素《竞争》谈论社会。毫无疑问，只有大学语文课程，只有大学语文课堂才能为不同学科思想的精华提供一个会师或者交锋的平台。

科学是人们对客观世界的认识，而科学精神却与人类的心灵相关。建构科学精神当然是大学教育的题中之意。科学精神不仅依赖于科学课程的专业训练，也需要大学语文课程的适当参与。因为大学语文课程更容易超脱学科专业的单一视域，为所有专业的大学生提供具有相同价值的科学精神。"桂版语文"选用的杨福家《哥本哈根精神》、梁思成《行程》、爱因斯坦《探索的动机》以不同的方式涉及科学精神。杨福家的文章试图说明一种激励科学创造的人格与机制的存在，梁思成的文章不言而喻地表现了科学的求真精神，爱因斯坦更喜欢谈论杰出科学家那种执着于科学探索的天生禀赋。这些文章使我们意识到，哪怕是科学，由于它是人类智慧的活动，它同样需要人文的参与；科学并非远离人性的思维活动，科学探索恰恰来自人类深刻的内心驱动。

第五，关于语文技能。

大学语文既是一门思维性质的课程，也是一门技能性质的课程。上述大学教育、中国文化、广西元素、通识理念多重元素最终都要落实到语文技能这个层面，大学语文课程有必要将无形的思维转化为有形的技能。

那么，大学语文课程应该要培养大学生什么样的技能？答案是：大学语文应该培养理解与表达的技能。"桂版语文"在每一篇课文后面都设计了一个"理解与表达"的板块，提出问题引导学习者理解课文，布置任务促进学习者表达自我。

理解技能可以落实为倾听和阅读的技能。

倾听是种美德，也是一种技能。教师需要通过课堂讲授培养大学生倾听的能力。"桂版语文"有意识地选用了一些演讲性质的课文，如龙应台的《政治人的人文素养》、爱因斯坦《探索的动机》以及胡适的《赠与今年毕业的大学生》。演讲文倾向诉诸接受者的听觉，以利于培养接受者倾听的德行和能力。

阅读是语文学习最重要的途径。"桂版语文"一个理想目标就是帮助大学生形成终身阅读的习惯。我们知道，许多大学生离开校园就告别了阅读，这在知识更新速度越来越快的时代，是非常不合时宜的。因此，养成终身阅读习惯成为"桂版语文"的一个重要目标。这个目标，显然不是一本教材数十篇课文所能实现的。由一篇课文拓展到一本书，由一本书拓展到一个专题，由一个专题拓展到一种阅读的习惯，这是"桂版语文"的理想目标。"桂版语文"实现这个目标的基本途径是：选择最好的、最适合大学生阅读的、最能引起学习者阅读兴趣的课文。

每一个《大学语文》的编写者都希望"选择最好的、最适合大学生阅读的、最能引起学习者阅读兴趣的课文"，但是，能否达到这个目标，却是一个见仁见智的问题。

中国古代留传了《唐诗三百首》《古文观止》等经典诗文选本，它们的普及程度、受欢迎程度让现代人编辑的任何同类选本不可企及。

我们注意到，许多《大学语文》的选文都是名家名篇，大同小异，屡有重复之嫌。一种是与中学语文重复。由于现在中学语文教材多元化，许多名篇佳作都已经被各种中学语文教材反复选用。另一种是与大学语文重复。如今《大学语文》教材数以百计，许多教材面目相似，血缘相近，选文重复率很高，导致学习者似曾相识，熟视无睹，对语文课程的感觉在看到教材的同时变得兴味索然、麻木不仁。

"桂版语文"同样关注名家名作，但努力呈现主编者的审美个性。同样的是名家，沈从文选的是《老伴》，既切合了大学生开始出现的"时间"意识，又让阅读者耳目一新。金庸选了《月云》，这是作者唯一的散文，远比选一篇作者的武侠小说片断更能引起阅读者的兴趣。鲁迅选的是《这个与那个》，文章对举相反相成、相关相似的几个命题进行阐释，显示了与作者其他选文不太一样的写作风格。同样是名作，聂鲁达的《第二十首情诗》、莎士比亚的《十四行诗第六十六首》、博尔赫斯的《书》、梁遇春的《途中》、曾国藩的《求阙斋记》等绝妙之作极少见于各类选本，当它们出现于"桂版语文"，确实有一种别开生面的气象，令人读起来兴味益然。

"桂版语文"正是以这些"最好的、最适合大学生阅读的、最能引起学习者阅读兴趣的"课文为核心，设计有吸引力的问题，引导学习者进入阅读状态。当学习者对课文发生兴趣，"桂版语文"又以拓展阅读的板块，提供拓展阅读的读物，以满足学习者进一步的阅读要求。这是一种"滚雪球"的专题阅读方式，它以兴趣为核心拓展学习者的阅读范围，帮助学习者在阅读的过程中养成终身阅读的习惯。

表达技能可以理解为说话和写作的技能。

在倾听和阅读的基础上，说话和写作是一个水到渠成的过程。尽管如此，"桂版语文"还是设计了讨论、演讲、辩论等以说话为核心的训练板块，设计了以日记、游记、读书心得、调查报告等以写作为核心的训练板块，甚至，还设计了小品、戏剧等合作性、综合性的表达训练板块。"桂版语文"试图通过那些能够让不同专业的大学生亲近的文章，使学习者意识到写作对他的专业学习的意义、对他的人生道路的意义，使学习者意识到写作不仅对他有用，而且能够使他快乐，进而养成写作的兴趣，养成写作的自觉，获得说话的技巧，提高写作的技能。

在有了专业分流的大学，大学语文不属于专业课，对崇尚专业的中国大学来说，大学语文长期处于点缀的地位。然而，随着中国高等教育大众化的实现，随着知识更新的速度的加快，通识教育的意义变得越来越突出。专业教育固然重要，它对大学生求职就业有直接的功利作用，能够影响学习者的一个职业。通识教育也绝不能等闲视之，因为，它对大学生的人生有深远影响，能够影响学习者的一生。它给予大学生视野和胸襟、智慧与情怀；它可以帮助大学生在顺境时如虎添翼，锦上添花，在逆境中变通从容、转型灵活。作为通识教育的重要构成，大学语文课程将在大学的课程体系中扮演越来越重要的角色，值得也需要我们努力教授、认真学习。

《文明与野蛮》①

　　《文明与野蛮》是一本谈人类文明的书。更具体地说，作者罗伯特·路威教授试图通过这本书阐述一个道理：文明人身上还残余着许多野蛮的因素，野蛮人身上也有许多文明的成分。

　　路威教授所说的文明人更主要的是指白种人，野蛮人指的则是原始初民和现代世界中还生活在氏族社会阶段的那些人种。显而易见，路威教授摆脱了一般白种人唯我独尊的思想意识，力图以一种客观平等的人文观念来谈论人类文明。

　　人类文明包罗万象，个人知识囿于一隅。以个人知识谈论人类文明，近乎庄子所谓"以有涯随无涯"，难度之大可想而知。然而，路威先生知识广博，如同一部百科全书，大到科学、国家、文字、教育，小到饮食、居室、时装、卫生；实在如遗传、地理、工艺，玄虚如礼节、声望、宗教；从自然科学到社会科学，从终极体验到日常生活，作者无所不及，无所不谈。

　　上下古今，尽收眼底，这体现了作者的博学。进而，选取百科材料，着眼于新鲜生动、稀罕独特，这又体现了作者的有趣。东部非洲查加兰黑人以吐唾沫表示祝福，南部非洲祖鲁人走近牛栏也犯忌，格林兰人身上没有虱子心里就异常不安，法国国王坐在马桶上见客，马塞伊人拿太太敬客，巴黎医院里活人和死人同睡一床。真实的奇闻，确切的趣事，在作者笔下，如万斛泉涌，不择地出。真是不看不知道，世界真奇妙。

　　当然，以猎奇为谈资决非作者的目的。作者铺陈博学，点染有趣，另有一番严肃的意图，那就是表达作者的深思熟虑。作者以全人类为观察对象，以文明史为追踪轨迹，如此纵横时空，发育出客观公允、宽容平等的种种妙论。诸如："人类胜过黑猩猩之处在能以一代的经验传之次代。这

---

① ［美］罗伯特·路威著，吕叔湘译。生活·读书，新知三联书店出版。

才渐渐积聚起许多谋生之法，不独谋生，且谋所以善生。不幸，他在这宝贵的遗产里掺杂了许多渣滓，两相胶结，难解难分。后世子孙学会截石为刀，也学会用刀截指以服丧致祭。火器射禽兽也射人类。君主立法以治国，也制刑以残民。生物学者研究遗传，也妄想修补人类。"再如："人类的奋斗不仅是适应自然，还要对付骚扰我们的心和脑的魑魅魍魉。"还如："那种浅薄的乐观主义我们是非舍弃不可的了。人类不是自然的主人，而且永远不会成为自然的主人。生和死的奥妙绝不是这位小哥儿所能参透，宇宙万有的重量也不是渺渺之躬所能肩荷。无论天文学怎么进步，它不会帮我们把月亮变成饽饽。我们轻轻巧巧的夸口征服自然，其实自然已经立下界限叫我们不能越雷池一步。"如此种种，都是作者在博学的基础上获得的深思熟虑。因为这些深思熟虑的存在，本书也就超越了"海客谈瀛"的境界。

　　这是一部人类学著作，但又是一部写给非专门研究人类学的读者的书。作者声称："在这本谈人类文明的书里，我力求正确而又易解，除地质学上的 Pleistocene（更新世）一字无它字可代只能照用外，我想专门术语可说是完全没有。"作者如此说，更如此做。于是，在整本书中，我们看不到任何艰涩高深的表述，却处处遇到通俗隽永的传达。"我们的现代文明更是从四面八方东拼西凑起来的一件百衲衣。""时装是个叛徒，从来不知道什么法律。""文明就这样打后门偷偷溜了进来，它生来爱这一套。"丰实饱满的事实材料有力地成全了这些巧妙的比拟。在作者轻松自如的讲述中，我们获得了一次极好的关于文明现象、文明历史和文明观念的启蒙。

《房龙地理》

我很少遇见喜欢地理的同胞，似乎不少同胞也有我这样的感觉。有人说中国缺少探险家，这探险家往往指的是那种对未知的地理充满好奇心理和研究行为的人。

欧洲人在近代之后的荣耀是和哥伦布、麦哲伦等人的名字联系在一起的。他们发现了美洲，甚至，他们"发现"了亚洲。中国人却没有这种发现的荣耀，有的是"被发现"的屈辱。因为我们是被"发现"的，所以，我们也一度几乎沦为殖民地国家。

尽管今天的中国正在走向富强。但喜欢地理的中国人似乎仍然不多，其中原因也有不少。但我相信原因之一是我们缺少好的地理书。一本好书会使一个人迷上与这本好书相关的一门学问，一本好的地理书会使它的读者迷上整个世界，迷上我们生长于斯的地球。

我们读过许多地理教科书，这些书没有使我们迷上整个世界的魅力。它们给我们提供了大量名词、数据，大量的名词、数据互不相关，了无生气，这种枯燥的地理书损害了我们对地理的热情。

《房龙地理》则是一本改变我们关于地理学的偏见的地理书。在这本书里，地理学中必要的名词和数据依然存在，但它们被赋予了一种感性的表达形式。更重要的是，这些名词和数据不再是互不相关的一盘散沙，而成为息息相通的一个网络。它们随时和人联系一体，它们因染上了浓郁的人的气息而散发出勃勃生机。

房龙自称他"打算把人放在舞台的正中"。他说："我宁愿把它称为一本研究人的书，研究人如何为自己和家人寻找食物、住所和娱乐，如何尝试找到既能适合自己的背景，又可改变自己的自然环境的方法，以便获得与其自身有限的力量相称的舒适、强健和幸福。"房龙是这样说，也是这样做。于是，《房龙地理》的第一章，标题就是《生活在我们这个世界中的人》，以人为中心，以人为目标。作为一个坚定的人文主义者，精通地理的房龙意识到，"我们大家都是同一个星球上的伙伴，为了我们赖以生存的世界的福祉，我们大家都要共同承担责任"。

一本世界地理书必须介绍世界上的各个国家，《房龙地理》没有让自己在这方面留下空白。然而，房龙的介绍方式与众不同。他首先突出的仍然是不同国家的人，并把这些国家的自然地理作为这些人的生存背景。这种方式使房龙获得了一种饶有兴味的独特视角，各个国家的个性展露无遗。意大利：由于有理想的地理位置，只要有机会，能够发挥海上强国和陆上强国的作用。比利时：由一纸条约建立的国家，什么都不缺，唯独缺少内部的和谐。瑞士：高山中的国家，有出色的学校，有说4种语言的团结的人民。丹麦：小国在某些方面胜过大国的实例。波兰：经常被人看成是别人的走廊，现在才是个为自己服务的走廊。这种极富个性的概括语言，将吸引每个读者到房龙的文字中神游。

当然，对这些富于个性的国家和国民的介绍，房龙是不停留于浅尝辄止的。他更乐意走进这些国家，倾听这些国家心灵的声音。他这样概括法国：拥有它想要的一切的国家。进而，他这样描绘法国人："法国人不是多愁善感的空想家，而是非常理智非常踏实的现实主义者。他脚踏实地地站在这个地球。他知道他只能活一次，70岁是他所能期望的。因此，只要还活着，他就尽力使自己过得尽可能的舒适，决不浪费时间去想象美好的未来。如果这就是生活，就让我们用最好的烹调方法来做哪怕是最差的食物吧。既然酒从耶稣基督时代起就被认为是真正的基督教徒的合适饮品，就让我们酿最好的酒吧。"这样的描述，不仅说明了法国举世无双的烹调和酿酒技术，而且传达了法国人富于智慧又实事求是的人生哲学。现象和原因融于一体而被如此富于诗意的文字表达出来，这就是房龙令无数读者迷恋的原因了。

在全书结尾，房龙借一小女孩的口问道："不去旅行，学地理有什么用？"我想，作为一本好的地理书，《房龙地理》引发的不仅是我们对地理学的兴趣以及对我们生长于斯的地球的热爱，进一步，它将唤起我们成为一个旅行家、航海家甚至探险家的热情和梦想。它扩大了我们的视野，开拓了我们的心胸，它激发起我们对更辽阔的宇宙，对未知世界的探寻。

《发明的故事》 ①

　　好书是各种各样的。有的书好是因为它表达了某种深刻而又有创见的思想，有的书好是因为它显示了某种高雅而纯正的趣味。绝大多数好书都有一个作者。是作者，而不是编者。我的体会是，大多数编者编成的书，往往是不尽如人意的。

　　也有例外。我学过好几种英语教材，教材往往不是一个人写作的，更多是某个人编成的。在我学过的多种英语教材中，我最心仪的就是《新概念英语》。这套教材选收了数百篇英语短文，除了拥有其他优秀的英语教材的大多数优点外，我觉得《新概念英语》最妙的是编者选文的眼光。这些由几十个单词或至多几百个单词组成的英语短文，是那么简洁、漂亮、隽永，阅读这些短文，不仅能学到英语，而且能体验到英语的文化魅力和性格魅力。

　　读《发明的故事》的时候，我又产生了类似的感觉。这本书介绍了300多种人类历史上重要的发明：它们是怎样产生的？是谁作出的？对社会产生了什么样的影响？编者德博诺宣称："本书不是技术史，而是关于具体的发明和发明家的故事。"

　　全书40多万字，介绍300多种发明。每种发明独立为一篇短文，长的1000多字，短则三四百字。在这极其简约的文字中，却包含了极其充实、饱满，既有深刻思想，又有健康情趣的内容。

　　耳听是虚，眼见为实；我们不妨读其中一篇发明故事。

检眼镜

　　检眼镜发射出一种狭窄的光束，光束穿过眼睛的瞳孔，照亮后面的视网膜。检眼镜由精选的若干微型透镜组成，这些微型透镜把受检查者的视网膜聚焦在观察者的眼前。根据眼睛内天然透镜系统的"强度"或曲率选

---

　　① ［英］德博诺编，蒋太培译。生活·读书·新知三联书店出版。

择透镜。只用检眼镜，不用其他的任何东西，观察者就能知道眼睛的近视程度和远视程度。由于视网膜在人体中所处的位置，很容易在视网膜上详细地检查微血管，从而诊断出许多影响血管的疾病(如糖尿病和心脏病等)。

检眼镜是英国人巴贝奇于1847年发明的。他曾制造出一台机械"计算机"。他把自己发明的检眼镜交给一个做外科医生的朋友，叫他试一试。可是这个头脑迟钝的家伙却把它束之高阁，使巴贝奇丧失了发明检眼镜的荣誉。

此后不久，在1851年，赫姆霍尔兹独立地发明了一种不同的检眼镜，并在医学界得到了应用。

古尔德

全文300多字，讲明了检眼镜的原理、功能、发明史话和影响。我想象不出还有什么更简洁的方式表达这些内容。

编者德博诺为每一类发明都写了《小引》，检眼镜属于卫生类。在卫生类的《小引》中，我们读到德博诺关于上面这篇小品文的议论。他认为，这个发明史话说明了关于发明创造的三个基本原理：一个有发明头脑的人，常常在一些不大相干的领域有发明创造；发明家们可能在大致相同的年代独立地发明相同或相似的器件；一项发明即使完美，也有可能被埋没，除非发明家或其他的人决心为之奋斗到底，让全世界都知道它的价值。把德博诺的发挥和古尔德的文字比较琢磨，我们可以认为这是真正的微言大义了。

写好一本书与作者的功力相关，编好一本书与编者的素养相连。《发明的故事》之所以成为一部好书，自然离不开编者德博诺关于发明的思想。德博诺认为："没有任何东西比人类脑子里的思想更重要。人类的成就是建立在人类思想的基础上的。发明之所以引人入胜，是它常常使我们看到，历史上某个时候的某人头脑中的思想，是怎样改变了人类文明的进程。"正是因为具有这种思想的光芒，这些发明故事才能显影出技术之外的意义。比如，印刷术具有人文主义和公开性，在商业上颇有活力，能够开拓人们的眼界，帮助人们认识世界和改造世界。又比如，火药的发明结束了中世纪世界各国的封建制度。

技术与人文的关系是如此微妙绵密，知识和趣味的交汇又那么水乳交融。《发明的故事》应该使我们许多图书的作者或编者汗颜。它的广博深邃、透彻有趣和精致细腻不仅体现了编著者博与专合为一体的通才素质，而且体现了编著者对文化事业精益求精的敬业精神。

《人类的故事》①

　　房龙 1913 年开始写书，1921 年写出《人类的故事》，一举成名。所以说，《人类的故事》是房龙的成名作。

　　房龙这部成名作影响了几代中国读者。

　　历史学家曹聚仁曾多次叙述自己读这本书的经历："有一回，在真如车站等车，从南新书店买到了房龙的《人类的故事》。这部书，一直就从真如看到了上海北站，又从北站看到了家中，从黄昏看到了天明，看完了才睡觉。这是我认识房龙之始，一直便成为这位自由主义者的信徒！这件小事，对于我的一生，影响非常之大。本来我立志要做康德，后来一变而有志于成为房龙了！""这五十年中，总是看了又看，除了《儒林外史》《红楼梦》，没有其他的书这么吸引我了。我还立志要写一部《东方的人类故事》。岁月迫人，看来是写不成了。但房龙对我的影响，真的比王船山、章实斋还深远呢。"

　　林谷先生是新中国成立后第一批被录取的大学生，就读于南开大学外文系。当时他的老师就向他推荐了《人类的故事》。他深感此书"不仅文字浅显易懂而且读起来兴趣盎然，不忍释手"。

　　1988 年三联书店又出版了《人类的故事》的中译本，不到 10 年重印 7 次，发行量近 10 万册。由此可见，《人类的故事》在 20 世纪上半叶、中叶、下半叶都广泛地影响了中国读者，堪称历史通俗读物中的经典。

　　房龙自称此书"讲的是全人类的故事，不仅仅是欧洲人或西半球人的故事"。但是，通览全书，我们还是可以认定，此书基本上是一部"西方的人类故事"。房龙是一个历史学家，对西方历史博览精熟。除了对早期两河流域东方文明作简明的概述和穿插中间的关于佛陀、孔子、穆罕默德等东方伟人的简介外，《人类的故事》对西方从古希腊到古罗马，从中世

---

　　① ［美］房龙著，刘缘子、吴维亚等译。生活·读书·新知三联书店出版。

纪到文艺复兴，从法国革命到世界大战的历史作了详细的叙述。从中，我们不仅能对西方的文明历史有相当清晰的粗线条了解，而且，也会对我们听过许多却不甚了了的西方历史现象如骑士制度、十字军、宗教改革、重商主义有更深入的认识。

本书写的是人类历史，却以《人类的故事》为书名，恰好体现了房龙写作的特点。房龙用叙述故事的方式写历史而赢得广大的读者，这一写作秘诀早已为人所知。郁达夫就曾说过："房龙的方法实在巧妙不过，干燥无味的科学常识，经他那么的一写，无论大人小孩，读他书的人，都觉得娓娓忘倦了。""房龙的笔，有这一种魔力，但这也不是他的特创，这不过是将文学家的手法，拿来用以讲述科学而已。"然而，尽管秘诀早已公开，但通晓历史者却鲜有房龙这番文学功力，缺乏房龙那种对历史细节烂熟于心从容道来的描述能力。更何况，《人类的故事》不仅体现了历史和文学的结合，同时还渗透着房龙思想的魅力。在房龙眼里，历史好比"时光老人"在过去年代的无数领域中间修筑起来的巨大的"经验之塔"，他自认为《人类的故事》是一把"打开历史之门的钥匙"，他这样对广大青年读者说："纵览围绕我们四周的光荣历史，便能使我们获得新的胆量，在我们回到日常工作中去之后，将会勇气百倍地面对遇到的各种问题。"这充满智慧的思想自然成为广大读者攀登历史之塔俯瞰现实大地的精神动力。

《宽容》①

　　20世纪80年代中期以后，"宽容"成为中国大陆文化界一个颇为流行的词汇。回想起来，或许与三联书店出版房龙的《宽容》一书有关。三联书店1985年9月正式出版《宽容》的中译本，到1996年3月，已印刷9次，印数达30多万册。可以想见，20世纪最后的10多年，《宽容》一书在中国大陆文化界有着怎样的影响。

　　《宽容》是一部叙述人类思想发展历史的书。作者对"宽容"一词的理解基本上与《大英百科全书》相同："容许别人有行动和判断的自由，对不同于自己或传统观点的见解的耐心公正的容忍。"不过，房龙对宽容的认识并未停留在这样一个笼统的层面，他明确地区别了"个人的不宽容"和"官方的不宽容"。

　　房龙认为："个人的不宽容只能以自由国家的大多数公民不介意为极限，不得超越。然而官方的不宽容却不然，它可以权力浩大。"

　　房龙认为："官方的不宽容一旦胡乱发起脾气，便可以置无辜的人于死地，也从不做任何反悔补救之事。它不要听任何辩解，还求助于'神灵'来支持自己的决定，花言巧语辩解一番'天国'的旨意，似乎打开生存之谜的思想是刚刚在大选中获胜的人的独有之物。"

　　《宽容》谈论的"不宽容"实际上就是"官方的不宽容"。房龙叙述人类思想发展的历史，实际上就是叙述人类怎样通过流血牺牲突破官方思想方面"清规戒律"的历史。应该说，房龙的这种谈论还是有局限的，因为许多不宽容并不仅仅属于官方，还有文化的因素。

　　在这个维度的历史中，我们看到了苏格拉底。他坚持认为："世界上谁也无权命令别人信仰什么，或剥夺别人随心所欲思考的权力。"他还说："必须拥有讨论所有问题的充分自由，必须完全不受官方的干涉。"

---

　　① ［美］房龙著，连卫、靳翠微译。生活·读书·新知三联书店出版。

苏格拉底放弃了以放弃自己观点为前提而获释放的机会。他坚持自己的观点，并以生命殉了自己的信念。

　　蒙田、布鲁诺、斯宾诺莎、伏尔泰、莱辛、汤姆·佩恩等一系列房龙心仪的历史人物，也在争取思想自由、创造宽容环境的舞台上轮番登场。

　　当然，房龙不仅描述了思想斗士为宽容而战的历史，而且也分析了"不宽容何以产生的原因"。房龙认为"不宽容"可以分为三种：出于懒惰的不宽容、出于无知的不宽容和出于自私自利的不宽容。区分三种不宽容的类型同时道出了三种不宽容的原因，那就是懒惰无知与自私自利。最后，房龙进一步强调："恐怖是所有不宽容的起因。"以大量历史材料为依据，房龙说："无论迫害的方法和形式是什么，它的原因都来自恐惧，它的集中表现可以从树起断头台的人和把木柴扔向火葬柴堆的人的极端痛苦的表情中看得一清二楚。"

《爱因斯坦谈人生》①

　　20世纪地球上几乎每一个受过初等以上教育的人都会知道爱因斯坦。他是牛顿之后人类历史上最伟大的科学家。如今，上过中学的人大都知道牛顿的物体运动三大定律和万有引力理论，这些物理学原理已经成为人们日常生活的常识。相反，尽管人们也知道爱因斯坦最伟大的贡献是广义相对论，但能真正理解这一原理的人，在我们居住的这个星球上至今仍不算多。

　　我们习惯于把科学家理解为征服自然、改造自然的人。莎士比亚也借哈姆雷特之口道出：人是宇宙的精英，万物的灵长。从事人文科学的人往往把人看得格外高贵，仿佛宇宙乾坤都在人的掌握之中。我们可称这种现象为人的自命不凡。然而，我们熟悉的大科学家牛顿却似乎没有人类天生的这份傲慢。他有一句名言，意思是知识的海洋浩瀚无边，他自己不过是一个在海边拾贝壳的小孩。这句名言对知识的博大和人的渺小作了一个相当有力的对比。很有趣，在爱因斯坦留下的大量文稿中，我们也常常能发现类似的观点。

　　不妨摘引几段爱因斯坦的文字作为证据：

　　任何一位认真从事科学研究的人都深信，在宇宙的种种规律中间明显地存在着一种精神，这种精神远远地超越于人类的精神，能力有限的人类在这一精神面前应当感到渺小。

　　我在大自然里所发现的只有一种宏伟壮观的结构，对于这种结构现在人们的了解还很不完善，这种结构会使任何一个勤于思考的人感到"谦卑"。

---

① 〔美〕海伦·杜卡斯、巴纳希·霍夫曼编，高志凯译，世界知识出版社出版。

有书作伴

103

作为一个人，人所具备的智力仅够使自己清楚地认识到，在大自然面前自己的智力是何等的欠缺。如果这种谦卑精神能为世人所共有，那么人类活动的世界就会更加具有吸引力了。

读了爱因斯坦上述三段文字，我们或许会改变自己对这位伟大科学家的认识。显而易见，爱因斯坦不是以一个自然的征服者或改造者的面貌出现的。相反，在自然规律面前，爱因斯坦更像一个虔诚的宗教信徒。他甚至明确地表达过这样的观点："如果我身上有什么称得上宗教性的东西，那就是一种对迄今为止我们的科学所能揭示的世界的结构的无限敬畏。"在这里，世界的结构是客观的自然，科学不过是对自然本身存在的规律的表述，科学家则是进行这种表述的人。所以，与其把科学家想象成自然的征服者和改造者，不如把科学家理解为自然的认识者和传达者。

当然，要实现对自然的正确认识或把自然深藏不露的规律传达出来，绝不是一件容易的事，而必须付出学习的艰辛。只是，作为一个对自然规律怀抱巨大激情的科学家，爱因斯坦不仅知道学习的艰辛，而且理解学习的欢乐，他曾对一批大学一年级学生写过这样的文字："千万别把学习视为义务，而应该把学习视为一种值得羡慕的机会，它能使你们了解精神领域中美的解放力量，它不但能使你们自己欢乐无比，而且还能使你们将来为之工作的社会受益匪浅。"

以上所有爱因斯坦的文字都引自《爱因斯坦谈人生》一书。这是一本不到8万字的小册子，其中汇集了爱因斯坦浩繁书信中的部分片断。编者认为：爱因斯坦不仅在他所从事的科学领域里是一位出类拔萃的艺术家，在运用语言文字方面也是一位艺术家。而作为读者，我认为，爱因斯坦这些文字不仅表现了他精湛的文字表达技巧，更为重要的是，它们表现了爱因斯坦这位伟大科学家深刻精警的思想。这些深刻精警的思想已远远超越了科学理论的范围，涉及道德、伦理、宗教、哲学、艺术及至政治，它表明爱因斯坦不仅是一个伟大的科学家，也是一个伟大的思想家。英国皇家学会会长汤姆逊曾称誉爱因斯坦的理论是"人类思想史中最伟大的成就之一"，无疑，这里所说爱因斯坦的理论不仅指那惊世骇俗的相对论，而且也包括爱因斯坦富于人性魅力和公正立场的人文思想。

《西方哲学史》 ①

罗素说：哲学史已经很多了，但据我所知，还没有一部其目的与我为自己所定的完全相同。

套用罗素的句式，我想说：哲学史已经很多了，但我所读过的，还没有一部像罗素这部哲学史这样富有魅力。

众多哲学史都有着罗素曾经指出过的毛病：每一个哲学家都是仿佛出现于真空中一样；除了顶多和早先的哲学家思想有些联系外，他们的见解总是被描述得好像和其他方面没有关系似的。

罗素的哲学史则相反。他说：在真相所能容许的范围内，我总试图把每一个哲学家显示为他的环境的产物，显示为一个以笼统而广泛的形式，具体地并集中地表现了以他作为其中一个成员的社会所共有的思想与感情的人。他认为：哲学家们既是果，也是因。他们是他们时代的社会环境和政治制度的结果，他们也可能是塑造后来时代的政治制度及信仰的原因。罗素坦率地陈述他写作这部哲学史的目的：我的目的是要揭示，哲学乃是社会生活与政治生活的一个组成部分。它并不是卓越的个人所做出的孤立的思考，而是曾经有各种体系盛行过的各种社会性格的产物与成因。

应该说，这部由古代哲学、天主教哲学和近代哲学三卷合成的洋洋80万言的《西方哲学史》是实现了罗素的目的的。它以翔实生动的材料和清晰有力的论述，证明了作者的基本观点：哲学，从远古以来，就不仅是某些学派的问题，或少数学者之间的论争问题。它乃是社会生活的一个重要部分。

然而，这种富有个性和洞见的思想并未构成罗素这部哲学史的全部魅力。作为一部哲学史，我认为，罗素不仅拥有与众不同的哲学观，而且拥有大多数现代哲学家所缺乏的科学素养和文学才能。罗素常说："哲学家

① ［英］罗素著，何兆武、李约瑟译上卷，马元德译下卷，商务印书馆出版。

太懒，不研究数学，或太笨，不懂得科学。"这个评价实际上一针见血地道出了现代哲学家的通病。现代哲学家由于科学方面的无知，而满足于在自己营造的一堆艰深概念中兜圈子，讨论问题缺乏一个宽大坚实的基础，表述的观点也往往云山雾罩，含混玄虚。相比之下，罗素显得卓然不群。因为，他不仅是一个哲学家，同时也是一个数学家，他曾与怀德海合作，完成了三大卷巨著《数学原理》，对20世纪的科学作出了杰出的贡献。此外，罗素又是一个举世瞩目的文学家，一生中写了大量散文，甚至还出版过两部短篇小说集。由于他在文学领域的造诣，他被授予瑞典皇家学院颁发的1950年度的诺贝尔文学奖。可以说，哲学、数学、文学是罗素一生驾驭的三驾马车，他驾驶着这三驾马车，走过了一段漫长而且辉煌的路程。

一个人在一个领域取得成绩，这是容易理解的。一个人能在三个领域，而且是跨度如此大的三个领域取得成绩，这在专业分工细密的20世纪，堪称奇迹。我们缅怀古典时代的大师，他们常常能集自然科学和人文科学的成就于一身，在各种各样的领域显示他们卓越的智慧。然而，进入现代，人类的智慧似乎已经高度职业化了，像罗素、爱因斯坦这种能超越专业领域，多方面显示自身才能智慧的大师，已经凤毛麟角。正因此，他们的名字才能从他们的专业领域超拔出来，成为人类最高智慧的象征；他们的精神才能从他们生活的时代高高扬起，与人类各阶段的大师们的思想遥相呼应。

与众不同的哲学观，哲学、科学、文学全方位的博学通识，这一切已足够说明罗素《西方哲学史》的巨大魅力。但我觉得还不够。我认为还值得指出的是，罗素不仅有博学、独特、臻于高远的精神境界，而且平易、求实，乐于与平凡的大众交流。确切地说，《西方哲学史》不仅是一部令专家学者佩服的书，也是一部让大众读者明白的书。罗素出身于名门贵族，但他的写作从来不呈现高高在上、智力优越的姿态。他十分重视大众读者，尽可能把深奥的哲学问题用平易朴实的论述加以表达，并努力选择富有表现力的细节使哲学变得生动和充满活力。瑞典皇家学院安德斯·奥斯特林在罗素诺贝尔文学奖的授奖辞中就表达了这一看法。他说："他论及人类知识和数学逻辑的科学著作具有划时代意义，堪与牛顿的机械原理媲美。然而，诺贝尔奖并非旨在肯定他在这些特殊科学领域里所取得的成绩。在我们看来，更为重要的是罗素的著作为广大的公众所写，因而卓有成效地保持了大众对整个哲学课题的兴趣。"

有书作伴

《与世界伟人谈心》 ①

一个杰出的作家会拥有一批属于他的忠实读者。我们可以称这些读者为这位作家的迷。

房龙不是一个小说家，但他的著作常常具有小说那样引人入胜的魅力。许多读者只要看到房龙的书，就毫不犹豫地购买，手不释卷地捧读，这种人可称为房龙迷。

曹聚仁是房龙迷，郁达夫是房龙迷，《飘》的译者傅东华大概也是一个房龙迷。曹聚仁因《人类的故事》而迷上房龙，郁达夫因《上古人》而钦佩房龙，傅东华则是因《房龙名人传》而推崇房龙。

对《房龙名人传》这本书，傅东华曾说过这样一番话：这书的成功，实也非侥幸。因为从来的历史书，总无非是个骸骨陈列所，没有不叫读者沉闷的，房龙却能使幽圹中的骸骨起来跳舞，而用20世纪的人本主义的火炬将已埋葬的文化分明烛照起来。

从这一点而论，房龙实曾在学术上辟了一条重要的途径。

傅东华对《房龙名人传》的评价是中肯而贴切的。《房龙名人传》，顾名思义，自然是一部世界名人传记。事实如此，《房龙名人传》是一部世界名人的合传，但又不仅仅是合传。房龙采用了一种"招魂术"，他让上下几千年数十位历史名人一一复活，或单独或联袂来到他的客厅。他与这些历史名人共进晚餐，高谈阔论。于是，人们从《房龙名人传》里获得的，不仅有丰富多彩的历史事实，更有活灵活现的个性风采。房龙不仅表现了他对久远历史的谙熟，而且表现了他对人生人性的想象力。

前往房龙客厅的历史人物大都是光芒四射、流芳千古的伟人如华盛顿、拿破仑、贝多芬、莎士比亚、孔子、柏拉图、安徒生、杰斐逊等。房龙一共举办了21次周末晚宴，每次晚宴邀请一位或两位，偶尔则是一群历

---

① ［美］房龙著，常绍民等译。中国和平出版社出版。

史人物。所以，《房龙名人传》就由21章组成，每章包括两部分内容：一是介绍客人一生事迹；二是具体描述宴会情景，诸如音乐、食谱以及人物思想的交流和碰撞。把早已进入坟墓的历史人物重新"召回人间"，在轻松优雅的晚宴上让他们展现个性，显示风采，甚至品评自己的人生。这实在是一个绝妙的构思，非房龙不能想出。常言说文史一家，在这里，房龙确实是把他文学家和史学家的双重才能发挥到淋漓尽致。他那支生花妙笔，确实到了天马行空的自由境界。唯其如此，他才能在史料的疆场驰骋，在想象的空间跳跃；他才能与历史人物作开心的对话、会心的交谈。

《房龙地理》为人们开拓了一个崭新的"地理空间"，因为房龙给传统的地理加上了历史和人的维度。《房龙名人传》也为人们开发了一个崭新的"传记空间"，因为房龙为历史注入了生命，为庄重注入了诙谐，把神圣遥远转化成了日常亲切，不可捉摸的历史伟人变成了招之即来、平易近人而又个性迥异的客人。读者不必再以顶礼膜拜的心情仰视这些人物，而可以如房龙一样以主人的身份与这些历史伟人作平等的谈心。

或许，这就是译者把《房龙名人传》改名为《与世界伟人谈心》的立意所在。它的出版为房龙著作的中译本增加了一个新的品种。对于中国的房龙迷，这无疑是一份美妙的礼品。

《伟大的书》

　　任何大学都会有几种所有不同专业的学生必须学习的课程，这种课程在我国的大学里称作公共必修课。除了外语、体育等课程外，公共必修课在我国还包括政治理论课和德育课。

　　近年来对高等教育的思考日渐增多，素质教育成为被越来越多有识之士认同的教育观念。素质教育中有一个比较重要的内容即人文教育，我把它大致理解为：大学不仅要教给学生专业技能，与此同时，还要给学生注入人文理想；从大学校园走出来的毕业生，不仅应该能做事，而且应该会做人。

　　实现这种人文教育的手段是开出相关课程，指导学生阅读相关图书。我国的高等学校虽然已逐渐产生并形成了人文教育的观念意识，但却不能及时开出相关课程。弥补的办法已经出现，举办有关讲座，指定有关必读书。以工科闻名的清华大学就开设了一个基本的人文著作书单，要求所有学生必须照单阅读。

　　相比之下，被认为缺乏传统且不重视传统的美国在这方面却出乎意料。比如，哥伦比亚大学在21世纪初就开始创设了两门课程，一门是文学人文课，另一门是当代文明课。前者致力于提供一个欧洲文学名著的标准选目，后者致力于提供一个哲学和社会理论名著选目。这两门都是大书课程，或者也可以说是西方文明的通览。任何一位哥伦比亚大学的学生都必须学习这两门课程，不管这些18岁的学生以后做什么事业，操什么行当，不管他们以后创什么伟业或造什么罪孽，他或她都不应该没有这一传统的筑防。因为，学校认为：这些是最戏剧性地建构了"西方"的著作者；这些书是一些最直接地涉及什么是人以及人可以是什么的书。它们应当成为每个人教养的一部分。

　　我很庆幸，在大卫·丹比《伟大的书》一书中，我几乎是身临其境地学习了这两门课程。第一学期的课程讲述了荷马、萨福、柏拉图、索福克勒斯、亚里士多德、马基亚维里、布斯洛克，第二学期的课程讲述了但丁、薄伽丘、休谟、康德、蒙田、卢梭、莎士比亚、黑格尔、奥斯丁、马克思、穆勒、尼采、波伏瓦、康拉德、伍尔芙。诚如作者所说，这两门课程按年代顺序囊括了一长串重量级的名字，这些名字实际上构成了一个西方的人文传统，作者认为这些书最有力地道出一个人可以是什么。它们戏剧化了我们任何人在苦和知识上的最大限度，它们以最直接的方式向我们描绘了各种可能的文明生活以及它的瓦解所带来的灾难。

我没有必要复述作者的所有观点或介绍上述西方经典的不同内容。我只想说明，作者这部标题为《伟大的书》的著作并非像通常人们所做的那样，对一批经典著作进行阐释，那样的书可以理解为书评或概论，其写作方式是评论式的。本书不然，作者是以一种记录现场，描述内心的方式来写作这本书。因此，在阅读这本书时，人们真如同走进了课堂，这里有教授有学生有直率的对话，也有冷静的旁观和思考。简言之，作者复活了大书课程的课堂情景。

《伟大的书》被评为纽约时报书评1996年令人瞩目的书。但对于作者大卫·丹比而言，这更是一本解除了他的个人危机的书。美国的中产阶级人士有一种幸运，一旦人到中年，常常危机骤至，但也有解脱之道。有不少美国中年人遇到精神危机重返校园寻求化解的例子。丹比正是如此，18岁时他曾在哥伦比亚大学学习了这两门大书课程，48岁后他又到课堂上学习这两门大书课程。温故知新，丹比先生不仅获得了许多30年前未能获得的体验，而且成功地摆脱了他的中年危机。不过，对于中国读者，尤其是对那些中国的大学生读者或者是从事教育的读者，《伟大的书》更多可能是一种启发，启发我们提出这样的疑问：什么是我们大学里人人必修的必修课呢？我们的高等教育是否也到了考虑一下我们在培养什么样的人的时候？我们的人文课程将以一个怎样的面目出现？我们的课堂上应该讲授哪些大书？

《文化类同与文化利用》①

　　20世纪80年代有两位美国学者在北京大学作了讲演。一位是杰姆逊，他的讲演题目是《后现代主义与文化理论》；另一位是史景迁，他的讲演题目是《文化类同与文化利用》，副标题是《世界文化总体对话中的中国形象》。

　　杰姆逊似乎比史景迁走运，他的话题恰好契合了中国20世纪80年代的文化语境，在中国刮起了一阵后现代主义文化旋风，他的讲演录《后现代主义与文化理论》几乎成为中国文化界的必读书。

　　相比之下，史景迁远没有杰姆逊走运。他在北京大学的讲演既没有产生轰动效应，他的观点似乎也很少在学术界被广泛征引。在某种意义上说，这是一次寂寞的讲演。高大英俊，颇有绅士风度的史景迁教授的北大之行似乎是悄然而来，悄然而去。

　　寂寞悄然并不等于虚空无有。史景迁的讲演录后来由北京大学出版社出版。它尽管远远比不上杰姆逊那部讲演录显赫，但认真读这部书的人，却不得不承认，这是一部极其罕见的角度新颖、立场公正的西方人研究中国的著作。

　　西方人把他们对中国的研究称为汉学，从事这一学科研究的人就被称为汉学家。史景迁生于英国，长期在美国耶鲁大学任教，从事中国历史的研究，被认为是美国汉学界继费正清之后最有成就的汉学家。他的《文化类同与文化利用》讲述了从16世纪到20世纪400多年西方理论学术著作和虚构文学中中国形象的历史演变。用史景迁的话说，就是"看一看中国对西方文化的影响，了解一下在欧洲或美国的西方思想家是如何被中国文化的某些因素所打动或吸引的"。

　　20世纪的人类世界，西方文化无疑是一种强势文化。世界各国都饱受

———————
　　① ［美］史景迁著，廖世奇、彭小樵译，北京大学出版社出版。

欧风美雨的浸淫。给人的感觉似乎是西化成为唯一的文化正宗乃至人类前景。然而，史景迁在《文化类同与文化利用》这部书中，却以不可辩驳的事实证明了自16世纪以来中国对西方产生的巨大影响。这种影响不仅体现在诸如利玛窦、马可·波罗等与中国关系密切的传教士、旅行家身上，而且体现在一批为人类思想作出了巨大贡献的思想家、作家身上，像莱布尼茨、孟德斯鸠、伏尔泰、黑格尔、马克思、韦伯、施本格勒等思想家，歌德、卡夫卡、布莱希特、庞德、马尔洛、卡内蒂、博尔赫斯等作家。这批声名显赫的人物无一例外地表现了他们对中国的关注。尽管关注并不意味着肯定和热爱，有时甚至意味着否定和敌视。然而，无论是肯定还是否定，无论是热爱还是敌视，关注本身已经证明了中国是一个不可忽略的存在，证明了中国在人类最优秀的一批思想者头脑中的重要地位。这种重要性的极端表现，可以用伏尔泰的《世界史》以中国为开端作为典型例证。

西方最优秀的一批思想家、作家不约而同地对中国表现出浓厚的兴趣，用史景迁的话说就是："对于西方来说，中国具有深刻的魅力。西方被中国迷住了。"西方被中国迷住是一个事实，知道这一事实的人或许更愿意进一步了解其中的原因。史景迁在列举事实的同时也阐释了原因。他认为原因有两方面：其一，这种魅力的确产生自对中国政府和社会的深刻认识；其二，这种魅力来自关于中国的抽象观念，这种观念在16世纪和17世纪似乎触及了欧洲文化想象中的某些因素。这两方面原因实际上由知识和想象合成。西方人被中国迷住，既因为他们对这个遥远的东方国家有某些深刻的知识，也因为他们对中国无知而激发出富于创造性的想象。

这两个原因显得自相矛盾，但史景迁在他冷静的叙述中使这自相矛盾的原因各自都有了存在的充分理由。进一步，史景迁还阐明了一个道理，即西方对中国的姿态往往潜藏着"文化利用"的深层原因。"对于那些深怀不安全感和焦虑感的西方人来说，中国在某种程度上成了他们的一条出路或退路。17世纪早期对中国信息及故事的那股热情和兴趣就是这样产生的。记得在1600年到1617年和1618年这段时期，就出现了六七本关于中国的内容各异的著作。很明显，这些著作所取得的显著成功也说明了当时西方公众要求阅读关于中国的作品的渴望。18世纪中期当西方人开始探索政府的组织形式，特别是合理的政府形式时，也发生了同样的情况。可见，尽管西方社会非常繁荣，但人们仍旧怀有不安全感，其中包括对社会地位的不平等以及日益加剧的海外扩张的担心。学过欧洲历史的人一定不

有书作伴

会忽视那段文化绝望时期，即第一次世界大战后，就连中国的梁启超、蔡元培等思想家都注意到西方要灾难临头了。20年代和20年代发展起来的一点复兴景象很快就被第二次世界大战和法西斯主义的崛起所扼杀。可见，西方文化的发展正处于彷徨时期，也就是在这个时候，大批西方作家和思想家开始重视研究中国。"

这段不短的引文可以说是史景迁这部著作的结论，它可以使妄自菲薄者增强自尊，使妄自尊大者变得冷静。西方出于完善其自身的目的，对中国产生浓厚兴趣。不管这种兴趣是出于天真无知还是真知灼见，都表现了一种"他山之石可以攻玉"的态度。不同的文化可以存在类同，不同的文化更应该相互利用，在今天这个全球化的时代，读一读史景迁的《文化因同与文化利用》，也许不无裨益。

《改变中国》①

改变中国，这个标题有点耸人听闻。它似乎不太符合中国人喜欢恒稳的心理。好在作者乔纳森·斯潘塞并没有改变中国的意图。他只是叙述中国17世纪以来某个容易被忽略的历史侧面。尽管中国是一个特别重视历史的国度，每个中国人从小学到大学都要学习历史课程，但是，我相信，斯潘塞所讲述的这个维度的中国历史，对许多人来说都还算陌生。

这个维度的中国历史是什么呢？是自明代以来西方人通过各种文化技术方式试图改变中国的历史。

耶稣会传教士汤若望试图通过他的天文学知识影响明代皇帝，达到在中国传教的目的。新教传教团的伯驾则希望利用他的现代医学才能对中华帝国进行启蒙。这些忠实的信徒都在千方百计地使中国人皈依他们心中的上帝。

华尔、戈登在中国近代史上臭名昭著，但他们仍然给当时衰败的清朝军队带来了某些西方的军事方法。

赫德在中国的海关建设上可谓孜孜不倦，呕心沥血。丁韪良毕生执着于中国教育制度的改革。傅兰雅通过大量的翻译把西方科学的全貌展示在中国人面前。胡美在风云变幻的长沙惨淡经营现代医院。托德在穷乡僻壤修路，治理黄河，造福人民。白求恩则以自己精湛的医术在中国救死扶伤，并为中国人民的解放献出了自己的生命。

其他如鲍罗廷曾对中国最高当局产生过影响，陈纳德在中国找到了他的英雄用武之地，史迪威在中国既深受挫折也赢得了荣誉，直到20世纪50年代，上万名苏联专家在中国的科技领域大显身手。

上述这些人物我们有的熟悉，有的陌生，他们的共同之处在于他们一生最重要的经历都与中国相联系。这些人不远万里来到中国，他们的根本

① [美] 乔纳森·斯潘塞著，曹德骏等译。三联书店出版。

动机何在？他们希望达到什么目的？他们付出了什么代价？

乔纳森·斯潘塞回答了这些问题。他认为，这些人有的怀抱改善中国物质与精神状态的目的，有的则希望到中国大捞一把。他们企图以某种方式控制中国的命运，但他们最后还是认识到，这实际上是痴心妄想。总体而言，西方人将技术援助作为意识形态输入的外包装，企图迫使中国一口吞下。但他遭到了拒绝。他们使中国更像西方的努力总是成为泡影。

改变中国的想法是西方人的一厢情愿。然而不等于中国就一成不变，闭关锁国。不管上述西方人怀抱怎样的目的，中国没有在意识形态方面使他们称心如意，但却成功地吸收了他们带来的西方技术。"日心说、历年说、外科学、经济计划学、工程学、现代大学、长距通信、机械化战争说、核物理学，无一不被中国消化。当历史行进到20世纪60年代，中国人首次成功地进行了热核试验，这表明：中国完全依赖西方顾问的时代已一去不返了。"

作者乔纳森·斯潘塞是美国著名的中国问题专家。其汉语名字为史景迁。按他本人的解释，取在历史学上景仰司马迁的含义。作为一个研究中国历史的专家，乔纳森·斯潘塞视角独特、立场客观，他的著作因此而具有材料新颖、立论公允的特点。不像一般西方学者在看待中国问题上容易失之片面，流于偏见。还有一点值得指出，乔纳森·斯潘塞虽然是历史学家，但他爱好文学，于是，他的历史著作不仅拥有历史的洞见，而且充满文学叙述的魅力。这种叙述历史的方式似乎也与司马迁相类似。在他笔下，历史绝不是冷冰冰的大事年表，而是血肉丰满、个性盎然的人生体验。

《我弥留之际》

福克纳早在二三十年代就已经写出了他的代表作，但在美国一直不受重视。福克纳之所以获得诺贝尔文学奖，之所以在美国被承认为小说大师，很主要的原因是二次大战以后法国曾经掀起一股福克纳热。

这股福克纳热有几点引人注目。一是福克纳的法文译者库安德罗译笔精湛，形神兼备。二是萨特、加缪对福克纳非常欣赏，两位存在主义大师从福克纳作品中发现了他们试图用理性和逻辑表达的深刻内容。三是法国文学青年对福克纳极度崇拜，"在法国年轻人的心目中，福克纳是位神祇"，有一次福克纳参加一个好莱坞的晚会，忽然发现有三个人或蹲或跪成半圆形围着他全神贯注地听他讲话，其中两位分别是法国超现实主义作家赫里昂和英国诗人衣修午德。

1946年马尔科姆·考利编辑《袖珍本福克纳文集》，这是美国文学界认识与理解福克纳的历史上的一个里程碑。福克纳称考利此举"干得棒极了"，"抢走了我本来晚年时可以从容享受的乐趣"。

连库安德罗都承认福克纳是一个艰深的作家。然而，经过他出色的翻译，萨特、加缪深刻的理解，考利巧妙适时地普及推广，福克纳终于赢得广泛的承认。高曲得到众和。很难设想，没有这些知音的引导，福克纳会成为1949年度的诺贝尔文学奖得主。

《比萨诗章》

　　近年来中国的文学读者对庞德的名字或许不会陌生，因为人们可从太多的信息中读到这个名字。20世纪80年代兴起的西方现代派文学热，众多介绍者都会提到庞德那首小诗《地铁车站》，那两行诗据说包含了意象派诗歌创作的全部真谛。除此之外，人们还得知庞德对乔伊斯、艾略特、海明威等20世纪文学大师的成长产生了难以估量的影响，这个事实使人们有一种感觉，即庞德在某种程度上已经成为现代派文学的精神教父。当然，庞德的著名或许还与他曾经是一个墨索里尼的支持者以及他具有明显的反犹倾向有关，这使得他在战后成为被审判的罪犯。实在是因为他在文坛的影响太大，也因为他扶持过许多知名作家，于是，一些年之后他以种种理由获释。

　　作为意象派诗歌运动的领袖人物，庞德曾发表过著名的意象派三点纲领：直接处理事物，不管它是主观的还是客观的；绝对不用无助于表现的空洞词语；以音乐性片语为节奏单位。后来在《意象派诗选·序言》中，庞德又增加三条原则，倡导使用准确的日常语言，创造新韵律，在选材上绝对自由。

　　庞德这六条意象派诗歌创作的纲领原则对西方现代诗歌产生了巨大的影响。然而，研究者普遍认为，庞德的这些诗歌思想主要来自中国古典诗歌的启发。尽管庞德并不精通汉语，但他却通过修改编辑费诺洛萨的中国诗歌译本使之得以在美国广泛流传，美国文坛因此像发现新大陆一样发现了中国诗歌。可以说，正是因为庞德，中国诗歌的价值才被美国读者普遍关注。所以，艾略特称"庞德是我们这个时代中国诗的创造者"。而庞德也因为对中国诗歌的会心领悟而形成了他的意象派诗歌主张。

　　这是中西诗歌艺术交流史上的一段佳话。甚至，还有论者认为，胡适那篇标志了中国新文学开端的理论宣言《文学改良刍议》所提出的"八项主张"同样来自庞德意象派诗歌运动六大纲领的启发。因为两者在思路乃

有书作伴

至语汇上都有相似之处。果真如此，那么，中国古典诗歌影响了庞德，庞德诗歌主张又影响了胡适，这实在是中西诗艺相互影响的绝好例证了。

其实，庞德的诗歌创作和诗歌理论不仅在艺术上受了中国古典诗歌的影响，同时，庞德的文化思想也打下了深刻的中国儒家思想的烙印。他那首写作时间长达半个世纪的长诗《诗章》就贯穿了一个众所周知的"中国主题"，以至于有人称庞德为儒者庞德。长达117章的《诗章》中的第74章至第84章是庞德被关在比萨监狱中完成的，史称《比萨诗章》。当时的庞德被囚于一个半露天的笼子里，几乎暴露于野外。在这种极端恶劣的环境下，庞德随身携带的唯一一本书就是理雅各译的儒家经典《四书》。庞德后来说，正是这本"圣经"救了他，使他免于身心崩溃，因此他欠孔子的情。

据研究者赵毅衡先生指出，《比萨诗章》庞德是作为遗言来写的，因为按当时的情势他很可能以叛国罪被处极刑。全书形散而神不散，一生中的事业、朋友和关于儒家盛世观的信仰都汇集到诗章中。监狱生活，死的预言，对比于周围的群山的永恒，使《比萨诗章》成为庞德最富于诗歌张力的杰作。

作为"现代派诗歌中最伟大的长诗"，《比萨诗章》充满了解读的难度，以至于有人说译《比萨诗章》之难并不亚于译《尤利西斯》一类的"天书"。不过，这些"天书"如今都逐渐有了中译本。几年前《尤利西斯》的翻译出版成为我国书界一大景观，现在《比萨诗章》的出版似乎也有理由引起我国书界广泛的关注，不仅因为庞德其人其诗在西方文学界的重要地位，而且因为庞德及其诗作与中国文化深刻而又独特的联系。

《赛珍珠作品选集》

美国著名汉学家史景迁先生1988年应邀到北京大学讲学，题目是《世界总体对话中的中国形象》。史景迁先生列举并分析了大批西方作家如卡夫卡、马尔洛、布莱希特、庞德、博尔赫斯等人笔下的中国形象，以此来阐释他关于文化类同与文化利用的见解。然而，或许是因为文学观念的偏见，史景迁先生没有提及赛珍珠。毫无疑问，这是一个关系重大的遗漏。史景迁先生的有关结论将因为这个遗漏而大打折扣。

史景迁先生列举的那些西方作家大多未曾到过中国，他们对中国的所有描绘主要来自他们阅读经验基础上的想象。赛珍珠与这些人不一样，正如瑞典文学院为赛珍珠颁发诺贝尔文学奖所作的授奖词所说："她曾经生活在中国人当中，与他们共度所有的兴衰变迁，共度丰收年景和饥荒年头，共度革命的流血动乱。她结交知识阶层，和民风古朴的农民交往，而这些农民看见她之前几乎没有见过一个西方人的面孔。她经常是处在极度的危险之中，是一个从来不认为自己是外国人的外国人。"

在我看来，作为一个"中国形象"的传播者，赛珍珠与大多数西方在华传教士或汉学家的根本不同在于，中国通常是以"他者"的形象出现在大多数西方人的视野之中，赛珍珠却把中国人的生活当作了她自己生活的一部分。

这种截然不同的立场使赛珍珠在"中国形象"的传播史上作出了独特的贡献。其一，她第一次使中国光辉灿烂的小说传统继哲学、诗歌之后引起西方人广泛的注意；其二，她把西方人对中国士大夫阶层的关注转移为对中国农民的关注。

这两点贡献都是意味深长的。随着时间的推移，赛珍珠在中国形象传播史上的地位将越来越重要。按照纯艺术的目光，赛珍珠将会受到各种各样的挑剔，正如她在美国始终不被认为是一流作家，瑞典文学院将诺贝尔文学奖颁发给赛珍珠也受到各种各样的攻讦。然而，这一切并不妨碍赛珍珠及其作品的伟大。一方面，赛珍珠的作品广泛而有力地征服了全世界，她是所有美国文人中，作品被翻译成外文最多的一位作家；另一方面，近年来，赛珍珠在中国和美国的学术界也开始受到高度重视。有关赛珍珠的研究文章日益增多，有志于研究赛珍珠的学者日益增多，赛珍珠作品的中译本日益增多。早在1988年，漓江出版社就出版了赛珍珠的代表作《大地》。10年之后，1998年，漓江出版社又隆重推出了三卷本的《赛珍珠作品选集》以及《赛珍珠传》和《赛珍珠研究文论集》。这数百万字的系列大书的出版，表明了赛珍珠及其作品无法抹杀的价值，也展示了中美学者研究赛珍珠的学术水平。半个多世纪以来，赛珍珠常遭偏见贬抑，在即将跨入新世纪的时候，历史终于对赛珍珠呈现了公正的面目。

有书作伴

《美国华裔文学精品》

中国大陆读者对美国华侨作家不算陌生，白先勇、聂华苓、於梨华都有相当高的知名度。对美国华裔作家，大陆读者则知之甚少。直到20世纪90年代，因为谭恩美的《喜福会》连续九个月被列入《纽约时报》畅销小说排行榜首并获得"全美图书奖""全美图书评论界奖"，美国华裔作家的作品才引起中国大陆读者的关注。

美国华裔作家大致指的是在美国出生，以英语为母语进行写作的华裔作家，与白先勇等华侨作家的不同之处在于，华侨作家多出生在中国，虽然也常用英语写作，但母语则是汉语。

目前，美国华裔文学在美国文坛的影响日渐增大，它不仅远走在其他亚洲裔文学的前面，而且影响力超过了美国本土的印第安人文学，在某些领域，与黑人文学或犹太文学相比已无愧色。

漓江出版社以汤亭亭的小说为起始，出版了一套《美国华裔文学精品》丛书，这是一个颇具创意的出版项目，它不仅开辟了一个新的文学阅读空间，展开了一个观察中国的新的视角，而且将让读者看到中国文化与美国文化融合生成的一种新的文化景观。

汤亭亭是美国华裔作家中的佼佼者，1940年在美国出生，现任美国加州大学伯克利分校英文系教授。早在1976年，汤亭亭就出版了处女作《女勇士》，1980年和1989年，她又相继出版了《中国佬》和《孙行者》，这几部长篇小说不仅充分显示了汤亭亭的写作天赋，而且深受美国读者的喜爱和评论界的好评。1997年，汤亭亭荣膺美国克林顿总统夫妇颁发的"国家人文奖"。克林顿总统称赞《女勇士》是一部划时代的力作。这部以汤亭亭母亲一方女眷们的生活经历为素材的小说深受美国大学生欢迎，其篇首语已成为美国大学生流行的口头禅。

《孙行者》可以说是汤亭亭小说创作的一次自我超越，因为前两部小说"掏空了她的家史和故事"，到《孙行者》，她必须转入纯虚构的写作方式。《孙行者》以20世纪60年代早期旧金山华裔嬉皮士为主要描写对象，主人公惠特曼·阿新既具有中国小说人物孙行者的许多性格特征，又具有美国诗人惠特曼的精神气质，小说移植了大量中国古代经典小说的材料，却传达了作者对理想美国的深刻理解。

美国文化年轻而富有活力，中国文化源远流长又博大精深。美国华裔文学是这两种异质文化联姻产下的宁馨儿。我想，《美国华裔文学精品》丛书的出版，不仅给中国大陆读者带来一道既熟悉又陌生的景观，而且还会对今日中国大陆文坛产生多方面的启发。

行书作伴

《俄语短篇小说精选》
《美国经典短篇小说选》

　　桌上是两部短篇小说选本，一部是刘文飞先生主编的《俄语短篇小说精选》，一部是王誉公先生主编的《美国经典短篇小说选》。在众多的短篇小说选本中，这两部选本的共同特点是对短篇小说文体的重视。

　　短篇小说的历史源远流长，形态万千。但是，一般认为，现代意义上的短篇小说，最后定型还是在19世纪。所以，巴茨在他那本著名的《现代短篇小说论》中把果戈理和爱伦坡并列为"短篇小说之父"，因为他们以大量成熟的作品提供了现代短篇小说的范型。当然，在果戈理和爱伦坡之前，少数短篇小说已具有了现代品格，如俄国卡拉姆津的《苦命的丽莎》深受斯特恩为代表的感伤主义文学的影响，以清新、哀婉的语言和对人物心理的细腻的刻画而成为俄国感伤主义文学的代表作，美国华盛顿·欧文的《瑞普迪·凡·温克尔》和《睡谷的传说》一改美国早期短篇小说以情节为主体的古老模式，开始注意描写人物的性格，从而标志着现代美国短篇小说的开端。两部短篇小说选本恰好从这两位作家的作品选起，体现了编者自觉的短篇小说文体意识。

　　这种文体意识主要体现在两个方面。其一，重视现代短篇小说发展演变的历史。比如，《俄语短篇小说精品》选作首篇的《苦命的丽莎》发表于1792年，末篇《亲爱的舒拉》写于1987年，其时间跨度近200年，各篇按作品发表年代的先后排列。编者尽量照顾到俄语短篇小说发展的全过程。选择了各个时期的代表作品，读者能得到一个相对完整的俄语短篇小说的总体印象。其二，重视对不同风格、不同流派的短篇小说的选取。比如，《美国经典短篇小说选》包括从欧文、霍桑、爱伦坡到当代贝娄、厄普代克和艾丽斯·沃克等30个作家的作品，其中南方作家、黑人作家、妇女作家和犹太作家等均有代表，读者不仅能享受马克·吐温那种批判现实主义的魅力，欧·亨利小说情节巧妙、出人意料的构思，而且能体验福克纳小说成熟的意识流手法以及契佛天赋的讲故事才能和出神入化的怪诞、幽默手法。

《生活之路》

1910年1月，托尔斯泰开始写一本书，10月15日完成。在托尔斯泰去世前三天，这本书的清样送到了他手中，他轻声说道："我做不了了。"这部托尔斯泰生前没有见到成书的著作，就是《生活之路》。最近，漓江出版社为所有托尔斯泰的爱好者首次出版了这部洋洋50多万字的大书的中译本。

托尔斯泰是一位伟大的小说家，同时也是一位伟大的思想家。在《战争与和平》《安娜卡列尼娜》和《复活》等作品中，我们已经感受到托尔斯泰深刻的思想家气质。托尔斯泰的思想家气质是由强烈的人道主义、理想主义以及坚定不移的信仰构成的，具有罕见的人格力量。1910年10月28日，托尔斯泰经过长期激烈的思想斗争，最终决定摆脱贵族生活，把财产交给妻子，弃家出走，以实现他"平民化"的夙愿。结果途中得了肺炎，十天后离开了人世，可以说是以生命殉了自己的理想。托尔斯泰的这一选择不是一时冲动，而是深思熟虑的结果。托尔斯泰的一切行为，都可以从其思想中找到根源。

从文学作品去寻找作家的思想，远不如到思想文本中去寻找简捷便当。《生活之路》这部托尔斯泰的绝笔之作，就是托尔斯泰对人生、社会的理性总结。全书共31章，每章探讨一个专门问题，诸如信仰、灵魂、上帝、爱、不平等、暴力、国家迷信、真、恶、死、幸福等等。作者似乎有要求我们"每日必读"的意思，这样，31章书就正好一个月读完。这种方式在西方并不少见。作为一种道德修养自我完善的功课，确实需要按部就班地进行。只是托翁的思想实在博大精深，我们有必要花更多的时间来品读。

什么是真正的信仰？托翁这样说：为了好好度过一生，必须明白，生活是什么以及在这一生之中应当和不应当做什么。历代的贤哲都曾教给过人们这些道理，在所有的民族中都有人造诫人们要过善的生活。这些哲人的教导在根本上都归结为一种。这种适于所有人的唯一教导就是，人的生活是什么和应当怎样度过一生，而这也就是真正的信仰。

什么是真正的爱？托翁认为：当我们去爱他人的时候不是为自己，不是为自己求得好处，我们爱他人，不是因为那些人对我们友好而有益处，而是因为我们在每一个人身上都认出了那存在于我们之中的同一的灵魂。

怎样获得幸福？托翁告诉我们：无论是谁，为自己做善事从来不知疲倦。然而最大的善——乃是做灵魂想做的事，而只有一点是灵魂始终所期望的：付出爱和得到爱。只要把自己的生活看作弘扬爱心，你就会发现，你的幸福永远在你的掌握之中。

《生活之路》是托尔斯泰的临终绝笔，也可以说是他一生思想精华之所在。作为一部语录体、格言体的大书，托尔斯泰尽可能把人类思想的精华吸收到这部书中，其中甚至还包括中国老子、孔子的思想。因此，我们完全有理由认为《生活之路》是一座博大精深，贯注着真、善、美的思想宝库。有人把它比作《圣经》，在这里，考虑到它这种片断集锦式的体例，我们也不妨把它称为俄罗斯的《论语》。

《丘特切夫诗全集》

人们熟悉普希金，熟悉莱蒙托夫，但多半不熟悉丘特切夫。

1993年，联合国教科文组织授予丘特切夫"世界文化名人"的称号。我们才知道，西方早已将丘特切夫、莱蒙托夫并称为"19世纪俄罗斯三大诗人"。

丘特切夫一生才写了300多首短诗，生前并无巨大声誉。但他的诗却受到一批大师的激赏。普希金最早发现丘特切夫的诗歌天才，涅克拉索夫说丘特切夫拥有第一流诗人的才华，屠格涅夫说谁不能欣赏丘特切夫的诗就不懂诗，列夫·托尔斯泰竟说"没有丘特切夫我便不能活"，甚至列宁，他的随身行囊中，总有一本丘特切夫的诗。

通常，大师们喜欢的诗多半是艰深难懂的，不知这究竟是为了显示大师的智力优越还是为了证明诗歌是一项深奥的事业。然而，丘特切夫的诗却极少阅读的障碍，他的诗似乎可以称得上明白晓畅、平易近人。比如这首《我又站在涅瓦河上》：

> 我又站在涅瓦河上，
> 如同在以往的岁月里，
> 好像依旧是一个活人，
> 凝视着昏昏欲睡的河水，
>
> 蓝天中没有一丝星光，
> 白茫茫一片多么安谧，
> 只有在深思的涅瓦河上，
> 洒满了那月亮的清辉。
>
> 这一切是我梦中所见，

还是真的看到的景象？
明月依旧，我和你原先
可曾在一起这样眺望？

    这是"杰尼西耶娃组诗"的最后一首。诗人挚爱的女人杰尼西耶娃已去世四年，诗人站在逝者如斯的河上，有一种生死恍然的感觉。我想，这样的诗不需要解释读者也能理解，但这并不意味着肤浅，相反，它意味着这首诗具有一种直逼人性的力量，它以一种意韵悠久的意象造型凝聚了可供读者回味不已的情感体验。

    丘特切夫一生只写了300多首诗歌，却有150多个音乐家把他的诗作谱成了歌曲，这个比例或许会使任何一个诗人相形见绌。

《解冻》

　　1956年发表的《解冻》在苏联文学史上具有划时代的意义，它不仅风靡苏联，畅销世界，而且还开创了一个"解冻文学"的潮流，成为苏联文学史上不容回避的一大事件。

　　如今，40多年过去了。《解冻》以及"解冻文学"都已成为历史。这里所说的历史，不仅是指时间意义上的历史，同时还指一种社会形态的历史。苏联解体，中国从计划经济转型为市场经济，这一巨大的历史变化一下把《解冻》描述的社会语境完全丢弃了。今天的青少年读者阅读《解冻》，或许会有一种"天方夜谭"的感觉。对过去社会形态有亲身体验的读者阅读《解冻》，恐怕也会觉得恍若隔世、沧海桑田了。

　　尽管《解冻》标志着一种思想解放的潮流，但客观地说，《解冻》仍然是一种特殊意识形态话语中的写作。在数十年苏联社会主义实验中，一直存在着两种文学。一种是主流文学，可以命名为社会主义现实主义；一种是非主流文学，可以命名为社会主义人道主义。《解冻》显然属于后者。无论是社会主义现实主义还是社会主义人道主义，其特殊意识形态话语是预先给定的前提。这个前提造就了一个与我们今天生活的社会截然不同的社会，即一个非市场、非消费者的消费社会。在这个社会中成长的人们自有其思考问题的方式，如《解冻》描述的那样，不管在今人看来如何奇特，但它自有历史的真实性。

　　杰姆逊把真正的社会主义文化称为第二世界的文化。当它存在之时，人们感受到它的深刻缺陷，《解冻》及"解冻文学"都对这种缺陷作过充分表达。当它解体，人们又意识到后现代社会的不完善。《解冻》中人们对善与美的单纯明快的追求随着第二世界文化的远去而烟消云散。因此，阅读《解冻》，不仅是一种温故，而且还可能意味着一种知新。

《金蔷薇》①

　　做过或正在做着文学梦的人大都知道一本名叫《金蔷薇》的书。这本书的名字如此漂亮，只要听过一遍就永远不会忘记。这本书的写法是如此独特，它用美文的文体来探讨文学创作的原理，探讨得如此细腻，如此透彻，如此富有诗意，所有厌倦文学理论书籍的枯燥乏味的文学爱好者，读到这本书都会眼睛一亮，如获珍宝。

　　作者巴乌斯托夫斯基是俄罗斯人。俄罗斯广袤的土地到处都是奇异的风景。这种壮丽的大自然不仅哺育了大批闻名于世的画家，而且陶冶了众多长于抒情写景的作家。普希金、莱蒙托夫、叶赛宁，他们的诗歌为我们描绘了只有俄罗斯才拥有的诗情画意。屠格涅夫、高尔基、肖洛霍夫，这些伟大的小说家，他们不仅给我们塑造了一批栩栩如生的人物，而且，还使我们感受到了俄罗斯草原清新的香味，伏尔加河冰雪的反光以及顿河不知疲倦的湍流的声音。

　　巴乌斯托夫斯基没有辜负哺育他的大自然。《金蔷薇》这本讨论文学创作原理的小册子，充满了令每个读者流连忘返的风景描写。这些风景描写不仅描绘出了俄罗斯风光的五彩缤纷，而且描绘出了五彩缤纷中隐藏着的俄罗斯大地的灵魂以及俄罗斯人民对这片土地代代相承的深沉的爱情。

　　因此，《金蔷薇》足以和世界上任何一本散文集相媲美。事实上，自问世几十年以来，《金蔷薇》已成为拥有多种译本的美文经典，巴乌斯托夫斯基也因此而成为公认的抒情散文大师。

　　但是，不要忘记，《金蔷薇》更是一部谈文说艺的理论著作。用巴乌斯托夫斯基的话说，《金蔷薇》表达的是作者对作家劳动的理解，也是作者自我经验的札记，作者的目的不过是希望读者对作家劳动的绝妙的实质有哪怕最粗浅的一点了解。

---

　　① ［苏联］巴乌斯托夫斯基著，漓江出版社出版。

这自然是作者的自谦之辞。事实上，我们读许多正儿八经、严肃厚重的文学理论著作，对其中的论述大都有大而无当、隔靴搔痒、语焉不详的感觉，而《金蔷薇》对文学创作本质、特点的理解，对文学技巧、规律的表述，却处处使我们感到生动贴切、入木三分、透彻精当。它是真正内行人的经验心得，是亲身实践者的真知灼见，任何门外汉的冒充内行，急功近利者的附庸风雅都不能与之相提并论。

"金蔷薇"不仅是一个美丽的书名，同时也是一个动人的故事。清洁工沙梅从废弃的尘土中筛取金屑打制了一朵精致的蔷薇。这个故事催人泪下。它表明，作为一种创造性劳动，作家的创作不仅需要丰实的生活材料，而且需要充沛的人生爱心。同样地，巴乌斯托夫斯基还用闪电来比喻灵感，用心上的刻痕来比喻文学素材，这些比喻都因其形象贴切而使作者要论述的问题得到了透彻的表达。另外，诸如怎样从大自然和人民那里学习语言，想象与文学的关系，风景描写必须注入人的感情，以及作家怎样从绘画、雕塑、音乐、建筑等艺术样式学习表现方法等问题和原理均在作者充满叙述感觉和描写力量的笔下得到了充分的传达。

巴乌斯托夫斯基写过大量传记小说、历史小说和科学小说，但他获得最大声誉的却是这本讨论文学创作原理的薄薄的小书。当你走进那些爱好文学的年轻人的宿舍，在他们那个小小的书架上，会很容易看到这本散发着俄罗斯白桦林气息的小书。凭着这本小书，巴乌斯托夫斯基走进了大量文学青年的心灵。这是一个作家的幸运。巴乌斯托夫斯基的幸运使所有故作高深的文学理论家问心有愧。

《切文古尔镇》

被杰姆逊称为伟大的农民乌托邦作品的长篇小说《切文古尔镇》的出版曾经颇费周折。早在1928年，苏联作家安德烈·普拉东诺夫就完成了这部作品。普拉东诺夫将它送到联邦出版社，但被退回。1929年8月，普拉东诺夫把手稿寄给高尔基，并对作品的倾向作了诚恳的说明。一个月后，高尔基回了信，他虽然称赞小说"极为有趣"和"具有不容争辩的长处"，但也认为小说是"不能得到发表和出版的"，因为小说"对现实的描述带有抒情讽刺色彩……笔下的人物带着讽刺意味……与其说是革命者，不如说是一些'怪人'和'疯子'……"

直到20世纪60年代，小说的一些片断才得以出版。1972年，出版了删节的俄文本。1978年，出版了足本的英译本。完整的俄文本直到1988年才出版。1997年，《切文古尔镇》的中译本由漓江出版社推出。

在杰姆逊看来，普拉东诺夫是一个伟大的现代主义作家，其地位可与卡夫卡相仿佛。他认为《切文古尔镇》"表现了20年代伟大苏联文化革命中的乌托邦的活力，表现了那个时期的激情和兴奋以及几乎是无限的种种形式的可能"。

中国读者对苏联文学并不陌生。属于主流文学的《青年近卫军》《钢铁是怎样炼成的》等作品影响了几代中国读者，《解冻》《日瓦戈医生》等非主流文学也对中国文坛产生了广泛影响。相比之下，普拉东诺夫及其杰作《切文古尔镇》对中国读者都是一个新鲜的名字。杰姆逊在其新著《时间的种子》中以三分之一的篇幅对这部作品作了深入的分析阐释。他提供了一个崭新的研究视角，对处于后现代文化语境的人们怎样认识这类乌托邦作品具有重大启示意义。

《川端康成作品》

大多数中国读者直到 20 世纪 80 年代才开始接触川端康成，接触川端康成《古都》《雪国》《伊豆的舞女》所表现出来的"日本的传统美"。在此之前，中国读者对日本文学的了解或许多集中在夏目漱石、芥川龙之介等几个现实批判色彩较明显的作家身上。然而，川端康成弥漫在《古都》等作品中的浓郁的抒情氛围使许多中国读者立刻为之倾倒，小说中的青春魅力、感伤诗意以及优美的意境、飞动的联想征服了许多中国读者的阅读趣味。至今我还清楚地记得，当时的大学中文系学生在捧读川端康成作品时那种犹如发现了文学新大陆的欣喜之情。

许多年过去了，在我的印象中，如此受中国读者喜爱的川端康成被译成中文出版的作品并不很多。大概是 1985 年，漓江出版社曾出版过《雪国·千鹤·古都》，作为"获诺贝尔文学奖作家丛书"中的一种，其中《千鹤》在我国系首次译出。川端康成正是因为这三部作品荣获诺贝尔文学奖的。瑞典文学院认为川端康成的描写技巧在某些方面胜过了欧洲作家。除了这几部著名作品外，读者对川端康成其他作品实在知之不多。

所幸的是 1998 年漓江出版社隆重推出了《川端康成作品》九卷本，其中不仅包括上述名篇，还包括《东京人》这部川端康成唯一的长篇力作，包括川端康成独创的报告小说《名人》和他的系列自传体小说《天授之子》，川端康成极负盛名的一批中篇小说、短篇小说和微型小说也被精选入册。此外，这套书还独具慧眼地选择了川端康成一批重要的文学、美学论文和家书、日记，其中许多内容属国内首次译出。一个立体丰满的川端康成首次出现在中国读者面前。在某种程度上可以认为，《川端康成作品》的出版是我国川端康成研究的一个新的里程碑，对所有川端康成作品的喜爱者，它不啻是一个福音。

有书作伴

《六大师》

　　多年前我曾读过茨威格的一些小说，诸如《一位陌生女子的来信》《一个女人的二十四小时》《象棋的故事》以及《同情的罪》等。这些小说都是脍炙人口的名作，凡读过者没有不击节赞叹的。茨威格是20世纪西方小说大师，但他的小说却不像许多大师那样拒绝读者。茨威格的小说不仅有精彩纷呈的心理分析，而且有引人入胜的故事情节。读他的小说从哪方面说都是一种享受。既能满足消遣的愿望，又能获得审美的愉快，完全称得上雅俗共赏。当时读茨威格小说的时候，就知道茨威格不仅是一个杰出的小说家，同时还是一个优秀的传记作家，其最著名的传记作品是《三大师》和《同恶魔的搏斗》，当时很想一读为快，却找不到译本，颇觉遗憾。

　　不久前看到漓江出版社出版的《六大师》，真有一种喜出望外的感觉，这部茨威格的集子已经把我想读的那两部传记一网打尽。其中包括六个作家的传记，他们是巴尔扎克、狄更斯、陀思妥耶夫斯基，这三个作家被茨威格称为三大师，另外三个作家是荷尔德林、克莱斯特、尼采，由于这三人都是患有精神病的天才作家，所以茨威格把他们的传记合称为《同恶魔的搏斗》。

　　台湾女作家沉樱对茨威格的作品有过非常精彩的评价。她是这样说的："他的艺术家的人格上最大的特点是求知的热情，也就是什么都要看要知的冲动，他成了一位热切的旅行家，永远不停地在旅行。他的足迹踏遍各种不同的国土，随时随地观察着记录着，在沿途的旅店内写他的作品，并且阅读各种书籍，到处搜罗名人手迹，如火如荼地发掘着伟大人物的秘密，伟大热情的秘密，以及伟大创作的秘密。他强迫天才说出他们的奥蕴，为了要更懂得爱这些天才，他运用着弗洛伊德的犀利的锁钥，成了灵魂的猎者。他所猎取的灵魂都是活生生的，不曾加以丝毫损伤。他是以轻巧的脚步，在森林的边缘逡巡着，冷静而又热烈地在倾听着窥探着那里面飞禽走兽的活动。"她还说，"他的作品就是他的灵魂猎获物。在他游猎的森林里面，襞积里面，牢穴里面，深水之滨，高原之上，他遍历人类的灵魂，洞察人类灵魂游牧的热情。他喜爱人类心灵之形形色色的表现，什么也没有被委弃于他的贪婪的同情心之外。他从事心灵的探讨，人性的发掘，是出自宗教家一般的悲天悯人的动机。他那不动声色的描写，有着使人同声一哭的感动力。"

　　我觉得沉樱这番话说得入木三分，它把茨威格传记作品的内在奥妙说得淋漓尽致。我想，大多数读者对巴尔扎克、狄更斯、陀思妥耶夫斯基、荷尔德林、尼采等作家的作品不算陌生，但却对这些作家的生平经历以及灵魂思想知之甚少。茨威格的《六大师》恰好填补了我们的这一空白。当然，《六大师》给予我们的将不仅是一些知识上的满足，同时还会引领我们进入大师的灵魂殿堂，让我们感受大师情感的激荡和智慧的迷误，给我们心灵的开拓和审美的体验。此外，茨威格的文采也将使我们大饱阅读之福，这里还是需要引用沉樱的话，"他的每一篇文章都是一种完美，每一本书都是一种和谐，像用准确精细的艺术计算好而写出来的"。关于茨威格，我们已经说了如此多的溢美之词，还是亲自去读读他的书吧，毕竟耳听是虚，眼见为实。

有书作伴

134

《聂鲁达诗选》

　　1971年10月21日，瑞典文学院决定把诺贝尔文学奖授予巴勃罗·聂鲁达，奖状上写着："因为您的诗歌以大自然的伟力复苏了一个大陆的命运和梦想。"

　　了解聂鲁达的人知道，这里所说的大陆指的是拉丁美洲。如今，中国的文学读者鲜有不知道拉丁美洲文学的。1985年前后中国文坛上出现的寻根文学思潮，就与拉丁美洲文学有关。拉丁美洲文学的魔幻现实主义，拉丁美洲的文学爆炸，这些与拉丁美洲文学有关的文学名词，中国的文学读者大都耳熟能详。拉丁美洲的一大批小说家如马尔克斯、阿斯图里亚斯、略萨、博尔赫斯等等，对中国新生代小说产生过深刻的影响。当然，有过文学爆炸的辉煌的拉丁美洲不仅盛产神奇的小说，而且盛产美丽的诗歌。米斯特拉尔、聂鲁达、帕斯，一个个获诺贝尔文学奖的诗人，使我们感到拉丁美洲是一块诗歌的大陆。在这里，我们不妨介绍一下聂鲁达。

　　聂鲁达，1904年7月12日生于智利，14岁发表了他的第一首诗歌《我的眼睛》，他开始诗歌创作的时候，还是智利南部小城里的一个青年，他为生活、为爱情、为未来而痛苦，写出了充满彷徨、充满渴望的诗。1924年出版了他的成名作《二十首情诗和一首绝望的歌》。20世纪30年代和40年代，他完成了他的代表作三卷本诗集《大地的居所》。这时候的聂鲁达不仅是一个著名的诗人，而且是一个活跃的政治活动家。他曾担任墨西哥总领事，加入智利共产党，当选智利国会议员，并因从事政治活动一度受到政府的通缉。20世纪50年代，聂鲁达的人生道路逐渐平坦。1950年，他的又一部重要作品《诗歌总集》出版。这是一部具有完整结构的诗集，其中包括了他的两首著名的长诗《马楚·比楚高峰》和《伐木者醒来吧》。他访问了法国、捷克斯洛伐克、苏联和中国等许多国家，还获得了国际和平奖金，当选为智利作家协会主席。此外，聂鲁达比较重要的作品还有《船长之歌》《元素的颂歌》和《葡萄园和风》等。1970年，聂鲁达

有书作伴

出任智利驻法国大使，第二年，聂鲁达荣获诺贝尔文学奖。1973年，聂鲁达与世长辞。

聂鲁达曾三次来中国，第一次是1928年，第二次是1955年，第三次是1957年，写出了一些以中国为题材的诗歌和散文，如《向中国致敬》和《中国大地之歌》，并与中国诗人艾青结下了较深的友谊。正因此，对于20世纪50年代的中国文学读者，聂鲁达不是一个陌生的名字。中国的一些出版社也出版了聂鲁达的一些诗集，其中，较有代表性的有三种，它们是漓江出版社的《情诗 哀诗 赞诗》、四川人民出版社的《聂鲁达诗选》和上海文艺出版社的《诗歌总集》。

《诗歌总集》的译者王央乐先生对聂鲁达的诗有过很准确的评价，他说："聂鲁达的诗充满着丰富的想象，独特的比喻，形成了他具有独创性的诗歌语言；有时候清澈如流水，有时候汹涌如海潮，有时候瑰丽如宝石。要用适当的话来形容，实在困难，也许只有万花筒中看见的幻景，可以比拟。"

下面，我们对聂鲁达的《第六首情诗》略作赏析。

《第六首情诗》是诗集《二十首情诗和一首绝望的歌》中的第六首情诗。这是聂鲁达青年时代创作的诗歌。二十岁正是恋爱的季节，诗中的"你"无疑就是诗人恋爱的对象。诗人用一种回忆的口吻抒发自己的恋情，这种"时间差"造成了一种隽永深沉的感觉。显而易见，此时此刻，"你"并不在"我"的身边，"我"抒写的其实是一份对"你"的怀念。唯其不在身边，这份怀念才显得如此阔大，因为，它已经从有形的对象超越出来，升华成一种美丽而又忧伤的情怀。

在20世纪写爱情诗实在是一件吃力不讨好的事。因为，前面许多世纪的诗人早已经把最优美的词语和想象用尽了。萨福、彭斯、莎士比亚、雪莱、拜伦、普希金几乎将爱情诗的地盘占领完毕。然而，我们读聂鲁达这首诗，仍能感到动人心魄的力量。它传达了一种不同于经典诗人的爱情体验。在这里，戴着灰色贝雷帽的神情、闪耀着火苗的眼睛，如藤枝一样柔韧的身体和缓慢安详的声音都对我们产生了一种如磁铁一样的力量，充满了生命的质感和爱情的原趣。如果说这一切体现了一种爱情将恋人拉近的力量，那么，"眼睛在漫游，秋天很遥远"以及"在船上瞭望天空。从山岗远眺田野"这样的描写就有一种爱情将恋人拉远的倾向。近是爱情深入的真感觉，远是爱情飞扬的高境界。这种时间和空间的远与近，细腻深切地传达了诗人的情爱心理。

聂鲁达在他的诺贝尔文学奖受奖演说中曾说道："我想把我的每一句诗都写得扎扎实实，就像看得清摸得着的物体那样。"的确，读《第六首情诗》，我们可以发现，聂鲁达此言不虚。他的诗确实有一种化虚为实、化幻为真的艺术魅力。

《获诺贝尔文学奖作家丛书》

漓江版《获诺贝尔文学奖作家丛书》曾名噪一时，成为国内外国文学出版领域与人文版《外国文学名著丛书》、上海译文版《二十世纪外国文学丛书》齐名的一套丛书。在国家新闻出版署举办的首届全国优秀外国文学图书评奖（1980—1900）中，评出一等奖图书19种，其中，漓江版《获诺贝尔文学奖作家丛书》就有3种获奖。在历届全国书展和香港中国书展，该丛书均被作为重点书陈列、编目。出版界称这套丛书的出版为"中外文化交流中的一桩盛事"。

《获诺贝尔文学奖作家丛书》自1983年出版第一批4种图书以来，得到广大读者的热情关注，读者尤其关心这套丛书的进展情况。笔者为此专门赴邕采访了此套丛书的主编刘硕良先生，获得了一些读者关心的信息。

进入20世纪90年代，漓江出版社为了完善《获诺贝尔文学奖作家丛书》的出版，特邀著名装帧设计家陶雪华女士统一进行整套丛书的设计，各卷封面统一，书脊上标明获奖年份，便于读者按年代先后排放，每种书均有前后环衬、作家肖像和丛书总序、总目，丛书的整体感、观赏性和收藏价值均得到了显著加强。

诺贝尔文学奖从1901年开始颁发，到1994年止，共有91位作家获奖。迄今为止，《获诺贝尔文学奖作家丛书》已出版66种。其中，显克维奇的《你往何处去》、塞菲里斯的《画眉鸟》、阿格农的《婚礼华盖》和埃利蒂斯的《英雄挽歌》是1995年上半年出版的。预计1995年还可出版5种，它们是蒙森的《罗马风云》、比昂松的《挑战的手套》、埃切加赖的《伟大的牵线人》、梅特林克的《花的智慧》和施皮特勒的《奥林匹克的春天》。也就是说，至1995年，《获诺贝尔文学奖作家丛书》可出版71位获奖作家的作品。

主编刘硕良先生告诉笔者，剩下20位作家的作品也都找到了主译。1991年前的获奖作家作品的译者情况可在1991年后的新版本附录总目上查到。1992年获奖作家沃尔库特的作品拟请著名诗歌翻译家飞白主译，译事进展很快。1993年获奖作家莫里森的作品拟请胡允恒先生主译，胡允译先生供职人民文学出版社，现正在美国，对莫里森的情况很熟悉。1994年获奖作家大江健三郎的作品拟请中国社科院外文所研究员李德纯先生主译，李德纯先生现在正在日本，与大江健三郎是东京大学的前后同学，见过面，大江健三郎已答应授权漓江出版社翻译出版他的作品。

《爱的教育》

意大利小说家德·亚米契斯生于1846年，卒于1908年。他曾在军事学校学习，参加过争取祖国独立、统一、自由的斗争，还担任过军事刊物《战斗的意大利》的编辑、记者，退役后专事文学创作。他的生活经历使他认识到借助教育，借助博爱、谅解的精神可以改变民众的处境。他特别重视学校教育，认为学校肩负着培养社会新一代成员的使命。《爱的教育》就是表现他这一思想的重要作品。

《爱的教育》叙述的是一个意大利小学生一学年的学校生活。小说采用的是第一人称叙述。作者德·亚米契斯曾说《爱的教育》这本书也可以用这样的书名：一个意大利市立小学三年级学生写的一学年之纪事。

《爱的教育》于1923年由夏丏尊译至中国，叶至善回忆说此书"一出版即受到教育界的重视和欢迎，可以说超过了任何一种《教育学》或《教育概论》"。"许多中学小学把《爱的教育》定为学生必读的课外书，许多教师认真地按照小说中定的来教育他们的学生。"

译者夏丏尊是著名的教育家、文学家、翻译家，创作上以散文成就较大。夏氏译此书时在家中已是二子二女的父亲，在教育界已是执过20多年教鞭的教师，但他仍然表示"平日为人为父为师的态度，读了这书好像丑女见了美人，自己难堪起来"，对《爱的教育》，夏氏有很高、很精辟的评价，不妨录在此以供参考：

"这书一般被认为是有名的儿童读物，但我以为不但儿童应读，实可作为普通的读物。特别是应介绍给予儿童有直接关系的父母教师们，叫大家流些惭愧或感激之泪。

"学校教育到了现在，真空虚极了。单从外形的制度上、方法上，走马灯似的更变迎合，而于教育的生命的某物，从未闻有人培养顾及。好像掘池，有人说四方形好，有人又说圆形好，朝三暮四地改个不休，而于池的要素的水，反无人注意。教育上的水是什么？就是情，就是爱。教育没有了情爱，就成了无水的池，任你四方形也罢，圆形也罢，总逃不了一个空虚。"

意大利的小学老师每个月都要给孩子们讲一个高尚少年的故事，称作每月例话。诸如少年爱国者、少年侦探、少年笔耕、少年鼓手、爸爸的看护者、六千英里寻母等，主题主要围绕着爱国、爱父母、爱人类几种高尚品德。

小说第五部分的每月例话《少年受勋章》叙述的是一个少年因救落水儿童而受勋章的故事。像这种见义勇为的事迹无论在全世界哪个国家都是会受到表彰的。我们国家也有一些具有类似事迹的少年英雄。就这个故事而言，我觉得救落水儿童这一事迹我们并不陌生，但值得我们重视的是，意大利人对这样一个事迹的理解与我们通常的理解不太一样。这主要体现在市长对这个少年的称赞中。市长在叙述少年的事迹时，强调这个少年的行径，就像是"大人救自己爱儿的情景"，这句叙述与后面市长的请求："军人诸君啊！请以弟弟待他！做母亲的女太太啊！请和自己儿子一样地替他祝福！小孩们啊！请记忆他的名字，将他的样子雕刻在心里，永久勿忘！"我觉得这些叙述和请求包含了意大利人面对孩子高尚行为的一种不同于我们的理解，他们不是将这种高尚行为理解为一种"远离人情"的品质，而是努力陈述其中的"人情人性内涵"，而对这个孩子的最高的奖励，也是充满人情味的，那就是为他祝福。

整个受勋章的仪式也很有特色，与我们司空见惯的表彰场面似乎也不太相同。风格上很平易、很平实，尤其是结尾，人们去抚摸这位少年英雄，与他握手，向他喝彩，将鲜花抛到他身上的情景，实在令人感动。这样的表彰场面也是高度"人情味""人性化"的，它不是将一个高尚的少年塑造成一个概念，一个令人"敬而远之"的形象，而是让少年英雄置身于人群中，让少年英雄感受人们对他的敬与爱。这使我想到，如果我们也来操作这样一个仪式，我们可能更多让人感到的只是敬，而非爱。但我以为，爱太重要了，少年的高尚行为源于爱，少年对人们具有感召力也是因为人们心中有爱，只有将这种爱从人们心中引导出来，高尚的行为才能从一个远离人们的概念内化为人们心中的诉求并转化为人们身临其境的行动。

《放飞美国》

这两年我对我国中小学教育实际有较多的接触，进而也就对素质教育问题有不少的思考。但在所有的接触与思考中，我都有一种遗憾，那就是我们没有一个更高更大的参照系，具体地说，就是对发达国家的中小学教育实际不了解，这个不了解使我对自己所有的想法都缺乏一种实证的"底气"，发言时有一种理不直气不壮的感觉。说起来，这两年介绍国外教育的书已经不少，但这些书多是理论、观点，少有实际、实例，更少有鲜活的亲身经历和现场感觉，即使有，也往往是浮光掠影的印象、失之偏颇的结论，有时候甚至给人以误导。

《素质教育在美国》的作者黄全愈先生的儿子矿矿撰写的《放飞美国——一个中国男孩和七个美国老师》这部书在一定程度上弥补了我的遗憾。他以一种没有先入之见的立场和还原现场的方式，为我们讲述了他在美国六所学校（包括幼儿园、小学和中学）的求学经历，更具体地说，他为我们讲述了七个美国老师的故事。我想，一个有11年在美国基础教育体系中求学经历的孩子，为我们讲述的美国教育一定是原汁原味的，让我们产生身临其境之感的。

说实在的，我在读这本书的过程中，感想很多。这里我不妨站在一个教师的角度拣其中几点感触良多的想法谈谈。

第一，我觉得这本书揭示了许多我们理解美国教育的误区。比如，我们通常认为，美国的教育是"自由""散漫""轻松""浅易"的，最突出的例子，莫过于人们常说美国的教师不需要有什么"教态"的规范，教师上课常常就是与学生"漫无边际"的"闲聊"。于是，我们会觉得在美国做一个教师很容易。其实，读了矿矿这本书，我们会发现，这完全是一种假象，是那些走马观花考察美国教育的考察者制造出来的假象。确实，从矿矿的书中我们可以发现，如果我们仅仅听了几堂课，我们会很容易认为美国的教育是"随意散漫"的，但是，如果我们像矿矿那样深入其中，感觉就大不一样了。像亨利克先生出的考试题有这样的题目："在哪一年，林肯提出了《解放黑奴宣言》？解释这个宣言的主要内容、意思，以及当时南北双方对这个宣言的看法。分析林肯在此时发表这个宣言的战略意义。""列举出各种政治结构体制，并讨论它们的长处和短处。请将每一种体制同其他各种体制作一比较对照。"请注意，这是初中学生的考试题，我想，看了这样的题目，我们一方面会觉得这些题目不是死记硬背可以回答的，另一方面也会发现美国中学生的学习考试绝不容易。教师能出这样的题目，既说明他有很深厚的学科功底，也说明他在教学方法上很下功夫。可见在美国对一个教师的要求是很高的。书中那位不受学生喜爱的自然科学课教师斯小姐在数年内换了四所学校，这个事实就说明在美国教师并不好当。也许，在美国，评价一个教师的标准不在"领导"那里，而在学生那里。教师必须尽最大的努力去吸引学生，并使学生感到自己真正从这个教师身上学到了东西，增长了才能和见识。这是一个很隐蔽的标准，不是走马观花的考察可以发现的。这使我联想到我们的教育实际，如果外国人只听了我们的教师的几堂课，可能会得出这些教师博大精深的印象，但如果长期观察和研究，了解到表象下面的实际，也会发现情况不是那么一回事。

第二，我觉得美国老师确实有个性。七个老师，七种性格。一丝不苟，如同一台编好程序的计算机的数学老师沃兹先生，他每天都是衬衣领带，衣冠楚楚，胡子修得一丝不乱，衣服熨得整整齐齐，每天上课必有作业，每天早晨必交作业，上课前必改完作业，上课第一件事必发回作业并回答学生提问，每教完一课必有一次考试。生有欢笑病的"怪人"、社会研究课亨利克先生，他是那种爱留胡子的人，习惯是冬天蓄起胡子，到了春季又刮光。在冬天的时候，他的一脸大胡子很浓密，等到春暖花开时，他一彻底刮了脸，人就变了个样，好像换了个人似的。此外，将生物课上成了故事课的伯奥曼先生，比手画脚的外语教师毕讷德提先生，狂热影迷英语老师爱波伦丝太太，美式老顽童美术课教师冈达修士，无不个性鲜明。美国是一个张扬个性的国家，老师有个性不仅使学生的个性得到了宽容和保护，同时，还使学生增添了许多学生的兴趣和热情。

第三，我发现美国的教师虽然个性鲜明，人人殊异，但也有一个共同之处，那就是几乎所有受孩子们喜欢的教师都有幽默感。即使是那个一丝不苟、工作作风像一台编好了程序的计算机的沃兹先生，竟也会以每年三月的某一个星期五作为自己的自由日，让学生享受"天上掉下的自由"，他那以严谨著称的数学课堂，竟会在黑板一角开辟一个"搞笑"的"愚蠢园地"。甚至连女教师爱伦波丝太太在上枯燥的语法课时，也能通过幽默的方式使课堂变得妙趣横生。有时候老师甚至"幽自己一默"，在"疯狂头发日"站在讲台上的亨利克先生是这样一副面孔："上唇右边的胡子刮光了；与之对称，下唇左边的胡子也一根不剩，他的美须只剩下上一半、下一半，斜斜地隔唇相望。他的身上，穿着一件西装上衣，打着领带，但他的下身却很不协调地穿着一条由鲜蓝色和淡黄色条纹相间的类似花瓜皮的棉毛裤，外加一对不成双的袜子和一双左右脚倒穿的、不成对的鞋子。"作者专门实录了一些课堂上老师和学生的幽默对话，比如在沃兹先生的"自由日"，学生问他："沃兹先生，你认为你是不是一个天才？"沃兹回答："有多少个天才会来到这里来教你们这帮家伙呢？"又有学生问："你一生中干的最蠢的事是什么？"回答："那就是让你通过这次段考。"在我看来，这些幽默甚至比我们电视中的"搞笑"节目还充满谐趣和机智，同时，还很有智慧。

第四，我意识到美国教育在自由、个性、幽默的表面实际上是强调了教师的创造性。我们国内的中小学教师上课全都有一把"尚方宝剑"，即全国统一的教学参考书，并要求所有教师统一到这本书的要求上来。这本书和这样的要求使一些功底不厚的教师藏了"拙"，但同时也使一批有创造力的教师不得不循规蹈矩，亦步亦趋。结果是中国的教师常常是"千人一腔"。但矿矿的老师无论是教学方法还是教学内容都是人人有自己的一套，以至于作者常常要对这些方法、内容加上从来没经历过、非常与众不同、根本无法归纳于什么类别这样的限定词。从内容上说，这些老师力求有深度，有趣味，有独创性。从方法上说，则力求新颖、独特、能调动学生的学习热情。总而言之，老师所做的一切，就是将学生的注意力导向他试图导向的方向。像沃兹先生从学期开始到结束，要了一个个小小的技巧，让每一个学生都始终保持着对他的课的兴趣。比如冈达修士从来没让学生跟着他画，从来没对学生做过手把手的技术指导，他采用的是用来训练学生的艺术家"眼力"的"轮廓线训练法"，这个方法要求学生每看一样东西，都要一下子就抓住它的轮廓线，并能准确地画下来。他这样的做法并非别出心裁，而是基于他对绘画的深刻理解，他认为："人使用的技巧和表现形式可以给艺术一定的升华，但是一个艺术家必须具备艺术家的眼力，要有那种能很好地看东西的独到的、超凡的眼光。"凭着他精湛的专业修养、深刻的教学思想和独特的教学方法，他每年都为全国高校输送一批优秀的美术生源，他主持的美术班名气极大，成了培养美术家的摇篮。比如亨利克先生就"设计开发了一个独特的教学系统，把每个孩子都深深地吸引住了"，这个系统不仅由讨论和分组研究构成，甚至包括让大多数学生望而生畏的考试，亨利克先生的考试是那么充满魅力，以致被认为是"不可忘怀的亨氏考试"。这个考试的试卷分正卷和附加卷两部分，正卷由15道论证题组成，前面提到的两道题目就来自这个试卷。附加卷由一些轻松、灵活、愉快、智慧、有趣，与课堂学习无关的问题组成，诸如"如果我是一个智者，你只能有一个愿望，什么将是你的这个愿望？""如果有一只熊跑进这个教室袭击亨利克先生，你准备怎么办？""讨论一下你在我的课堂里学到的一个生活哲学问题。""你生活的目标是什么？""谁是你最伟大的榜样？为什么？"这些问题前面两个属于"搞笑题"，分不高，后面三个属于"无穷大"题，答得精彩可以无限加分。两套试卷有庄有谐，既严谨又开放，考试因此变成了"不可忘怀"的既艰难又开心的过程。在学习美国历史时，亨利克先生要求全班同学回到百年前的历史，以一个电视新闻记者的眼光来报道一些不起眼的历史事件。完成了这个有趣的电视节目，学生对那段历史就熟悉得如同亲身经历过一般。比如伯奥曼先生的故事法，他将所有生物学的知识和原理都转化成一个个有趣的故事，书中复述的那个关于人类为什么爱金子的故事堪称是一个绝妙的构想，它有力地激起了学生对人类进化问题的思考。还比如爱波伦丝的"作文评改法"，即把学生的作文交给三位同学阅读、评价和打分，同学的分占百分之五十，教师也占百分之五十。此外，她还有独特的心理调节法，书中讲的一次重要的州际考试的前一天，她通过将自己的影星藏品给学生传看，有效地放松了学生因大考来临造成的紧张情绪。还是这位爱波伦丝太太，她的作文教学上的"因材施教"法也堪称高妙。比如，矿矿是一个善于描写、词汇华丽但结构不善的学生，爱伦波丝太太就专门训练他的结构，强迫他采用"3—8模式"来作文，以至于这一结构模式成为一种无意识内化到矿矿的文章里，矿矿的文章终于达到了一个更高的境界。这些独特的教学方法和教学内容实际上对教师的素质提出了极高的要求，它不仅要求教师对自己教授的学科有深刻的认识和领悟，唯其如此，教师才能为学生提供创造性的教学内容；与此同时，教师还需要具有对教育学、心理学的深刻认识以及组织、管理方面的综合能力，在此基础上才能形成充满创造性的教学手段。简言之，好的教学已经不再是教师讲学生听的场面，而是一个充满创意、充满趣味、充满挑战性的综合活动。

第五，我发现爱仍然是教师的一种极珍贵的品质和极高的境界。当然，这种爱已经被赋予了现代的内涵。我觉得有几个事例特别能说明这种具有现代意义的教师的爱。一个是当几位同学讥笑一位提问的同学时，沃兹先生所进行的制止。这体现了作为一个教师对学生人格的尊重。一个是闳达修士尽管非常希望矿矿留在他的美术班，但他还是尊重了矿矿的选择。还有一个是亨利克先生在解决学生冲突时坚持的"尊重他人的权利，就是尊重你自己"的理念。对人的尊重是爱的教育的一种现代内涵。而把学生放在第一位，则是现代教育爱的原则的一个重要体现。亨利克先生在矿矿受到学校的误解时不惜冒着惹麻烦、丢饭碗的风险站出来为之辩护，以至于作者感叹："亨利克先生是个老师，是个真正在学校教书育人的老师。他不只是教社会研究，他还教会了我，一个男子汉能做到什么。"同样，爱波伦丝太太上一天课就能准确地叫出全班人的名字，上一个月的课就能知道全班同学的个性，作者评价她是一个"能理解人的人"，"就好像每个人都是她唯一的学生一样，让你觉得她把她全部的注意力都放在你的身上"。所有这些，都生动地诠释了现代教育中爱的内涵。当我读到这些段落的时候，说实话，我受到了深深的感动。

我在师范大学中文系从事教学工作已近十七年，这两年参与园丁工程A类学员的指导工作，也对素质教育问题，对究竟怎样才是一个好老师常有思考。说实在的，对比矿矿书中写的那些好老师，我深深感到自己有许多不足。但值得庆幸的是，矿矿这本书说的一切并不是大多数人达不到的境界，而是一个只要我们建立了现代教育观念，经过努力可以达到的境界。如今，我们许多教师都已经觉悟到我们那种数十年一贯制的教学模式已经受到了挑战，同时，又一时找不到改进的途径和效法的典范，我觉得接力出版社这部书称得上是生逢其时，它使我们在教育研究和探索中有了不少可以直接效法的很好的课例，使我们许多凌空蹈虚的思考变得实际和有形，使我们前进的步伐变得更加踏实稳健。

《桂系演义》

　　战争历史小说常常有两种写法：一种偏重思想的探险，另一种则偏重史料的厚重，黄继树的作品属于后者。

　　每部文学作品都有一个潜在的价值系统。《桂系演义》的价值系统明显偏重道德。这一偏重体现了传统对黄继树影响的深刻。一部《桂系演义》，几乎可以说是三分之一部中国现代史。以李、白、黄为核心，北伐战争、抗日战争、解放战争都得到了正面的整体的描写。在整个叙述过程中，我们可以看到道德人格的巨大力量。这一点在李宗仁身上表现得尤为突出。李宗仁字德邻，以仁为宗，以德为邻，名字中已经暗藏了儒家仁学道统秘密。更重要的是，在李宗仁一生经历中，其名极符其实。李、白、黄三位一体的结构，最重要的稳定因素就在于李宗仁的人格力量。如小说写到桂系内部发生冲突，已经刀枪相向，官兵眼红，足智多谋的白崇禧手足无措，只有李宗仁一骑枣红马于千钧一发之际赶到。在两军对垒万枪待发的情势中，是李宗仁的人格力量征服了双方。"连那些身经百战的老兵油子都感到这是一种不可抵御的威慑，它使你不自觉地感到必须放下武器，解除武装！"

　　这情景被白崇禧看在眼里。自负其韬略的他竟也悟出："在这种场合，不需要斗智，而是需要气魄、权威和震慑凝成威力，这种浑厚的气概，只有李宗仁身上才具有。这是一种统帅和领袖所独有的气质。"白崇禧心里惊叹着，"一种欣慰之情油然而生。"

　　小说所体现出来的浓厚的道统人格色彩，来自大传统的深刻影响。在具体的结构方式和人物塑造中，我们还可以看出小说对《三国演义》的明显借鉴。这一特征可以白崇禧这一人物作为典型。白崇禧历史上被称作"小诸葛"，他的一举一动、一言一行，似乎都在有意模仿那位手持羽扇的卧龙先生。他机敏过人、深谋远虑，常常能够出奇制胜、转危为安。这超群的才能在北伐战争和抗日战争中得到了淋漓尽致的施展。以往正史由于种种原因，对白氏在这段时期的历史功绩有意回避，如今小说以丰富的史料形象地再现了历史的真实。

值得重视的是，作者是借鉴《三国演义》而非模仿《三国演义》。因此，白崇禧是现代的小诸葛而非古代的诸葛亮。就白崇禧与李宗仁的关系而言，虽然彼此坦诚、相互敬重，但白崇禧并无所谓鞠躬尽瘁、死而后已的高风亮节。相对诸葛亮的深明大义、心慈手软，小诸葛似显得更加趋近功利、心狠手辣。当然，这番比较评价并非有意扬诸葛贬白氏，而在于揭示古代和现代的差异。小说有大量关于白崇禧的精彩的心理描写，从中可以看出他的煞费苦心和难能可贵。毕竟，李宗仁、白崇禧已是现代的合作伙伴而非古典的君臣主仆，完全以传统道德模式去规范两者关系，未免流于削足适履。

另就白崇禧与蒋介石的关系而言，我想这种关系体现了更为深刻的传统悲剧。历史上一贯有"飞鸟尽，良弓藏；狡兔死、走狗烹"的先例。白崇禧或为蒋介石重用，或为蒋介石排挤，无时无处不在重复这一历史的悲剧命题。这一事实体现了传统政治结构中君主与谋臣的发人深省的关系。倘对这一命题有所超越，我们还可以看出这一历史悲剧实质上恰恰是智慧对权力的悲剧。中国的智慧曾被多少智者文人陶醉，然而，这种智慧的最终归宿不是被权力扼杀，就是对社会逃避。历史上文仲、韩信和范蠡、张良的命运就是这一规律的两极写照。其根源何在？或在于权力对智慧的随心所欲的侵犯。白崇禧最终被蒋介石扼制而寂寞余生，固然因为他尚未大彻大悟，凡俗之心未死，而究其本质，这也正是历史上任何一位智者在中国所无法逃避的悲剧命运。简言之，白崇禧的悲剧，也就是传统的悲剧。

《绿岸》

　　我们常常是对某位作家的名字很熟悉，熟悉到如雷贯耳的程度，却对这位作家的作品很陌生，陌生得几乎一无所知。我想，其中奥妙全在现代传媒的引导。当然，例外并非没有。比如，也许不少人读过《绿岸》，却闹不清作者姓甚名谁。

　　《绿岸》讲述了一个艺术家在商场中历险的故事。这类故事很多，也很俗套，无非是商场上的尔虞我诈加情场上的阴差阳错。这类故事在国外很多，在半个世纪以前的中国也不少，可偏偏如今的中国作家不擅长，原因当然是这些玩笔杆子的人缺乏市场经验，而那些刚刚进入市场的中国老百姓偏偏对这类市场传奇感兴趣，就好像刚下过几天水的人喜欢游泳，可许多作家就是对付不了。

　　于是，有那么点市场经验的作家就占了便宜，《绿岸》的作者张宗栻就是其中之一。《绿岸》的主人公江尉被画店老板任铁头夺了爱妻，一时冲动走上了经商之路，刚下海就遭到了高利贷的袭击，开业不久又犯了行业禁忌，终于进入了角色，又遇到了贪官腐败，好不容易报了情敌一箭之仇，又因为不够老练而栽了更大的跟斗。真个是一波三折，跌宕起伏，令人感到作者一定尝够了经商滋味。

　　张宗栻确实有过经商体验，并且，这个商还比较独特，即许多人不甚了解的旅游画店生意。改革开放造成了旅游业的繁荣，张宗栻也曾在桂林、北京、西安、哈尔滨等地参与经营过旅游画店生意，这是中国刚刚兴盛起来的商品经济中一道独特的风景，《绿岸》给这道风景予浓墨重彩的表现。

　　当然，并不是有过经商体验就能写出好的小说。张宗栻还有一种许多今日中国小说家缺乏的编织故事、构思情节的能力。今日中国许多著名小说家似乎只能雅不能俗，他们能在叙述手法上花样翻新，把读者弄得晕晕乎乎，却缺乏把故事写得波澜起伏、扣人心弦的情节想象力。张宗栻这种不很著名的小说家却恪守了小说的传统之道，把写故事的才能发挥得淋漓尽致。自然，这种才能并非纯然天生，也有后天的习养和磨砺。据我所知，早在十多年前，张宗栻就通过翻译谢尔顿的小说熟悉了那套美国小说家讲故事的程式，此外，张宗栻还写过十多部武侠小说，对中国传统的悬念术、巧合法同样谙熟。

商场历险、情场纠葛、武侠纷争，张宗栻的小说世界红尘滚滚，热闹非凡，人性的弱点随时显现。不过，细心的读者还是能品味出张宗栻对真善美的向往。如今的张宗栻刚刚脱手一部20集电视连续剧《阳朔西街》，这部尚未开拍就已引起多方关注的作品以崭新的全球意识实现了张宗栻文学创作的自我超越，它使我们想起《绿岸》中那幅耗尽江尉父子一生心血的绘画，曾经在《绿岸》中若隐若现的美丽在《阳朔西街》获得了绚丽的开放。

《红土》①

　　作为一部知识分子题材的长篇小说，《红土》有两个显著的特点。首先，《红土》描写的人物主要是科技知识分子。其次，《红土》描写的知识分子是一批新中国培养的成就了一番事业的知识分子，这与大部分同类题材作品偏重描写知识分子自身的缺陷或经历的苦难不一样。《红土》中的科技知识分子吴啸、吕超凡、钟洪、区帆、任蕾显然不是"百无一用"的书生，他们的知识才能直接构成了生产力相当重要的一部分，即便让他们站在工人的岗位，他们也往往比工人表现更出色，容易赢得工人的尊敬。《红土》第6章末尾写到钟洪真正走进了炉前工的群体里边，成为受尊敬、受爱戴的一员，固然因为钟洪所具有的人格力量，同样也因为钟洪精湛深厚的技术修养。

　　长期的屈辱和贫困造就了吴啸、钟洪一代知识分子强国的理想。父亲的伤残注入了一种十分具体的内涵。6岁的吴啸在未进入小学门槛的时候被上了一堂有关中国工业状况的第一课，小说第5章开始部分写到了吴啸父亲的遗言："我们得有强大的民族工业……没有这个我们国家会永远受人欺负。"这种强国之梦也因为钟洪父亲的就义注入了一种献身的内涵，也为区帆崇敬的那位老建筑师的执着注入了一种坚韧。正是这一代知识分子前辈所付出的一切，开启了吴啸们为之无怨无悔的神圣人生。

　　人生之所以神圣是因为它经历了太多的挫折和灾难。怀抱强国之梦的吴啸们刚要展示他们的才能就遇上了民族的浩劫。用作者的话说，这是"一段阴霾蓦至的凄风苦雨，给这个民族以重创"。而遭到重创的民族精英，如吴啸，空有报国壮志，却不能在设计室施展才华，被迫去从事毫无技术可言的原始劳动；如吕超凡，这位天生的总工程师，不但不能与自己

　　① 张宗斌著，广西人民出版社1995年12月第一版，系桂林市第一部当代生活题材的长篇小说。

心爱的专业为伴，反而还被无辜陷害投入监狱。

人生之所以神圣更是因为它超越了挫折和灾难而赢得了成功。由于这一批知识分子的努力，原来不到十万人口的小城已发展成为初具规模的工业城，吴啸、吕超凡所在的红光汽车厂，钟洪、任蕾所在的龙山钢铁厂，以及区帆所在的临江机械厂互为犄角，又连成一气，构成了龙山工业城的一角，显示出这座工业王国的雄伟和宏大。

《红土》以英雄交响曲的形式表现了一代知识分子的神圣人生。惠特曼在《自己之歌》中写道："指出最美好的，并把他从最坏的东西区别开来，是一世代带给另一世代的烦恼。"我以为神圣人生正是共和国被扭曲过的历史中最美好的因素。《红土》以抒情史诗的笔触指出了这一因素。在20世纪即将过去的日子里，《红土》为新一代人留下的不是烦恼，而是经过锤炼的理想和信念。

《红土》的问世，充分体现了张宗栻长篇小说创作的实力。

长篇小说的规模决定了它必须有吸引人的故事情节和鲜明生动的人物形象。《红土》叙述了一代知识分子在曲折的历史进程中为实现工业强国而奋斗的故事。故事包括一个复杂的过程：屈辱的历史、贫困的现状造就了20世纪50年代大学生的奋斗理想，时代的谬误使这一代具有神圣追求的知识分子受挫，改革开放使他们梦想多年的民族工业终于初具规模……抽象的表述已使人们感知《红土》情节的起伏跌宕，而在小说具体的叙述中，吴啸、吕超凡、钟洪、任蕾、区帆、石宇六个知识分子的命运的确扣人心弦。

为表现主题，《红土》选择了群像造型的人物塑造手法。小说将上述六个知识分子的命运交织一体，并塑造了老建筑师、罗佩文以及麦惠等老一代和年轻一代知识分子的形象，既充分体现了吴啸等一代中年知识分子的独特性，也含蓄地表现出这种独特性的前因后果。于是，以中年知识分子为主体，三代知识分子构成了休戚与共、心心相印的中国当代知识分子整体。

与群像造型的人物塑造手法相关，《红土》采用了电影蒙太奇的结构方式。时间秩序自由交错，空间秩序自由跳跃，叙述者的情节叙事和书中人物的心理叙事有机地交融在一起，有力地扩大了小说的容量。从50年代到90年代近半个世纪的时间跨度，从中国到外国东西南北全地球的空间跨度，被组合得有条不紊，错落有致，其中贯穿始终的是主要人物为实现强国梦的所有现实及心理上的努力。

与主题、结构相关，作者采用抒情史诗性质的语言。这里所谓的抒情史诗，至少包含三个层面：一是美的抒情性，这种美的抒情性是与全书的理想主义气质相适应的；二是从容的叙事性，通过叙事来容纳近半个世纪的社会历史和十多位个性鲜明的人物命运；三是深沉的思辨性，因为表现理想主义而不能流于空洞，表现神圣而不陷入浮夸和迷狂，面对历史，必须在指出最美好的同时将其与最坏的区别开来，这就需要辨析，需要与理想主义激情相对的历史冷峻和哲学深度。

小说家们常说写短篇靠技巧，写长篇靠的是生活。我想说的是，《红土》不仅体现出张宗栻丰厚的生活积累，同时也体现了他驾驭生活素材、表达思想感情的才能和技巧。

《洗手》

　　以"三国演义"的方式演绎乡村的家族斗争，这不失为一个好的创意。这个好的创意是龚桂华从祖父那里承传下来的。"这个三国和我们村一样"，他的祖父创造性地将三国的故事转化为三个家族的故事。年复一年的故事讲述实际上已经形成了长篇小说的结构，同时也决定了这个作品的厚重。当故事最后转化为《洗手》这样一部长篇小说，我们也可以看出作者在小说艺术上的一些精雕细刻。原来繁复的生活枝蔓在小说中肯定得以修整和删减，张冠可能会由李戴。龚桂华既是一个生活故事的受益者，又是一个苦心经营的小说家，所以，读他的小说，我的最大感受，就是能够激发我对于生活与小说之间差异和距离的想象，这种想象如此重要，它甚至能够帮助我们重新理解历史和生活。

　　黄家、秦家、令家共同在高尚坪这样一个桂北山村休养生息，三个家族的纠葛盘根错节，枝蔓横生，转化为小说必须找到一个能够将三个家族的注意力集中的支点。这个支点被龚桂华找到了，那就是插秧女秋红。

　　漂亮的秋红为求解母亲豆官的身世之谜而陷入了母亲当年曾经陷入的人生困境。令喜才和秦土荣为争夺秋红使令家、秦家、黄家因新仇而强化了旧恨，黄元尚与秋红的两情相悦使问题变得更为扑朔迷离。先是令家与秦家的争斗，继之为黄家与秦家的抗衡。三个家族为一个美女大打出手，反目成仇。这实际上构成了一个引人入胜的戏剧冲突，有效地维护了读者的阅读快感。三个家族反目成仇的真正原因被理解为对一个漂亮插秧女的争夺，这似乎与我们熟悉的政治历史南辕北辙，但如果联想到整个荷马史诗的起点不过是那个决定谁更美丽的不和的金苹果，我们也就心中释然。

　　对历史的解读因人而异。龚桂华将高尚坪三大家族反目成仇的真正起因归结为对插秧女秋红的争夺，看似戏说历史，实质上未尝不包藏着某种道理。精英总是倾向于为历史寻找更为宏大的解释，仿佛生活是高不可攀的存在，但也给人脱离实地的感觉；市民在为历史寻找世俗原因的时候，虽然由于过于平易近人，有将生活践踏在脚下的倾向，但也常常会产生一语道破天机的效果。事实上许多冲突的起因确实是简单的，只是时间的加盟使一切变得波诡云谲、山重水复、迷津重重。

当然，龚桂华不可能将视野仅仅限制在家长里短的流言蜚语之中。镇长侯人庆的出现使自然的家族之争纳入了民国政治的元素，中日宣战更将有关国家与民族利益的思考置入了中国边地的乡村生活。龚桂华并不打算进行宏大叙事，但也没有陷入个人叙事的窠臼。他更像是在宏大叙事和个人叙事之间找到了一个适合于他本人的话语表达方式。以民族、国家为背景，以家族利益为平台，他展开了一个能够适合每个个体表演的舞台。在这个舞台上，每个人既是简单的，因为他们无不拥有凡俗人物的欲望；也是复杂的，因为他们无不受制于家族利益的羁押。

如果说插秧女秋红这一人物形象浓缩了三大家族的个体欲望，那么，"洗手"这个行为意象则暗藏了一个家族为自己洗刷耻辱的集体欲望。秦家的发迹与"职业刽子手"的出身相连，这个不名誉的致富方式使之富而不贵，精神上永远无法与其他家族平等。毫无疑问，这个"金盆洗手"的故事使小说的视野变得开阔而深入，它使读者意识到这个小说不仅讲述个体欲望，而且传达社会心理。尽管人来自自然，与自然有不可分离的联系，个体欲望的存在就是根本的表征；但是，人建构了社会，进而建构了社会心理。人不仅需要满足自然食色欲望，而且需要满足荣誉、权力、社会认同之类的社会心理。秦家一代又一代人为金盆洗手所付出的努力，确实也构成了小说的核心悬念，称得上一波三折，触目惊心。

小说在呈现美女诱惑和洗手愿望的时候，有意无意地呈现了人类自然欲望与社会心理的内在冲突。也许作者本意是为了加强故事的戏剧性，从而提炼了这样两个贯穿小说始终的人物和行为意象，它当然是小说扣人心弦的有力构思。但是，那种由数代人共同经营的长篇情节（在某种程度上，《洗手》的故事是由龚桂华的祖父、父亲和他三代人共同完成的），不可避免地会以一种无意识的方式深入到人性的腹地，打上人性秘密的深刻烙印，这或许为作者所始料不及。

"这个三国和我们村一样"。龚桂华祖父的这句论断具有某种箴言的性质。这里我再次引用这句话，不仅是说明黄、秦、令三家的错综关系直接对应了魏、蜀、吴三国的纷争状态，而且，更深刻地，我以为，高尚坪这个方圆不会超过几个平方公里的小小村庄的钩心斗角与汉末时代那个纵横数百万平方公里的庞大国家的中原逐鹿，无不反映了同样的人性。地大地小如斯，或近或远如斯，空间可以变化，时间可以变幻，人性却具有某种超越时空的力量，亘古一样。

有
书
作
伴

《土皮》

　　我可以算是周昱麟小说比较忠实的读者了。还在十多年前，他在《漓江》杂志上发表了一个中篇小说《鹰山魂》，我就读了，还写了篇读后感，题为《重温旧梦　发掘精魂》。几年前，他在作家出版社出版了长篇小说《世家》，我又读了，又写了篇评论，题为《中国传统文人的世纪挫折》。这一次，周昱麟又在作家出版社出版了长篇小说《土皮》，虽然这些日子很忙很累，但今天早晨4点钟，我醒了，虽然还很想睡，但想到今天上午要开《土皮》的讨论会，我就起来到书架上取了这本书，粗粗地读了。

　　可能不少人会觉得我是不是对周昱麟太认真了，我想说是的。进一步我也想解释一下我为什么如此认真的一些文本之外的原因。那是20世纪80年代末的一段时间，我受了一点小小的挫折并且还很有点自我激励的勇气，于是写了一篇短文《独秀》，托独秀峰之物言了自己的一点很常规的志。当时我与周昱麟刚刚认识并感觉到了他对我的友善，于是就把这篇文章拿到报社请他发表，为了不给他添麻烦，我还专门用了一个笔名任真。不久，这篇文章在《桂林日报》发了出来。就因为这件事，从此我很认真对待他的著作，尽管他可能并不知道我的这种心情。

　　回到《土皮》，我想谈两点感觉。一个感觉是佩服。我佩服周昱麟拥有那么多生活经验以及对桂北民间风俗的了解。我深知我们当代人离自然很远了，举例说我们校园里种了不少树，但我相信大多数人说不出几种树的名字。现在正值九月份，可我们已经淡漠了万物的九月情况。我们读曹雪芹的《红楼梦》，称之为中国封建社会的百科全书，换言之，人们对《红楼梦》的知识含量非常钦佩。我不是将周昱麟与曹雪芹相比，但我确实很佩服周昱麟的知识存储。不久前我与作家出版社的张胜友先生在长江三峡谈到文学问题，他说文学是农业社会的产物，我仔细琢磨觉得真是那么回事。农业社会我们直接与自然打交道，所以对四时万物的变化规律很注意。这在经典文学作品中可以看得很清楚，比如肖洛霍夫对顿河的描写，梭罗对季节的观察，真是让我们这些生活在后工业社会中的人们望尘莫及啊。当然，我们对机械的原理，对电脑的规则知道得远比我们的前人多，但我们这些知识基本是对我们手中工具的了解，而对我们身外其间的自然，我们却不知不觉地淡忘了、疏忽了。然而，周昱麟的《土皮》，让我们体验到质朴的生活，意识到自然的存在，唤起我们关于日常知识的记忆，从中真是可以嗅到一种乡土的滋味。

第二个感觉是遗憾。我遗憾周昱麟写得太仓促了，仓促得失去了一种反思的容量，仓促得浪费了他的生活经验和民俗知识。我还是举例说明吧。比如，小说开头主人公去接农村姑娘平子妹，本来是应该送平子妹到学校的，但只是在路上听平子妹说村里人希望他回去看看，他马上就丢开平子妹乘班车到茶城了。小说结尾写主人公知道星仔患了重症，开始忙忙碌碌照顾他，结果接了个邀请出席饭局的电话，又马上赶去了。写主人公到了茶城，与农村女孩云姑几乎第一次结伴出行就萌生了爱意，一见钟情情有可原，可第二次就将所有的可能性和盘托出终结了萌芽之情，多少显得有点煞风景。也许周昱麟有太多的故事要叙述，有太多的经验要传达，他一件事一件事马不停蹄地叙述着，一个经验一个经验一往无前地展示着。但是，我想说，他错了，他应该停下来，他应该通过描写将叙述的节奏放慢，更重要的，他应该通过描写使他的作品在一个又一个事件之外有一个从容的心灵空间。昨天我才参加了几位知名学者的哲学对话，我意识到周昱麟的作品丰富的是知识经验，少的是心灵对知识经验的咀嚼、反思，换言之，少了哲学。如果周昱麟只是一个生活的享乐者，我会觉得他一往无前无可厚非，因为他有太多的快乐需要享受，有太多的经验需要传达，有太多的风景需要走马观花，甚至不妨像方方所写的"奔跑的火光"。然而，如果周昱麟想做一个小说家，特别是想做一个优秀的小说家，我想提醒他，他应该时时回回头。回头，一个回头的姿势会给予他的作品更开阔的心灵空间。欧洲的阿尔卑斯山上刻有一句话："慢慢走，欣赏呵！"这句话我想送给周昱麟。我又突发奇想，如果说将文学解释为语言哲学，我想告诉周昱麟，不要只有语言，没有哲学。

《河之上》

黄佩华是一个比较专注写河流的作家。

数年前，我在《从自然到社会》一文中说过："黄佩华最重要的小说主要以驮娘江和红水河为背景，河流成为他小说创作中最为生气勃勃、源远流长的元素。"①当时我讨论的作品主要是《红河湾上的孤屋》（《三月三》1988年第5期）、《涉过红水》（《当代》1993年第3期）和长篇小说《生生长流》（长江文艺出版社2002年11月第1版），我称之为"红水河三部曲"，如今，黄佩华的河流小说又新增了一部长篇《河之上》②，他的河流版图也因为这部长篇而有所扩大，于红水河和驮娘江之外，新增了一条河流右江。

作为一个比较专注写河流的作家，黄佩华写过驮娘江，驮娘江是郁江的源头河段，对于黄佩华来说，写驮娘江同时意味着写西林县；他写过红水河，红水河由南盘江和北盘江汇合而成，之后与柳江汇合称黔江，再与郁江汇合称浔江，继续东进称西江，黄佩华写红水河意味着写广西壮族自治区；《河之上》写的是右江，右江是郁江的下游河段，源起于百色市区，黄佩华写右江，自然意味着写百色市。

名义上看驮娘江、右江和红水河是三条河流，实际上，驮娘江是右江的上游河段，右江则是红水河的一条支流。换言之，驮娘江是右江的一部分，而右江则是红水河的一部分。

熟悉广西文化地理的人会知道，黄佩华所写的驮娘江、右江和红水河正是广西主体民族壮族最集中的聚居区，史籍常以"左右江羁縻州"代表壮族地区。由是，黄佩华笔下的人物，其民族身份大多应该是壮族。

---

① 黄伟林：《从自然到社会——论黄佩华小说〈红水河三部曲〉》，《民族文学研究》2010年第1期。

② 长篇小说《河之上》刊发于《作家》2015年第6期。

黄佩华从小在驮娘江边长大，驮娘江是改变黄佩华家族命运的河流，因此，在黄佩华的小说中，驮娘江承载了他的家族记忆，成为他的家族河流。黄佩华的民族身份是壮族，青年时代他就离开家乡到了广西壮族自治区首府南宁，红水河成为他民族想象的载体，堪称他小说创作的民族河流。如今，当黄佩华的小说写到右江的时候，他试图表达什么，他希望右江这条河流承载什么呢？

以往黄佩华的河流叙事大多在乡村展开，这部写右江的长篇小说《河之上》则在城市和山区之间往来。

作者较为刻意地展现了右江的自然与人文风光。比如，小说如此描写右江：

在右江边生活的人都晓得，每到雨季，江上洪水会把江面抬高数米，变得宽阔而湍急。这时候的鹅潭会因为两条河的交汇形成一个巨大的漩涡，一般小船闯进去便很难自拔，甚至有被吸进深潭的危险，水性不好的人只能望而却步。[1]

又比如，小说如此描写半个多世纪以前的右江码头：

从澄碧河口往里走到东坪滩头的河段，紧排着十一个货运码头，码头连着码头街上的商铺商号，每天来自四面八方的马帮和挑夫成群结队，熙熙攘攘。[2]

这条码头街是北城最古老的街道，细算起来也有三百多年的历史。临河的一面是清一色的广式骑楼建筑，长长的走廊把众多的商铺连到一起。骑楼的一楼是清一色的商铺，批发零售各种杂货，临街的部分摆卖货物，后面部分直通澄碧河边的码头。二楼一般用来堆放货物或办公，三、四楼住人。而街的另一面，则是宾馆酒楼和会馆。[3]

①　黄佩华：《河之上》，《作家》2015年第6期，第80页。
②　同上书，第79—80页。
③　同上书，第81页。

右书作伴

这里写的是北城人文地理，小说还写到右江原住民较为深层的观念意识，比如小说一开始就写到龙尚文看到的那把利剑：

只见长蛇岭上空的天际上乌云翻腾，云象奇形怪状，从云中射出的强光像一把利剑，刺向北城的一隅，指向码头，点在右江与澄碧河交汇处的鹅潭上。[1]

父子三人花了半个时辰才来到自家坟头。龙鲲鹏忽然发现，这个地方的视野非常开阔，右边是绵延的长蛇岭，左边是右江河谷，正前方是北城。累得满脸苍白的龙尚文来不及喘一口气，伛偻着身体用火柴点燃了一大束香，每一组三支插在几个坟头上，用一种只有他才明白的语言说了一串话语，算是给祖宗神灵打了招呼。然后他一声令下，两个儿子操起长矛和锄头开始清理坟墓四周的杂枝乱草。在龙海洋和龙鲲鹏兄弟俩看来，在这个地方这个时候，只有父亲能够和长眠于地下的祖宗说话交流，他们只能干些粗活，打些下手，父亲早就希望兄弟俩能够学习他那唱诗般的声调，用超现实的语言和祖宗沟通，日后他不能来上坟了，他们可以独自承担给祖宗扫墓祭拜神灵的重任。[2]

20世纪右江最重要的历史记忆无疑是右江起义。

右江起义也叫百色起义，是1929年12月11日，由邓小平、贺昌、陈豪人（政治委员）、张云逸、韦拔群等在广西百色组织领导的武装起义。起义建立了中国工农红军第七军，这是继南昌起义、秋收起义、广州起义之后，中国共产党在少数民族地区实行"工农武装割据"的一次重要起义。

右江起义对长篇小说《河之上》所讲述的三个家族的命运产生了重要影响。当时的熊家是北城大户，根基在桂西北岑王老山，爷爷熊镐是桂西地方武装首领，成为右江起义的对立面，熊镐被起义部队就地枪决；龙家是右江原住民，爷爷龙兴发是熊家的一个小管家，负责看管熊家的几条大小商船，右江起义时带着儿子逃到了上游的驮娘江；梁家是北城的另一个

① 黄佩华：《河之上》，《作家》2015年第6期，第78页。
② 同上书，第87页。

大户，100多年前，梁家先祖从下游广东溯江而上，落脚北城购买铺面，做了100多年生意，与熊家有仇，爷爷梁松坚，当时的梁家三少爷参加了右江起义的红七军，成为连长，后被熊镐的儿子熊大炮捉拿，秘密杀害，龙兴发父子出于对梁松坚的敬重，冒着风险，将梁松坚的遗体秘密安葬。

然而，梁家后人并不知道龙兴发这一义举。梁松坚的儿子梁太平参加抗美援朝负伤回国到了县公安局做侦查员，为寻找父亲的遗骨，他私自先后绑架了龙兴发和龙耀祖父子，由于龙兴发不认识梁太平，并且不知梁太平寻找梁松坚的遗骨是何目的，没有说出真相，结果父子俩先后被梁太平暗杀。

中国人民解放军进入广西之后，城防司令熊大炮败兵成匪，躲入老家岑王老山依托复杂地形顽抗。其间，熊大炮还抢夺了正与梁家三少爷恋爱的陆家小姐。熊大炮将陆家小姐毁容后霸占了她，与陆家小姐生下一个儿子。后来熊大炮被解放军打死，他的儿子随继父姓了杨，即后来的杨宝章。

以右江的地理历史为背景，《河之上》展开了20世纪末右江边北城龙、梁、杨三家的现实生存状态。

渔民龙尚文为右江原住民，家住右江大码头对面的鹅潭，他的大儿子龙海洋警校毕业做了警察，几年后当上了江上派出所的所长，小儿子龙鲲鹏大学毕业后做了《桂西日报》的记者。在小说里，龙尚文是一个道德感很强的老渔民，小说开篇就写到他对小儿子龙鲲鹏写文章吹嘘富商杨宝章不以为然，认为嫌贫爱富是道德沦丧，报纸吹捧为富不仁的人会伤穷人的心。大儿子龙海洋为人低调实干，曾立过二等功，与梁家儿子码头派出所所长梁太平在公安系统形成了竞争关系。小儿子龙鲲鹏在为富商杨宝章写传记的过程中，深入杨宝章的老家桂西第一峰岑王老山，无意中发现杨宝章是当年土匪头子熊大炮的儿子。

梁家父亲梁太平当过兵干过公安，已经退休在家，他一心一意希望儿子梁兆武战胜对手，得到提拔，他认为提拔了梁家才有地位，才不会被人欺负，才能住高楼坐豪车，才有荣华富贵。梁兆武工于心计，善搞关系，在竞聘分局局长的时候，他通过不正当手段击败龙海洋，如愿以偿。

杨宝章利用父亲熊大炮埋藏的金银财宝租下了原已萧条的码头街数十个商铺，对商铺门面精装修后招商转租，发了大财。接着，他通过《桂西日报》大力宣传自己，树立良好形象，政界、警界、报界广交朋友，并成立房地产公司，一心一意打造他的商业王国。

小说里，龙、梁、杨三家形成了错综复杂、纠缠不清的关系。第一代，龙兴发是熊家的管家，安葬了梁松坚，对梁家有恩；梁家和熊家同为北城大户，卷入右江起义，自有血海深仇。第二代，梁太平暗杀了龙兴发和龙耀祖父子。第三代，龙海洋和梁兆武分别娶了陆家姐妹，后又相继离婚，龙海洋还与梁兆武的前妻陆玉桃产生了恋情。龙鲲鹏和梁兆武皆爱上了杨宝章的女儿杨鸿雁，梁兆武对杨鸿雁展开了猛烈攻势，但杨鸿雁却对龙鲲鹏情有独钟。梁兆武与龙海洋在仕途上产生冲突，并趁酒醉强暴了杨鸿雁。

在一定程度上，梁、杨、龙三家折射了北城的政、商、民关系。梁家一心在政界谋求发展，杨家努力在商界大展宏图，龙家倾向恪守本分，平民意识较强。小说专门写到杨宝章的房地产公司对渔民生活造成侵害，龙尚文父子三人不约而同卷入了这个渔民与政府和富商的矛盾冲突。

黄佩华在小说的自述中说："数年叱咤风云的熊家和梁家，同样因为一场革命彻底改变了命运。历经近百年的沧桑与荣辱沉浮，人性的染缸不仅颠倒了黑白，而且历史也发生了错位。为了金钱和私利，昔日的仇敌变成了死党，恩人变成了仇人，真相被混淆了。要正视历史和现实，必须有第三只眼睛，有见证人，有忠实捍卫者。"[①]

如此看来，黄佩华试图写一部揭露真相的小说。

那么，真相究竟是什么？

是杨宝章作为熊大炮儿子的真实身份，还是梁太平暗害龙兴发、龙耀祖的事实？

杨宝章商业起家的第一桶金，来自其土匪父亲抢劫的金银财宝，这是否是他作为富商的原罪？

梁太平的杀人事实，是否构成梁兆武作为公安后代的政治生涯的原罪？

如果说弄清杨宝章的真实身份是龙鲲鹏作为新闻工作者所要坚持的真实原则，那么，当昔日的敌人在新的时代形成有损于平民利益的政商合

---

① 黄佩华：《捍卫历史和现实的真相》，《作家》2015年第6期，封二页。

有书作伴

谋，这是否可以理解为作者在整个右江叙事中所期望揭示的真相呢?

回应本文开头的问题，如果说黄佩华的驮娘江小说是家族叙事，红水河小说是民族叙事，那么，从《河之上》的结构布局和情节描述可以看出，黄佩华显然有更大的野心，小说虽然写的是20世纪最后几年的现实生活，但却承接着右江起义这个影响了中国现代历史的重大历史事件。现实阴影或许正是历史阴魂所造成。右江起义的重大性直接影响了黄佩华右江小说的性质，他显然已经从家族和壮民族的视野中走出来，更多关注国家的历史命运，其右江小说也就超越了其驮娘江小说和红水河小说的格局，从家族、民族叙事进入了家国叙事。

《一根水做的绳子》①

　　长篇小说《一根水做的绳子》讲述了一个情欲的故事。男主人公李貌与不到16岁的女主人公阿香在情欲的催动下有过一次性爱，因为是初次而没有获得愉快的感觉。命运从此再也没有给过阿香体验性爱的机会。阿香曾经以非同寻常的激情去追求这个机会，但不仅没有实现，反而祸起萧墙，被因残疾而没有性功能的丈夫黄泉致残而永远丧失了性能力。丧失性能力的阿香仍然怀抱赢得李貌爱情的幻想，只是在生活的过程中，这种幻想一点点销蚀，随着心灵的枯萎，阿香终于身亡辞世。

　　小说有一段文字可以作为情欲的一个贴切的注解："人就是这样，嘴上说是一回事，事情上，往往总是控制不住的，这就像火烧山一样，谁都希望那火别烧了别烧了，可是那火却谁的话都不听，它只听它自己的火势，它只听风的。风来了，它就跟着不停地往前跑，只要后边还有风，只要前边还有草，还有可以燃烧的东西，就会一直地烧下去，一直烧到烧不动为止。"

　　情欲故事往往被理解为身体叙事，但是，鬼子在小说里对身体的叙述并不很多。与情欲故事关系密切的性爱描写极为节制。鬼子的小说关注的是心，写得也很用心。从对"心"的关注这方面说，小说中专门讲到对"心"的看法，男主人公李貌的妻子（也就是小香的妈妈）认为女主人公阿香做别人的后妈也不行，因为"她的心都没了，怎么还可以给别人当后妈呢，当后妈的女人首先要有心，而且心还得细细的……""心"在鬼子的小说里显然是一个重要的意象，是鬼子关注的对象，可以理解为对生活的热情、对生活的兴趣、对生活的爱，理解为生命的体温，生命的力度以及生命对这个世界的眷恋。许多人都注意到鬼子小说对苦难的讲述。但人们通常都将苦难做了物化的理解，直接等同于物质的贫穷。但鬼子的苦难

---

① 长篇小说《一根水做的绳子》刊于《小说月报》原创版2007年第2期。

叙事显然不是停留在物质层面上的，他努力向精神层面掘进，向"心"的深处掘进。《一根水做的绳子》讲述的就是一个受尽摧残的女人阿香"心灵"枯萎的过程。哀莫大于心死，鬼子陈述的就是这样一个"心死"的过程。它使我们想起祥林嫂，祥林嫂也经历了一个"心死"的过程。但鬼子与鲁迅的立意不同。鲁迅的立意是封建制度使祥林嫂"心死"，祥林嫂的"心死"是有明确的社会根源的。鬼子的立意不在对社会制度的审判，他始终将追踪的目光盯住"人心"，阿香的"心死"在很大程度上是她自己造成的。这种几乎与社会制度无关的"心死"似乎使小说的社会意义弱化了，但小说对人的"心灵"的关注却得到了强化。鬼子让我们看到了一种人，这种人是我们过去的文学特别容易忽略的，因为我们的文学特别强调社会意义，对这种几乎不承载社会意义的人物往往是一眼掠过的。鬼子把他的目光停在了这种人物身上。要理解这种人物可不是容易的，以至于小说中男主人公李貌都认为："一个人真是很难理解另一个人，你不是她，你就怎么也不知道她为什么，她为什么要那样？"

《一根水做的绳子》就写出了阿香的"那样"。当她被李貌启蒙了"爱情"之后，她就"义无反顾"地走上了"爱情的不归路"。她与李貌"初试云雨情"，种下定情树，与李貌偷情被抓，用头发运送河水给在烈日下受惩罚的奄奄一息的李貌，至此达到了她与李貌"爱情"的高潮。之后就是一个漫长的"寻夫"的过程，到李貌被监管的林场，再追到李貌的故乡，发现李貌已经结婚生子之后，在一种自暴自弃的心态中与丧失了性功能的残疾人黄泉结了婚。在肆无忌惮地追求与李貌的性爱过程中，阿香终于被焚烧着嫉妒烈火的黄泉致残而永远丧失了性功能，但她仍然没有放弃赢得李貌爱情的希望。在她不屈不挠的努力下，终于有了一次与李貌同浴的机会。这次同浴最终葬送了李貌的婚姻，李貌的妻子自杀身亡。阿香与李貌终于有了同居的机会。但他们结婚的愿望受到了李貌女儿小香的阻挠。直到小香上了大学之后，为了满足男友的要求，同意了父亲与阿香结婚的要求。但是，没等到结成婚，阿香就死了。

鲁迅在《阿Q正传》俄文译本序中说过这样一段话："造化生人，已经非常巧妙，使一个人不会感到别人的肉体上的痛苦了，我们的圣人和圣人之徒却又补了造化之缺，并且使人们不再会感到别人的精神上的痛苦。"在我看来，鬼子这部长篇小说《一根水做的绳子》试图表现的就是"别人的精神上的痛苦"。这别人不是我们所熟悉的"大众"或"小资"，而是从物质到精神都卑微到极点的小人物。鲁迅在同一篇文章还说道："在我自己，总仿佛觉得我们人人之间各有一道高墙，将各个分离，使大家的心无从相印。这就是我们古代的聪明人，即所谓圣贤，将人们分为十等，说是高下各不相同。"我以为，鬼子所写的，应该就是那处于最低层的小人物。小人物有爱情吗？小人物有欲望吗？一些人是不屑于关心这样的问题的。正如小说中小香的男友晓汪所说的："在城里人的眼里，他们根本都不会相信乡下人有什么爱情，他们会觉得乡下人可能都不懂爱情是什么……"那么，"城里人"或者主流社会的人如何理解"乡下人"或者"小人物"呢？也正如晓汪所写的那篇新闻报道，更倾向于"以下见大"，将"小人物"的心灵放大成"宏大叙事"，将小人物放大成伟大的苦难或历史的承担者。非如此，"小人物"是不能进入拥有话语权的写作者的"法眼"的。

但鬼子并没有拔高他笔下的小人物的心灵境界。他呈现给我们的是小人物的在我们看来不可理喻的真实。他没有像大学生晓汪那样将小人物往"全社会的大事""国家的事"那边靠，他写的仍然只是小人物本身的事，是李貌和阿香两个人的"小事"。他也没有故意拔高小人物的"心"，将小人物的"本心"拔高为民族或社会的"良心"。但这些"小事"和"本心"却是那样触目惊"心"，震惊所有有良知的"心"。鬼子用他冷静到冷酷的笔，努力地打破那道由圣贤制造的"高墙"，表现"别人的精神上的痛苦"，表现小人物令人难以理喻的，被圣贤制造的"高墙"遮挡了的"那样"的生存状态。

鬼子写得很用心，从这方面说，这种用心表现在鬼子用头发这个意象贯穿整个小说。小说从头发开始，到头发结束。阿香一头美丽的头发引发了李貌的情欲。阿香用头发运送河水救助被处罚的李貌。李貌年复一年地为阿香购买茶麸，李貌妻子之死使阿香头发变白。李貌每天用茶麸为阿香洗发，恢复了阿香头发的黑色。李貌女儿小香带阿香到发廊洗头，劣质的洗发水彻底毁坏了阿香的头发。随着这头美丽的头发的毁坏，阿香的生命走向了终结，李貌也随之消灭。

头发不仅是在开头和结尾才起作用，整个小说中，头发都在显灵。最精彩的地方是阿香用头发运送河水给李貌喝，这是非常需要想象力的情节。头发的美丽来自茶麸的养护，而这茶麸又来自李貌长年累月的供给，尤其是李貌妻子之死使阿香头发变白，李貌的关爱又使阿香的头发恢复黑色。这暗示美丽需要自然力量与心灵激情的双重维护，这是很有意思的表达。

　　除了头发，小说还有几个意象。一个是那棵鼠耳叶树，这棵树也是贯穿整个小说始终，参与了整个小说情节的开展。从最初男女主人公定情种下它，到中间阿香将它移植到李貌的家乡，这棵树实际已经枯死。但李貌重新找来一棵鼠耳叶树，直到最后阿香终于证实这棵树确实不是当年她与李貌定情时种下的那棵树，并且代表他们俩爱情的那两块石头也不复存在，她的心灵大厦坍塌，生命消逝了。

　　另一个是荒草，荒草这个意象虽然不像前面两个意象那么贯穿始终，但非常有力量。荒草最初出现是在黄泉的家门口，这暗示着黄泉生活的状态，一个残疾人对生活接近绝望，漫不经心。阿香走进黄泉家之后做的第一件事就是拔掉荒草，暗示出心灵的生机。但当阿香伤残后，李貌夫妇发现她家门口又长出了荒草，这实际上是阿香心灵深处长出的荒草，它呈现出来的是阿香心灵的荒芜。

　　还有黄泉家的门、黄泉留下的假腿和刀、阿貌当年送给阿香和后来为保留村校而为学生购买的作业本，这些都是布满小说各个部位的道具意象，它们是有生命的，它们成全并诉说着阿香和李貌的宿命。

　　还有一个重要的意象，整个小说中它几乎没有出现，而且这个意象不是直观具体的，难以陈述和说明，它就是小说的标题：一根水做的绳子。水做的绳子是怎样的呢？这使熟悉鬼子的读者想起他那个著名的中篇小说《被雨淋湿的河》。很难说得清水做的绳子的具体形状，但整个小说却暗示了这根水做的绳子的某种性质，我理解为情欲对人的影响，可以具体解释为阿香对李貌的"控制"，李貌总是走不出这种控制。对李貌而言，阿香就是那根水做的绳子。在某种意义上，阿香的头发也就是"水做的绳子"，两者有某种"二合一"的性质。不过，"水做的绳子"的意义也不应该是完全消极的，它对人的控制既可能是使人堕落的，也可能是使人提升的。

　　这些意象的存在表明鬼子小说一贯的诗性思维。鬼子总是用一种诗的思维来营造他的小说。正如他曾写过一个重要的中篇小说《瓦城上空的麦田》，大地上的麦田飘扬到空中。这一回，则是变幻无定的"水"定格为恢恢天网之"绳"。无法"物化"的存在经过"诗化"的处理存在了，唯其如此，鬼子才能走进那被"高墙"阻隔的"心"。用"心"地表现"心"，这是他所有小说的一个重要的特点。

《烙印北海》

长篇小说《烙印北海》有大量关于主人公马绣丽的心理描写，这些心理描写给我留下了深刻的印象。

第一，马绣丽作为农村人的自卑感极其强烈，摆脱乡村的欲望因此也同样强烈。小说一开头就用了一个情节来证明这一点。还在9岁的时候，马绣丽就为自己生活在农村深深苦恼，以至于当她的堂伯父有意要她做养女时，她竟然说走就走，毫无对父母姐弟亲情的丝毫留恋，要不是父母的强留，9岁的她就已经进了城。虽然这次进城的愿望没有实现，但凭着她的努力，终于通过考试的方式，告别了农村。

虽然通过考试告别了农村，但在穿着打扮、行为举止各方面，马绣丽还是一个地地道道的农村人。因此，在成都上大学期间，马绣丽除了读书，最大的努力就是将自己脱胎换骨，从内到外彻底成为一个城市人。客观地说，她也实现了这个目标。快要大学毕业的时候，至少从形象上，她已经完全与农村划清了界线，成了地地道道的城市人。

虽然成了城市人，但是，在成为城市人的过程中，我们可以强烈地感受到马绣丽经常受到的心理伤害，这是一个农村女子在脱胎换骨成为城市人的过程中必然受到的伤害。这种伤害，在外表上也许看不出来，但必然会潜伏在一个人的心灵深处，遇到合适的机会，这种隐伤一定会伺机爆发。

第二，马绣丽有着强烈的成功欲望。成功欲望的第一阶段，是成为城市人；成功欲望的第二阶段，是成为有钱人。还在上大学的时候，当她第一次去看望她的生活在城市的堂伯父，就意识到城市里的贫富差异。为了发财，马绣丽是不惜她的勤劳和智慧的。最初她在北海高洁陶瓷公司做英语翻译，后来发现公司范总对她有所企图而辞职。做了一段时间百胜娱乐中心赌城的夜班工作之后，她进了北海光亮灯具公司。不幸的是，北海很快就迎来了经济萧条期，灯具厂发不出工资了，马绣丽只好跳槽进了慧心独具广告公司。

在慧心独具广告公司，马绣丽非常敬业，经过无数次的失败和打拼，终于熟悉了业务，有了不错的业绩。虽然这时候的她还没有成为有钱人，但有了如意的恋人陈海，过上了安稳的生活。然而，在马绣丽进入人生顺境的时候，过犹不及，她多走了那么一步，造成了她后来命运的一个大转折。她这多走的一步，就是抛弃了与陈海的恋情，与广告公司总经理古尧恋爱结婚。

第三，马绣丽是这样一种人，不仅有强烈的成功欲望，而且有强烈的道德感。"清洁的精神"，是马绣丽又一种强烈的内心愿望。刚到北海不久，她目击了那种"繁荣昌盛"的生活，"她想不通，假若一个人不纯洁了，活着还有什么意义"。当发现范总对她有所企图，她立刻辞职，因为"她们马家素来门风清白，要是她乡下的父母知道她去走这条路，早在刚生下她的时候就把她掐死了"。可以看出，在显意识层面，马绣丽是有着强烈的道德理想主义的，堪称"清洁的精神"。面对不那么清洁的现实，她往往一刀两断，义无反顾。

当她与古尧结婚以后，无意中发现了古尧的婚外恋情，她完全不容古尧的辩白，净身出户与古尧离了婚，从阔太太重新变回了拮据的职业女性。

农村人的自卑感、强烈的成功欲望以及清洁的精神，如果说前两种心理在当下中国具有相当的普遍性，那么，清洁的精神在当下中国则具有一定的特殊性，从性格分析的角度，我们可以发现，这三种心理具有一定的不兼容性。这种不兼容导致了马绣丽的内心冲突，甚至内心分裂。在小说中，马绣丽与古尧离婚后，曾经在南宁欧瑞利电脑公司任职一段时间，后来因为无法承受陈海已经结婚的事实而逃到北京。在北京，马绣丽几经周折找到一家文化公司任职，微薄的收入和疲于奔命的生活状态使她难以承受，再加上恋爱婚姻的失败感，合力将她拖进了忧郁症。更进一步，她患了急性脑膜炎。

忧郁症、急性脑膜炎是身体的崩溃，身体崩溃进一步导致了道德感的崩溃。来自陈海的救助使马绣丽得到及时的治疗。小说写道："马绣丽再也控制不住自己了，一下子扑进陈海——别人的老公的怀里，她真是顾不得什么叫廉耻了。"她跟随陈海回到北海疗伤，她认为"她的那颗脆弱的已经受损的心灵，还只有在陈海这里得到医治"，"为此，马绣丽情愿背上道德的十字架"，成为一个为人不齿、也曾经为她所不齿的第三者。

我的这个叙述可能会给读者造成一个误解，以为文萍是要塑造一个心比天高的农村女子如何在城市文明中堕落的故事。事实并非如此。客观地说，马绣丽无疑是作者文萍非常珍爱的人物。然而，虽然珍爱，但文萍对马绣丽仍然有许多无情的剖析。还在马绣丽上大学的时候，作者就借马绣丽第一个恋人杨正之口指责马绣丽的虚荣。当马绣丽与古尧婚变后，作者又让马绣丽自我剖析，使她意识到自己抛弃陈海与古尧结婚，并非来自神圣的情感，而是受到古尧成功因素的诱惑。正是因为没有抵抗住诱惑，她的幸福而平淡的生活才迅速走到了尽头。

在快要进入新世纪的时候，马绣丽到了广州，她是怀着对北海无比眷恋的心情离开北海的。对于她而言，北海不仅有美丽的大海，而且有与她相爱的人，虽然因为她的错误她无法成为爱人的妻子。这也许正是北海留给她的烙印，是她的人生的经验与教训。那么，她的这些经验和教训能够帮助她获得未来更漫长的人生的幸福和平静吗？

读《烙印北海》，我有一种强烈的感觉，觉得文萍写的不仅是马绣丽这样一位闯荡江湖的女大学生，而是整个中国的缩影。小说写到了五个城市：成都、北海、南宁、北京、广州，从20世纪80年代末写到21世纪初，这是马绣丽最好的年华，她的青春、她的梦想都是在这个时间绽放。遗憾的是，她的挫折，她的滑铁卢也是在这个时间形成。同时期的中国，30年的高速发展，令整个世界眩晕，也令许多中国人眩晕。马绣丽无疑是眩晕者之一，眩晕而至忧郁，眩晕而至急性脑膜炎。也许，文萍在小说中对马绣丽的道德剖析虽然无情，但或许还流于简单。无论是马绣丽的故事，还是中国的现实，仅仅做道德的剖析远远不够。心灵的清洁仅靠道德的修复是不够的，还需要信仰的滋养。这或许是我在两次阅读《烙印北海》后的一点心得。

《一个男人的尾巴》

　　蒋锦璐的长篇小说《一个男人的尾巴》讲述的是秦文道和赵小蝶这对年轻夫妻的故事。男主人公秦文道是城里最高档的酒楼"黄金海岸"的老板，他出身农民，披一身黄土闯进城市白手起家终于拥有了几千万的资产。赵小蝶的母亲出身干部家庭，"文革"期间不得已嫁给一个工人并有了赵小蝶，她一心一意想将赵小蝶培养成一个淑女。但因为不满丈夫的粗鲁而婚姻破裂，不久又因为心脏病突发去世，此后赵小蝶生活在姨妈家，姨妈是市委干部，姨父是工厂技术员，赵小蝶受到良好的教育，但因为长期受姨妈两个子女的捉弄而有不少情感创伤。好在她一直坚持学习钢琴，考上了艺术学院，读完了研究生，并留校任教。

　　秦文道与赵小蝶在一次旅游中相识，进而恋爱结婚。然而，不同的出身和教养所造成的文化差异与心理鸿沟使他们无法共同生活，他们互相折磨，彼此仇恨，而且各自有了外遇。秦文道的情人是赵小蝶的小学同学蓝冬霞，赵小蝶的情人是一个酒吧钢琴手匡一川。当真相暴露之后，两人的婚姻也就走到了末路。赵小蝶成了一个孤独的弃妇，秦文道的酒楼事业则日益红火。

　　从小说标题为"一个男人的尾巴"可以看出作者是把写作重心放在男主人公秦文道身上的。它试图表达这样一个想法：一个男人，尽管事业发达，腰缠万贯，但出身决定了他的教养，他的教养总会在不经意间将他的出身暴露出来。就好像可以万千变化的孙悟空，却有一样东西变不了，就是那根尾巴，尾巴的存在总是在证明孙悟空的猴子身份。为了使这个想法丰满且更有说服力，作者在秦赵婚姻的故事之外，还有意叙述了赵小蝶母亲与姨妈的婚姻故事作为佐证。赵小蝶的母亲因为父母进了牛棚而嫁给了一个工人，她试图改变丈夫的粗鲁生活方式而不得，最后怀恨而死。赵小蝶的姨妈也是在落难之际嫁了一个工人，幸运的是她赶上了父亲官复原职，加上她颇有头脑，一步步改变了自己丈夫的身份，最后丈夫成了一个大型国有企业集团的董事长，开始享受夫贵妻荣。然而，最后其丈夫还是因为出国时到红灯区嫖娼并损害国家利益受到法律制裁，她终于还是品尝了丈夫缺乏教养的苦果。

我第一次阅读这个小说的时候，思考重心却总是放在女主人公赵小蝶身上。换言之，我以为，赵小蝶的婚姻悲剧不仅因为秦文道的农民尾巴，同时也因为赵小蝶本人性格品质的缺陷。也就是说，赵小蝶并非秦文道想象的那样是一个出身名门、气质高雅的金枝玉叶，她来自一个残缺的家庭，多年寄人篱下，在家庭和学校，都曾受过许多伤害和歧视，这种生存环境使她的心理有诸多隐蔽的创伤，表面良好的艺术修养并不能真正治愈她心灵中的创伤。这种创伤总会在生活中以这样那样的方式表现出来。因此，秦文道固然有着出身的"尾巴"，赵小蝶又何尝没有灵魂的"伤痕"？在这个意义上，秦文道与赵小蝶的结合带有某种同病相怜的成分。如果两人互相理解与宽容，他们的婚姻应该是美满幸福的。遗憾的是，他们恰恰相反，各自走进了对方的误区。在秦文道一方，他因为自己的农民出身而"心怀鬼胎"，处处感觉到赵小蝶对他的不以为然；在赵小蝶一方，她有意无意忽略自己的创伤经历，极力表现自己的出身优越感。于是，双方不是以爱相容，仿佛水与土的融洽；而是以恨相激，犹如石头与石头的碰撞。如此这般，他们的婚姻走向破裂实属必然。说实在的，这些年，我读过不少女作家以爱情婚姻为题材的长篇小说，像张洁的《无字》、徐坤的《春天的22个夜晚》、贺晓晴的《花瓣糖果流浪年》、阿明的《我到德国做新娘》等，也许是女性意识的自觉，在小说中，我们可以明显地发现女作家对男性人物的道德批判倾向。但与此同时，我们也不得不承认，这种立场缺乏超越的力量，往往流于攻讦、谩骂的层次，读完之后，常常觉得这种性别战争缺乏意义，小说中许多描写虽然感性但缺乏深度。

相比之下，我发现，尽管作者蒋锦璐可能有批判男主人公素质修养的叙述企图，但她力求真实的现实主义叙述态度却使《一个男人的尾巴》这个作品有了也许令她本人未曾想到的叙述效果。在我看来，她最初是将同情的天平倾向女主人公赵小蝶这一边的，但写作效果却似乎违背了她的初衷。现实主义叙述暴露了赵小蝶太多的性格缺陷，制造秦赵婚姻悲剧的责任显然已经不在秦文道一人身上。这是一个很微妙的情感位移，它使小说由标题提示的简单的男性批判转化为更为复杂的两性批判。

当我第二次阅读《一个男人的尾巴》这个小说的时候，我发现，作者的现实主义态度不仅具有两性批判的效果，更进一步，还有着社会批判的效果。本来，小说写的是秦文道这样一个暴发的成功人士掩盖不了自己底层出身的"尾巴"，但仔细阅读，可以发现，小说的形象塑造早已突破了这种理性预设。因为，在小说中，不仅每一个人物的婚姻都是不幸的，更为重要的是，每一个人的心态都是扭曲的。秦文道娶妻是为了掩盖自己缺乏艺术教养的出身，赵小蝶嫁人是为了逃避寄人篱下的孤苦。他们如此，他们的前辈更甚。赵小蝶的母亲、赵小蝶的姨妈在婚姻问题上都堪称处心积虑，思考周全，但令人惊讶的是，唯一不须考虑的恰恰是爱。秦文道对妻子、对情人、对兄弟有各种各样的感情，但恰恰没有爱。赵小蝶对丈夫、对同学、对养育自己成人的姨妈，同样没有丝毫的感激和怜悯。赵小蝶的姨妈与姨父，同舟共济数十年，生儿育女，妇唱夫随，表面上的和睦下面暗藏的仍然是冷漠与鄙视。小说中有一个细节特别令我震撼：秦文道的母亲为儿子求子按传统风俗做了许多剪纸放进赵小蝶的衣柜，可赵小蝶发现后竟然觉得弄脏了自己的内衣，其极端恶俗的行为态度终于导致老人一命呜呼。我觉得这个细节既具有强大的情感力量也具有深刻的智性象征。情感力量来自这个细节表现出来的强烈的出身冲突，智性象征来自这个细节所表现出来的传统的崩溃。其实，在这个小说中还有许多类似的看似平常但深究却触目惊心的感性情景，它似乎暗示人们我们的现实生活中已经丧失了一些最基本的人伦原则。我觉得这是一幅非常可怕的图景。我觉得蒋锦璐这个小说在写出国人对富裕、对自尊的强烈诉求，在展示国人强劲的物质和身份冲动的同时，有意无意暴露了部分国人爱心缺失的心灵现实，呈现出一片足以击垮所有尊严的爱的荒漠。

《圣堂之约》

了解费孝通生平的人，阅读长篇小说《圣堂之约》，很容易发现小说讲述的是费孝通的故事。

1935年，中国学术界发生了一个重大事件：费孝通与他的新婚妻子王同惠在瑶山社会调查中遇难，两人一死一伤。

我愿意不吝篇幅地引述冰心的丈夫、费孝通夫妇的老师吴文藻在事件发生不到半年的时间对这段史实的叙述，以方便读者对映川这部小说的背景有一个较为真切的了解：

民国二十八年八月，她（即王同惠）和费孝通由志同道合的同学，进而结为终身同工的伴侣。我们都为他们欢喜，以为这种婚姻，最理想、最美满。他们在蜜月中便应广西省政府的特约出发去研究"特种民族"。行前我们有过多次谈话，大家都是很热烈，很兴奋。我们都认为要充分了解中国，必须研究中国全部，包括许多非汉族在内，如能从非汉族的社会生活上，先下手研究，则回到汉族本部时，必可有较客观的观点，同时这种国内不同的社区类型的比较，于了解民族文化上有极大的用处，我们互相珍重勉励着便分手了。行后常常得到他们的《桂行通讯》和报告，字里行间充满了快乐、勇敢、新颖、惊奇的印象，读完了总使我兴奋。社会人类学在中国还是一门正在萌芽的学问，一向没有引起国内学者的注意。我自己数年来在悄悄地埋头研究，常有独学无友、孤陋寡闻之感。这一对"能说能做"的小夫妻，真鼓起了我不少勇气。

他们是9月18日到广西的南宁，当即开始和省政府接洽研究方案，并且就在当地测量特种民族教育师资训练所的苗瑶学生的体质。双十节到了象县，又进行人体测量工作，18日开始入大藤瑶山。因为社区研究需要较长时期住定的实地观察，而体质测量又不能不到各村去就地工作，所以由王桑过门头，到六巷之后，同惠就住下专门担任社会组织的研究，而孝通则分访各村从事测量工作。11月24日他们离开花篮瑶区域到坳瑶区域的古陈。本来，依他们的计划在坳瑶工作一月，可以到金秀的茶山瑶区域，预计到本年2月可以把大藤瑶山的长毛瑶研究完毕。此后同惠便回到北平，继续在燕京大学做研究工作。谁料竟在12月由古陈赴罗运的道上发生了惨剧。

由古陈至罗运的一段山路，极其曲折险峻，而和他们同行的向导，又先行不候，以致他们走迷了路，误入一带竹林之中。林中阴黑，他们摸索着走近一片竹篱，有一似门的设备。以为是已到了近村，孝通入内探身视察，不料那是一个瑶人设下的虎阱！机关一踏，木石齐下，把孝通压住。在万千惊乱之中，同惠奋不顾身的把石块逐一移开，但孝通足部都已受重伤，不能起立。同惠又赶紧出林呼援。临行她还再三地安慰孝通，便匆匆地走了。她从此一去不返，孝通独自在荒林寒夜中痛苦战栗地过了一夜。次日天刚破晓，便忍痛向外爬行，到薄暮时分，才遇见瑶人，负返邻村。孝通一面住下，一面恳请瑶人四处搜寻，到第七天才在急流的山涧中，发现了同惠的遗体。她已为工作牺牲了，距她与孝通结婚之期才108日。

对照吴文藻的这段记录和映川小说的叙述，可以发现，费孝通与王同惠就是《圣堂之约》的主人公杜孝和与王知微的原型。

就像费孝通与王同惠一样，长篇小说《圣堂之约》中的清华大学研究院研究生杜孝和与燕京大学本科生王知微婚礼后不久就开始了广西大瑶山瑶族调查的旅程，他们经无锡、上海、香港、广州，辗转到达南宁，正是1935年9月18日，他们看到了久违的民众团体在街上游行的景象。杜孝和夫妇从南宁到柳州，抵象县，进瑶山，这仍然是费孝通夫妇当年的路线。在瑶山，杜孝和与王知微展开了以瑶族为对象的人类学与社会学调查。

在丰富、有趣又不乏惊险的瑶山调查过程的精彩叙述之后，小说写到，还有一个多星期就可以将资料收集完毕了。杜孝和与王知微从王巷村去三河村，途中，向导走到了前面，杜孝和与王知微迷了路，杜孝和不小心触动了瑶族群众设计的虎阱，腰腿重伤。王知微在找人营救的途中，落入山涧，溺水身亡。第二天，杜孝和得到瑶族群众的救助。第七天，瑶族群众在山涧发现了王知微的尸体。

显而易见，杜孝和、王知微这次瑶山调查的结局，亦与费孝通、王同惠瑶山调查的结局完全相同。

那么，《圣堂之约》是否是一部非虚构文本？非也，或者，《圣堂之约》是否是一部历史小说？亦非也。

在我看来，尽管是以真实的人物、真实的事件、真实的起因和结局为题材，《圣堂之约》仍然是一部纯粹的小说。你可以从中索解历史的真实，你也可以保持对历史的一无所知，将其作为一部引人入胜的小说阅读。因为，映川不过是借了费孝通、王同惠瑶山调查事件的外壳，书写了一段民国时期瑶山瑶族人的心灵史。这里，实际上涉及历史与小说的分野。如果说历史是人事史，那么，小说则是人心史。

我读到不少有关费孝通瑶山调查事件的历史书写，这些书写关注的多是费孝通、王同惠的人生际遇和命运传奇，但历史书写是有边界的，它们无法深入人物的内心。因为内心的真实与否既不能证实也无法证伪，因而无法成为历史书写的对象。文学书写显然比历史书写有更大的自由，它突破了历史书写的屏障，将我们引向了人物的心灵世界。

由是，我们在《圣堂之约》中看到了许多相关历史书写看不到的那一面。

不妨说一下小说中一个重要人物蓝美凤。这是一位瑶族姑娘，王巷村村长蓝朝堂的女儿，17岁，比王知微小5岁。王知微刚进王巷村的时候，就看见了蓝朝凤，小说是这样写的：

在人群中，一个穿着和其他姑娘没有太多区别的姑娘把王知微的眼睛闪亮了，她没办法不看到她。姑娘的皮肤并不白皙，眼睛也不十分大，举手投足，一颦一笑却灵动得让王知微暗暗赞叹，只有这与世隔绝的山间才能生长出如此出尘脱俗的美人，对了，用空谷幽兰这个词来形容最合适。王知微心里笑自己，如果自己是一个男人，眼下早已失态，落在他人眼里如假包换的一个登徒子。

这是王知微心目中的蓝美凤。那么，我们且看看在瑶族群众心目中的杜孝和与王知微，又是怎样的形象？

自从杜孝和和王知微进入王巷村，每天傍晚村子里就多了一景。他俩晚饭过后，会手牵手在村子里边慢悠悠地散步，一路走一路与村里人打招呼，闲聊几句家常，逗弄逗弄孩子。一男一女手牵手，这在村子里是前所未有的，这一对外来人做得坦坦荡荡，自自然然，有些人见了会不好意思而装作看不到，但瑶族人大多心思单纯，不少人能当着他们的面哈哈笑出声来。孩子们干脆就学他俩的样子，前前后后围着他们跑动嬉戏。

村里的小路不好走，凡凹凸处、水洼处，杜孝和都会先快走小半步，然后回头牵引王知微。王知微弯腰逗弄那些孩子时，杜孝和的手轻轻抚着她的头发，仿佛他抚着的也是一个孩子。

如果说这还属于相对客观写实的叙述，接下来我们看蓝美凤的心理：

对于蓝美凤，这些情景展现给她另外一个世界——原来夫妻之间竟然可以如此恩爱！一个男人对女人好不在于他给她说多少情话，给她买多少衣物，而在于是不是随时随地地将她放在心上。蓝美凤见过杜先生给知微姐剥红薯皮，一点一点的，剥得干干净净；她看到他们夫妻一个烧火，一个洗米，一个炒菜，一个盛饭；她看到他们走累了山路，杜先生会替知微姐脱鞋子按摩脚……

如果没有杜孝和和王知微的到来，蓝美凤可能一直不明白自己为什么就是不那么情愿嫁给赵果敢，现在她找到答案了，原来，她只是希望能像王知微那样被一个男人放在心头，融进心里。这时蓝美凤心里便有一丝淡淡的忧伤，她想命运是不可以改变的，她这辈子都不可能遇上这样一个男人了。像她这样生长在大山里的女人，一生系在男人身上，像她阿妈，像她秀妹嫂。赵果敢虽然喜欢她，但她知道，他和其他山里的男人没有太多的区别，他们都认为女人就是附在他们身上的一个物件而已，有时候是拿来用的，有时候就是一件装饰。

显然，这只能是文学书写而非历史书写的文字。

作为瑶山美女的蓝美凤，不乏追求者。瑶山首富、总石碑头人赵山河的孙子赵果敢就不断向她献殷勤，或许，如果没有杜孝和与王知微的出现，蓝美凤最终也会嫁给赵果敢，重复传统瑶族妇女共同的命运，过传统瑶族妇女共同的生活，延续传统瑶族妇女共同的心路历程。

可是，因为杜孝和与王知微这对新婚夫妇的到来，蓝美凤的内心世界被一种外来的力量改变了。

有一天，蓝美凤姐弟俩与杜孝和一起上山采蜂，不小心惊动了蜂群，

有
书
作
伴

杜孝和赶紧将蓝美凤姐弟俩推进岩石里，自己挡在外面，以免姐弟俩被蜜蜂叮蜇。小说又写到蓝美凤的心理活动：

蓝美凤与杜孝和是面对面的，杜孝和身上的热量一阵阵扑到她身上，她被一种陌生却又喜欢的气息弄得无所适从，她一点也不敢动，被杜孝和遮挡着，她觉得外面那片天空和她已经没有什么关系了，待个十年八年的也没有关系了。在这个人的罩护之下，她的心安静得就快不会跳了。也不知道过了多久，只听见杜孝和说，那些蜂应该走了。他一边说，一边轻轻将身子移开，手掌依然罩到她的头脸上，等确认外边已经没有蜂，他才松了一口气，移开身子，让姐弟俩从岩底下出来。

当天晚上，蓝美凤睡不着了。小说再度进入她的心灵世界：

她当然是睡不着的，她只不过想好好理一下自己的心情。白天在崖下，杜先生那样奋不顾身地挡在她跟前，那一阵子她为什么就好像丢了魂一样呢？她感觉好高兴，好欢喜呢。她的脸发烧了，她用手捂住脸，一股股热流在身体里流窜。她想，自己是喜欢上这个男人了。她被自己这个想法惊得心口扑地跳。王知微亲切的笑颜突然像一盏灯一样晃进她的脑海里，蓝美凤猛地坐起来，她被自己不道德的心事给吓到了。那是阿姐的男人，我怎么去喜欢阿姐的男人，太不要脸了，可以去死了！蓝美凤开始诅骂自己，她用手掐自己的大腿，最后又很无力地劝诫自己——这个男人不属于大瑶山，他只是过客，他很快会离开这里！

她到底还是没有说服自己，我就是喜欢他，我谁也不告诉，谁也不会知道的……

熟悉小说的读者当然知道，蓝美凤已经爱上杜孝和了。

当杜孝和受伤、王知微生死未卜的时候，蓝美凤赶紧奔向圣堂山，她要到圣堂山顶拜那棵神树，求神仙保佑杜孝和与王知微夫妇：

她终于穿越了黑暗，在太阳冲破晨雾的早晨她看到了那棵传说中的千年神树。它那般庄严，那般巍峨，枝桠如伞盖遮天蔽日，护佑一方。树身环绕轻纱般的白雾，千鸟归巢，此情此景不似在人间。蓝美凤双膝跪下，她一路磕头一路跪过去，她合掌祈求：神仙树，神仙树，求您，救救知微姐，救救杜先生。

树没有回答她，树一直静默着。她说，神仙树，您可以回答我吗？让我听听您的声音。树没有回答。她说，我求求您，让他们都好好活下来，长命百岁地活下来。她似乎听到了一声叹息，那一声叹息让她心发慌。她说，神仙树，我太贪心了是吗？好吧，无论是知微姐，还是杜先生，只要他们有一个能活下来，我就不嫁人了，我哪也不去，我每天在我的村子里遥拜你。神仙树，这是我跟您的约定。

没有人知道蓝美凤曾经来拜过这棵神树，还和神树有这样的约定，只有她自己知道，她用自己的一生去守了这个约。

在整个《圣堂之约》这部长篇小说中，出现过许多约定，比如，杜孝和与蓝朝堂的约定，杜孝和与赵果敢的约定，杜孝和与蓝美凤的约定，蓝美凤与赵果敢的约定，然而，最为动人的，还是蓝美凤与圣堂神树的这个约定。

不要以为《圣堂之约》只是一个情爱小说，虽然它将蓝美凤对杜孝和的情爱叙述得委婉动人。事实上，《圣堂之约》涉及许多超越了个人情爱的事件，诸如蓝朝堂重办化瑶小学，蓝君行瑶山剿匪，赵果敢瑶山修路、从军抗日，所有这些情节，都与杜孝和与王知微的瑶山之行有关。在杜孝和、王知微进入瑶山之前，瑶山还存在汉化与反汉化两种意识的分歧，好不容易建立起来的化瑶小学全部关闭，蓝君行还喜欢在家里打老婆，杜孝和、王知微进入瑶山之后，化瑶小学得以恢复，瑶山道路终于修成，蓝君行懂得了尊重且爱护自己的妻子，赵果敢了解了蓝美凤的心意。说到赵果敢，这个经济上富有却曾经对汉人充满敌意的瑶族青年，当他完成他与杜孝和的修路约定之后，小说有这样一段心理描写：

赵果敢在人群中看到美凤了，美凤拉着权芳根在山路上跑动，她的脸上如阳光一样灿烂，想来是和他一样的喜悦。他清楚地记得当初他和她的约定，路修通，她便嫁与他。他冲动地策马奔向她，远远地却听到蓝美凤在大声喊着，杜先生，阿敢把路修好了，你高兴吗，他兑现和你的约了！

赵果敢听那声音，饱含着一种他从来未曾体味过的情感，他突然悟道，她的喜悦是另一种喜悦，她的心其实挂着另一个人。赵果敢勒马驻脚，他有些慌乱，过了一会儿他平静下来了，也许真要感谢这几年的修路生活，他的轻狂、浮躁基本上和那些山石一块打掉了。当这条路呈现在众人面前之时，赵果敢的心里也开了一条路。

是的，杜孝和与王知微的进入瑶山，虽然让赵果敢失去了与蓝美凤恋爱的自信，却让他的心胸变得博大，就像修了路的瑶山，因为开放而辽阔。

1939年，当日本军队侵入广西的时候，赵果敢想起了杜孝和与他的谈话，他骑上马与蓝美凤告别之后参军了。数年后，在惨烈的桂林保卫战中：

（28岁的）赵果敢和所有的敢死队员一样，身上捆了炸药包和手榴弹。他从天而降，直奔大炮。日本兵反应过来，支起枪对准他。赵果敢躲过了好几枪，同时，也有好几枪打到他的胸口、大腿上。他并没有感到太痛苦，他以在瑶山上练出来的敏捷身手迂回前行，当他抱住那门大炮引爆的时候，他亲身听到打雷一般轰炸的声音，他飞起来了，飘了很久，他看到高高的圣堂山，山脚下有一个美丽的姑娘，姑娘背着一个竹篓往山上走，他叫着她的名字，叫了很多声，她才听到，她回过头来，可惜这时他已经看不清她的长相……

历史往往只承载那些重要的人物，文学才能让这些无名者百世流芳；历史往往只关注那些重大的事件，文学才能让这些幽微的心灵洞开无遗。当我们看到诸如蓝美凤、赵果敢、蓝君行这些瑶族人物心灵变化的轨迹，当我们为他们的欢乐而欢乐，为他们的悲伤而悲伤，我们意识到，映川借助1935年那个震惊中国现代学术界的历史事件，创造了一个动人心魄、独立自足的文学世界。

因此，《圣堂之约》这部篇幅并不厚重的长篇小说，是文学对历史的一次亲近，是文学对学术的一个致敬，这样的文学尝试，对于70后代表作家映川来说，或许能够为她已经驾轻就熟的个人化写作方式打开一条新路。

《黄继树中短篇小说集》

　　这部集子收集了黄继树从事文学创作以来所有13部中短篇小说，时间跨度长达30多年，其中短篇8部，中篇5部。8部短篇中有4部是黄继树60年代中期的习作，写的是军营生活；另4部为新时期创作，写的是社会生活题材。5部中篇均为新时期创作，3部写的是环保题材，其中《女贞》出版于1984年，是我国第一部环保题材的小说作品，由此可见黄继树在环保题材方面用心之早、之巨。

　　黄继树的长篇小说都是历史题材，中短篇小说则是现实题材。客观地说，黄继树的中短篇小说与他的长篇小说相比还是有些差距。这可能与一个人的禀赋有关。文学史上有相当一批作家就是只长于写长篇而拙于写短篇。具体到黄继树，我觉得造成这种局面的原因主要有两点：一是黄继树接受的文学影响恐怕多是中国古代演义体小说，在其他文体方面"营养不良""意识不强"；二是黄继树在写现实题材小说的时候"功利意识过强"，过于强调对"社会问题"的思考，艺术沉淀不足。从文体对比而言，长篇应求实，实事求是，重拳出击，打的是攻坚战；短篇应存虚，虚张声势，虚巧取胜，唱的是空城计。黄继树中短篇的弱点就在于实有余而虚不足。他将短篇小说的空间填得满满的，使之失之于"小"，超越性不强；就像有些人的长篇云山雾罩，玄虚难测，却失之于"空"，使长篇天赋的空阔得不到支撑和充实。相对而言，写于1998年的中篇小说《天地君亲师位》由于脱离了某个具体问题的拘束，而来源于"忽然心中涌动一股悠远的乡情"，从而获得了"虚空"的张力，使相对小的结构空间有了更多可以回味的蕴藉，人物也因为不必被概念笼罩而有了自由展现的天地。在我看来，这是黄继树最好的中篇小说。它从情感出发，超越了"问题小说"的思维定式。基于这一认识，我觉得当年天津百花出版社的邢凤藻先生真是独具慧眼，要不是他及时地将黄继树推向长篇小说创作领域，黄继树如何能取得如此令人瞩目的成就。

长篇小说写作强调写作者有丰实的阅历、广博的学识、宽容的气度、宏深的思想、沉潜的心智以及创构故事的才能，没有这一切，就无法将长篇本来的空阔（这里的空阔既指长篇篇幅结构的空阔，也指读者阅读长篇时所需要的时间以及心理的空阔）充满，使之获得直击读者心灵的重量以及令读者非读完不肯罢卷的磁力。邢凤藻先生大概发觉了黄继树在这些方面的潜质，很幸运，经他的提醒，黄继树把自己的潜能变成了现实。

尽管黄继树的中短篇小说有诸多不如人意之处，但并非没有价值。过去人们都是从长篇历史小说《第一个总统》和《桂系演义》认识黄继树的。这个小说集则粗线条地画出了黄继树小说创作的轨迹，并为人们认识黄继树提供了一个新的侧面。

我曾在文章中说黄继树是个有真知灼见的实证型作家，这一点可以在这部小说集得到证明。《女贞》《猫恋》《神秘的喀斯特》是3部环保题材的中篇小说，从标题看，《女贞》写植物，《猫恋》写动物，《神秘的喀斯特》写岩溶地貌，黄继树是从多角度对环境问题进行透视。《女贞》《神秘的喀斯特》主要关注工业废水对河流、对地下水的污染以及对人民生命的威胁，对人民生存质量的损害；《猫恋》写化学农药对动物的毒害。黄继树如此早就以如此大的篇幅关注环保问题，这体现了他的灼见。并且，黄继树对环保问题的关注并非仅仅流于表面，从小说中的大量描写我们可以发现，黄继树有关环保学科的知识积累在当时可能已经接近专业水准，这体现了他的真知。我们都知道，黄继树并非环境专业出身，他能积累起如此系统的相关知识，恰恰显示了他的实证的才能与兴趣。而这种真知灼见与实证的才能兴趣，实际上正是他后来在长篇历史小说创作上获得成功的重要保证。

值得重视的是，黄继树这些关注社会问题的小说始终贯穿着一个基本立场，那就是人民为本的立场。他之所以对环境问题投入那样大的激情，正是因为环境的恶化已经直接损害到老百姓的利益。甚至在计划生育这样的敏感话题上，黄继树也坚持了他一贯的原则。反过来，他的对立面张出，在不同年代的不同表现，要么是被封建的生育意识主宰，要么是被政绩欲望所驱动，心目中从来没有将老百姓的利益放在首位。毫无疑问，这样一种以民为本的立场，为黄继树提供了一个观察世界的制高点，一个思考历史的开阔平台，后来他写《桂系演义》能超越偏狭的视角，实际上在他的中短篇创作中已见端倪。

最后，这部小说集还证明作为一个历史小说家黄继树其实一直保持了对现实的关注。有句学术界颇为流行的话，所谓"一切历史都是当代史"。我想这句话也可以反过来理解，即对现实的思考同样有助于我们对历史的认识。我想，一部成功的历史小说总会隐藏着人们对它的当代理解，一个成功的历史小说家也应该拥有对现实洞若观火的识见力。事实上，黄继树这部小说集涉及的远不止环境恶化、腐败这些具体问题，它留给读者和作者的思考都是多角度、全方位的。我想，如果人们还想继续索解作者这种多角度全方位的思考，不妨再翻开《桂系演义》这部大书。

《黄继树作品自选集》

　　由上下两册74万字构成的《黄继树作品自选集》包括了黄继树多年来写作的4部中篇小说、1部传记文学、7部纪实文学、25篇文史言论和34篇散文随笔。阅读这些作品，既可以让我们看到《桂系演义》之外黄继树文学创作的另外一个侧面，也可以让我们更深刻地理解黄继树为什么能创作出《桂系演义》这样一部大书。

　　评价小说的指标是很复杂的，故事是否饱满、思想是否深刻、感觉是否独特？毫无疑问，黄继树讲故事的能力是公认的。几乎所有《桂系演义》的读者都会被小说跌宕起伏的故事情节迷住。但同时，也有不少读者就停留在小说的故事层面，被小说的故事遮蔽，忽略了小说深层的思想含量。显而易见，这是对《桂系演义》的一种误读。如今，当人们读到黄继树这4部中篇小说，可能会发现黄继树是一个用思想写作的小说家。比如，写于20年前的中篇小说《女贞》，被称为中国第一部环保题材的小说，其中表现的思想是相当超前的，表现出作者强烈的未来忧患。这似乎与黄继树给读者的印象不一样，他应该是一个深潜于历史的小说家。然而，这个事实恰恰说明黄继树是有眼光的，他的眼光以敏锐深刻的思想为前提。如果说《女贞》作为黄继树的早期小说虽然表现了想法但在叙述上缺乏超越性，那么，《天地君亲师位》这样的小说就比较成熟了，小说不再是某种思想的故事载体，同时是人生状态的真实写照。确实，长于讲故事的黄继树并没有将目光仅仅盯着生活中的事，他更进一步地咀嚼由人与事构成的人生，像《苦海》的题记"举火进山门，点亮台上灯，早知灯是火，何必来叩门"，这里散发的人生况味已经是故事、思想、体验、感悟的综合结果。

　　黄继树写人物的才能众所周知，但黄继树写得最好的人物是那些真实的彪炳历史的大人物。这也是一个很奇怪的现象。因为，当黄继树在用纸和笔塑造孙中山、蒋介石、李宗仁、白崇禧这些历史中的大人物时，他不过是一个工人。如果以存在决定意识的规则，我们大概也可以想象一个工人在那个时代的处境与心境，池莉的《烦恼人生》已为我们作了很好的描绘。我们也读过不少小人物写大人物的作品，这些作品常常陷入两种窠臼，一种是画虎不成反类犬，另一种是贫血苍白无生气。然而，黄继树以小人物的现实处境写大人物的人生际遇，却写得栩栩如生，如见其人，显示了一种超越自身社会存在的心灵自由。的确，黄继树的兴奋点往往是那些决定历史的人与决定命运的事。似乎只有依托这样的人与事，他才能文思泉涌，不择地出；似乎只有这样的人与事，才能引爆他灵感的导火线。传记文学《陈宏谋》也旁证了这一点。

非有沉潜的心力不能博大地创作。《黄继树作品自选集》中的纪实文学主要围绕广西20世纪匪患题材。从这些作品，我们可以想象，黄继树为了获得这些素材，跋涉了多少山山水水，采访了多少当事人物，与此同时，他又读了多少卷宗档案、文史论文。正因为他既做了案头学术研究，又做了实地历史调查，他才能对广西20世纪的政治军事历史了如指掌，成竹在胸。在《文史言论卷》中有一篇文章《两次滇桂战争与南宁"黑豆节"》，他有理有据地论证了南宁"黑豆节"的真实来历。联想到如今泛滥的泡沫式学术、伪学术，我们不得不佩服黄继树的脚踏实地和真知灼见。的确，读黄继树与白先勇、粟明德关于白崇禧、黄旭初的谈话，我们可以从中获得很多珍贵的史料；读黄继树关于民国史、广西历史、历史小说的思考，我们不得不佩服他的独特创见。

贾平凹有一个说法，好的散文往往不来自专事散文创作的作者，而往往是学者、专家、小说家在专业之余的灵感偶得。此言甚得我心。多年前我就专门写过一篇《散文和散文家的反思》讨论这个问题，表达类似看法。读黄继树的《散文随笔卷》，又引发了我类似的联想。黄继树的散文既有思古之幽情，更无无病之呻吟。他的散文建筑在他读万卷书、行万里路的人生感悟基础之上。换言之，黄继树的散文绝无虚文虚情，他表达的多是结结实实的真情实理。像他写《北方佳景燕塞湖》，从燕塞湖被比喻成小桂林反而丢掉了其特色，得出为文应该葆有自己的个性风格，这个道理虽然不算新鲜但却表达得生动形象。《三亚的哲理》以三亚的三块石头"鹿回头""天涯海角""南山"阐释"绝处逢生""时来运转"和"苦尽甘来"三个成语，这样的散文不是做出来的，而是悟出来的。正因为是悟出来的，它才能写得全无矫饰、虚饰、华饰，一步到位，天衣无缝。

我很喜欢海英的那篇序言《在路上》。但我觉得最后一段的"也许"应该改成"并且"。我希望黄继树"在路上"。尽管如今不再有邢凤藻天天前来督战，也不再有陈肖人隔三岔五地前来督战，但我希望我这篇短短的文章能起到激励他的作用，能够唤起他沉潜的心力和自由的心灵。几年前我曾听他说过《动荡的黎明》的构想，那个构想是那么独特、深刻和开阔，以至于深深地打动了我。20世纪的中国险象环生、意外横生、谜团丛生，太需要一部大书来书写、来记录。黄继树写过《第一个总统》、写过《桂系演义》，他应该有写《动荡的黎明》的实力。黎明是这样一种时刻，它积聚了幽暗的过去，喷薄着奇观的现在，辐射着混沌的未来。这真是一个巨大的悬念，什么时候它才能尘埃落定？

《剑魂》

关于蒋育亮的小小说，我想讲三个问题。

第一，蒋育亮是个小小说作家。虽然小小说在文学界算是边缘文体，但在读者那里，小小说却并不边缘。20世纪80年代以来，中国文学的现代主义运动，导致了大量读者的流失，相比之下，小小说的主流始终不离文学的现实主义传统，坚持讲故事的小说叙事态度，所以，长期以来，它维持着一个相当可观的读者群。在许多专家那里，它可能相对边缘，但在许多读者那里，它却有某种为人们喜闻乐见的审美效果。

小小说的审美效果往往由精彩的故事和简洁的叙述所导致，它的一个重要特点就是必须有吸引读者的故事，这是来不得半点虚张声势的。蒋育亮就做到了这一点，他的每一个小小说，都会给我们讲述一个精彩实在的故事。像《剑魂》，讲述了一位乡村剑术传人抗击日军的故事，《酒王》讲述酒王因酒成名而后为镇政府挣得50万元款项的故事，《男孩女孩》讲述了一个男孩凭自己的诚实和智慧赢得女孩芳心的故事，这些故事本身就很有吸引力，具有能够转述、值得转述的品质，读起来有引人入胜的效果。与此同时，蒋育亮在讲故事的时候，确实做到了一波三折、张弛有度，他以相当节制的叙述姿态获得了既引人入胜又点到为止的叙事效果。比如《哑子婶》，讲的是一个因换亲嫁给哑巴的漂亮的乡村女性的故事，叙述人被设计为一个少年男孩，小说仅仅呈现这个男孩眼里的哑子婶形象，将叙述视角限制在叙述人的所见所闻，绝不向人物心理世界扩张，但却为小说获得了画面清晰生动、韵味悠远深长的艺术效果。《爱心测试》也有类似的艺术效果，作者将所有叙述控制在人物的行为和语言层面，绝不越雷池一步，但结尾父亲的感叹，造成了小说意义的突转，引起了我们对社会现实的深思。《人生路标》截取主人公人生历程中的三个路标，将母亲的行为和主人公的心理形成对比，不用任何的分析和说理，作者的立意已经浮出水面，小说显示了无须说理却至情至理的效果。

第二，蒋育亮是一个生活在基层的作家。作为一个文学专业读者，我有一个很深的感受，真正了解中国的可能是基层和高层两种人。中国的许多事情或者是从基层发生的，或者是由高层决策的。基层和高层分别把握了社会的根源，它们是中国的动力之源。我们大多数人生活在社会的中间地带，我们面对的生活是掐头去尾的，我们对社会的了解是不知其来龙去脉的。蒋育亮生活在基层，他经常接触着生活原生的内容。他所叙述的故事与其说是他的艺术想象，不如说是他的生活所得。可以看得出来，他写的每一个故事，都有生活的影子在其中，是从现实生活中诚心寻求、精心打磨得来的。像《金黄的桔子》中三个男人与女性窃贼发生的故事，《不想跟你玩》中皮小壮与同学的微妙关系，《轿车马车》城市人与乡村人面对突发伤情的不同表现，很难想象这是作者的面壁虚构，很大程度上它们是生活本身的赐予。有时候，我甚至觉得，我们许多高高在上的社会学者，应该读一下这些来自基层、生活在基层的作者们写的小说，这些小说中许多看起来离奇的故事，其实正是社会生活的写实。又比如《失窃的路灯》，表面上讲述的是一个公安局破案的故事，这当然是吸引读者最好的素材。但这个小说引发的思考却是非常具有现实意义而且很深刻的。从小说里，一方面我们可以看到中国的城市建设已经到了用上万元一盏的路灯来装饰城市的奢华程度，另一方面，在中国的乡村，却因为缺少照明工具而导致伤亡事件的经常发生。这是小说让我们看到的城市与乡村的巨大差距。但是，我以为，小说并没有仅仅停留在这个层面上，小说提供了一个对比的场面：公安局要抓捕的犯人恰恰是老百姓要保护的好人，双方形成了对峙的局面。这个对比是很耐人寻味的。如今，媒体经常出现群体事件的报道，政府处理群体事件的方式越来越多元化，小说中的公安局局长杨锐也提供了一种处理的方式，当然，这种方式可能是作者充满善意和理想化的想象，但我们不得不承认，作者早已感觉到了中国社会存在着的群体利益分化的矛盾。我这样说并不是没有根据的。蒋育亮的另一个小小说《那座消失的坟茔》，讲述了一个村庄为一个被枪毙的大毒枭修建墓地的故事，村民之所以这样做是因为这个毒枭曾经为这个村庄做了不少好事。这个故事隐藏的矛盾是非常尖锐的，它甚至触及正义、道德的底线。在某种意义上可以说，蒋育亮写的是小小说，但涉及的却是中国的大社会、中国的大时代、中国社会存在并正在改善过程中的大问题。

　　第三，蒋育亮是一个兴安的作家。在我眼里，兴安是广西接受中原文化的始发站，有着深厚的历史文化积淀；灵渠以小巧玲珑之躯连接了中国两大水系，所以兴安也是有灵气有灵性的。20年前，我读过兴安作家吴海峰的小说《我的上帝是毛虾》，很佩服作者故事叙述的生动曲折、出人意表，如今，读到蒋育亮这么多故事精警、叙述精到、立意精深的小小说，我深深感到兴安绵延着一道生生不息的文学薪火、人文薪火。在这里，我谨希望这股文学薪火发扬光大成燎原之势。

《南方的风》

　　长篇小说《南方的风》从题材上看可以视为官场小说。不过，与大多数官场小说暴露黑暗、现形官场的定向思维不同，《南方的风》写的是主人公朱若彤顺利的仕途经历，通俗地说，整个小说讲述的几乎是朱若彤官运亨通的故事。

　　小说从朱若彤由滨海市文化局办公室主任提拔为文化局副局长讲起，由滨海市文化局副局长到省文化厅对外文化交流处挂职，之后调到省文化厅任办公室主任，后再到陵水市担任副市长，然后回省城青阳市担任市委常委、副市长，在小说即将结束之际，朱若彤升任省文化厅厅长。

　　从正科到副处，从副处到正处，从正处到副厅，从副厅到正厅，朱若彤的仕途看似风平浪静，波澜不惊，然而其中多少涡旋起伏、惊涛骇浪，尽在不言中。

　　当朱若彤还在家乡安县政府办公室干些抄抄写写兼打杂的工作时，年轻有为、前程看好的安县旅游局副局长刘凯飞就在一场飞来横祸中被马蜂叮咬，英年早逝。刘凯飞离世之前，曾有同事好心撮合他俩。刘凯飞横遭不测，朱若彤痛下决心，潜心苦读，考上研究生，开始了人生新的旅程。

　　当朱若彤挂职省文化厅对外交流处时，"各方面都很优秀"的赵方俊副处长遭遇车祸，再次让朱若彤感到生命的无常和琢磨不定。

　　另一位省文化厅下属演艺集团董事长林娜则是因病去世，同是女性，朱若彤物伤其类，促使她产生善待自己的自我保健意识。

　　如果说刘凯飞、赵方俊和林娜之死只是生命无常的显示，那么，省文化厅辛东厅长、省文化厅办公室茹萍主任、滨海市文化局王天尹局长、省文化厅办公室副主任刘楚伶等因或轻或重的情节纷纷受到处理，充分显示了官场环境的危机四伏。

　　包括朱若彤前夫陆晓阳的表哥包德胜，官至县委书记，传闻查出他有十几套房产、一千多万受贿金额以及各种玉石、名人字画，还包养情妇，婚外生有两个儿子，终于被纪委带走。

朱若彤本人也曾在踌躇满志要大干一番事业的时候被人匿名举报收受演艺公司的贿赂，受到组织上的调查。虽然调查结果证明朱若彤廉洁清白，但举报事件足以表明官场内部斗争剧烈，荆棘载途，道路坎坷。

还有青阳市政府副秘书长韦正秋收受贿赂，涉嫌违纪违法，在众目睽睽之下被纪委工作人员带走，陵水市常务副市长刘建林收受香港中远集团黄仁科的贿赂，被开除党籍和公职。

甚至省委常委、青阳市委书记汪明也因严重违纪违法被中纪委的工作人员带走，其司机在其案发次日，深感难脱干系，跳河溺亡。

上述人物大都是朱若彤任职期间的上司或同僚，那么，朱若彤究竟凭什么在如此艰难的环境"一帆风顺""步步高升"？

官场晋升需有政绩。照此来看，朱若彤从政还是颇有业绩的。

还在滨海文化局副局长任上的时候，朱若彤负责的历史舞剧《丝路花雨》入选省文化精品项目，演出成功后入选文化部中外文化交流精品节目。

在陵水市副市长任上，朱若彤策划打造一台实景演出《瑶山情》，将陵水特有的过山瑶、红头瑶、蓝靛瑶等民族服饰和民族风情搬上舞台，让游客白天流连山水之间，晚上尽享文化盛宴，推动当地旅游业向更高更深层次发展。她还邀请音乐界人士创作歌曲《坐上高铁去陵水》，引进影视公司拍摄微电影《遥望陵水》。实景演出、流行歌曲和微电影"三个一工程"使陵水知名度飙升，城市发展提速。她还提出打造特色乡村旅游的理念，通过创建"一村一品""一户一特"的全新旅游模式，让农民不用外出务工，在家门口就找到致富的路子，陵水成为珠三角的后花园，成为粤港澳游客的首选旅游目的地。

如果说政绩是朱若彤晋升的"硬实力"，那么，作为读者，研读《南方的风》这部长篇，思索朱若彤何以能在官场立于不败之地并节节攀升，我觉得，除了硬实力之外，朱若彤还有一个潜在的"软实力"，那就是文化。

何谓文化，这里的文化不是指朱若彤上过大学、读过研究生，或者能写诗，会作文，或者博览群书、学富五车，口若悬河。这里的文化，指的不是这种知识性、技能型的文化。

那么，这里的文化指的是什么？

对此，小说有解答。

小说第七节，写到朱若彤在家读书，猛然读到台湾作家龙应台关于

"文化是什么"的一段话：

　　文化？它是随便一个人迎面走来，他的举手投足，他的一颦一笑，他的整体气质。他走过一棵树，树枝低垂，他是随手把枝折断丢弃，还是弯身而过？一只满身是癣的流浪狗走近他，他是怜悯地避开，还是一脚踢去？电梯打开，他是谦逊地让人，还是霸道地把人挤开？一个盲人和他并肩路口，绿灯亮了，他会搀扶那盲者一把吗？……

　　文化其实体现在一个人如何对待他人、对待自己，如何对待自己所处的自然环境。在一个文化厚实深沉的社会里，人懂得尊重自己——他不苟且，因为不苟且所以有品位；人懂得尊重别人——他不霸道所以有道德；人懂得尊重自然——他不掠夺，因为不掠夺所以有永续的智慧。

　　品位、道德、智慧，是文化积累的总和。

　　尊重自己、尊重别人、尊重自然，这就是文化。

　　如果说政绩是硬实力，是进取，是有所为；那么，文化就是软实力，是保守，是有所不为。

　　不妨看看小说中的两个情节。

　　一个是朱若彤任职滨海市文化局副局长期间，她组织作家创作了电视剧《滨海风云》，滨海市文化局王局长让她与天虹影业有限公司洽谈合作事宜，虽然朱若彤不太相信该公司的水平，但她终于既未提出质疑，也未深入涉足其间。该项目最终果然失败。对此，朱若彤心想："一千五百万就这样打了水漂，枉费自己一番苦心忙前忙后，还找高人来编剧。好在自己调离了，没蹚这趟浑水，否则也难逃干系。"这个事件，虽然朱若彤未能像人们想象中的好官员那样敢于质疑，但她终究守住了底线，没有让自己深层次地卷入涉嫌腐败的事件。

　　另一个是朱若彤任职青阳市副市长期间，恒久集团看上青阳职业技术学院六百多亩土地，欲拿下开发商品房。市委书记汪明与集团董事长姚明清有权钱情色交易，答应姚明清要求，同意以低廉的价格出让这块宝地。此事遭到青阳职业技术学院院长刘青林的抵制。林市长希望朱若彤去做通刘青林的工作，尽快与恒久集团签订协议。朱若彤了解刘青林的为人，对此事亦有自己的看法，但上级的指示又不能不执行。她一方面积极劝阻了刘青林的上访举动，另一方面，对说服刘青林签协议的领导任务，则采取了口头应付，消极拖拉的态度。幸运的是，很快，汪明东窗事发，朱若彤躲过一劫。

显然，与前述朱若彤种种政绩所体现的有所作为的进取精神相对比，在对待电视剧《滨海风云》的制作和青阳职业技术学院让地这两件事情上，朱若彤明显采取了保守姿态，有所不为，守住了底线，也因此避开了违纪违法的陷阱。

通读《南方的风》这部长篇小说，可以发现，该作品有一个比较明显的特点，就是朱若彤经常会因为某些事或某些人结合她读的书而获得某些心灵鸡汤式的人生感悟。

比如，朱若彤刚到文化厅挂职不久，遇到榕城市文化局李福林在大厅里焦急等人，很自然地，她会对李副局长之行有所猜测，但她很快意识到："天地之大，无所不包，无所不在，大象有大象的活法，蝼蚁有蝼蚁的路数。自己乃一介小吏，做好分内之事足矣，何必想太多？"

安于本分，不仅是要在行为上不逾越、不逾矩，而且在心理上亦不做非分之想，如此始能安心。

又比如，在党校同学陈大斌得到提拔的聚会上，朱若彤尽管喝了不少酒，但小说仍然写了她面对同学提拔获得的感悟："这个世界上，人与人之间，无非就是一份缘、一份心、一份真。人们常说，政治是暂时的，经济是长远的，文化才是永恒的。自己的初心，就是随遇而安，知足常乐。"

像这样的感悟，密集地点缀在整个小说的情节发展过程中，它们像一种缓冲的力量，帮助朱若彤在这个充斥着丛林原则的社会安身立命。

是的，如果说知识、才能有助于人的进取，那么，尊重自己、尊重别人、尊重自然的文化则有助于人的安全与安心。

小说结尾朱若彤被任命为省文化厅厅长，与林默天对话，林默天说到西晋的张翰位至大司马，见秋风起，涌起莼鲈之思，遂辞官回乡，归隐田园。朱若彤欣然吟道："人生贵适志，何能羁官数千里，以邀名爵乎？"

虽然此刻的朱若彤在官场上仍然处于进取上升状态，但从她与丈夫的对话中，可以看到，她在现实利害丛生的社会处境中，仍然努力为自己葆有一个相对自由的精神世界。这个精神世界，就是文化，是中国人理想中达能兼济天下、穷能独善其身的安放其心灵的文化。

《百鸟衣》

值广西壮族自治区成立40周年大庆之际，漓江出版社精心推出当代广西文学经典《百鸟衣》。

百鸟衣是壮族神话中一件神奇的衣服，它由100张雄鸡皮缝制而成，"穿了百鸟衣，老头也变得后生俊俏，穿了百鸟衣，姑娘见了心欢就会笑"。英勇的壮族青年古卡就因为穿上了百鸟衣，才成功地把美丽的依娌救出魔窟，实现了他们幸福的爱情。

20岁的壮族诗人韦其麟用长篇叙事的形式天才地演绎了这个民间故事。叙事长诗《百鸟衣》一经问世，举世闻名。《人民文学》《新华月报》相继转载，中国青年出版社、人民文学出版社相继出版。苏联《文学报》发表专文介绍，认为韦其麟是中国境内的少数民族中天才的代表人物。

《百鸟衣》不仅在问世之际大获成功，而且在后来长达数十年的历史中，一直是广西诗人难以逾越的文学高峰，以致到了年代后期，在广西文坛著名的"88新反思"中，广西的作家、评论家呼吁，必须走出"百鸟衣圆圈"。

评论家杨长勋先生认为："这部以壮族传说故事为表现内容的长篇叙事诗，它的成功，首先不是以诗的形式原原本本地复述了这个传说故事，而是以思想家的敏锐和艺术家的精炼远远地越过了传说故事的艺术原型，以现代诗歌的艺术方式，再造了民族和艺术的神话。"

今天，当漓江出版社以异常精美的形式和极其华贵的品格出版《百鸟衣》的时候，其意义不仅在于向广西40周年庆典仪式献礼，而是以经典的名义呼唤优秀的文学作品。百鸟衣美丽神奇，充满了壮族人民的智慧和想象力，但愿这片神奇土地能披上更新更美更神奇的百鸟衣。

《桂海苍茫》

文学的运行有其内在的规律。以中国当代散文而论，我们可以发现，20世纪50年代末60年代初抒情散文成为主流，杨朔、秦牧、刘白羽成为影响一代的散文三大家。之所以会造成这种局面，李杨在其《抗争宿命之路》一书中作了精辟的分析，他的结论是出现在那个年代的中国文学中的每个个人都已经获得了国家的共同本质，"对人的歌颂实际上是对这种共同国家本质的歌颂"[①]，20世纪70年代末80年代初报告文学成为主流，徐迟、刘宾雁成为最有影响的报告文学家。这仍用得上李杨的分析，他认为20世纪50年代初中期是一个文学的叙事年代，叙事的意义在于找出国家的共同本质[②]。这个说法完全可以套用于70年代末80年代初，因为70年代末80年代初是所谓拨乱反正的年代，所谓"再叙事"，再次寻找中国的国家本质。不过这次寻找的结果与上次不一样，其目标是启蒙，所以，叙事的逻辑归宿就不再是李杨概括的那种60年代式的抒情，而有了新的变化，这种新变化就是90年代随笔散文成为主流。因为启蒙往往表现为说理，随笔散文往往是说理的载体。巴金和余秋雨成为随笔散文最有影响的代表作家。

无论是散文三大家代表的抒情散文，还是徐迟、刘宾雁代表的报告文学甚至巴金、余秋雨代表的随笔散文，尽管文体形式不一样，但无不贯穿一个共同点，那就是对国家本质的关注，叙事是为了找到国家本质，抒情是对找到了的国家本质进行歌颂，说理是对国家本质进行思辨。三种语言表达方式均指向国家本质，体现的是中国20世纪的中心崇拜，作家们的知识都是以共同性知识为主导的。它表明，20世纪的中国是一个普遍大于特殊、国家大于个人、中心大于边缘的中国。

---

① 李杨：《抗争宿命之路》，时代文艺出版社，1993，第160页。
② 同上书，第29页。

但我们注意到自20世纪80年代中期开始，以贾平凹、汪曾祺、孙犁为代表的散文开始有个人化、地域性特点，这种性质在余秋雨随笔散文中也有显示。本质上，余秋雨的散文是一种"宏大说理"，表达中心话语。但余秋雨的散文因为是"文化之旅"，所谓"旅"必然要走向万水千山，所谓"文化"又必然涉及历史文化，尽管余秋雨涉及的历史文化以正史为主体，但这种历史地理的知识构成不可避免地会引起人们对地方性知识的关注。

　　地方性知识是人类学家吉尔兹提出的一个概念，他认为"知识形态的建构必然总是地方性的"，而"对地方性知识的广泛关注看成是文化多元时代所唤醒的认识论上的一种民主化倾向，因为它主要针对的就是权力借助意识形态而塑成的独断性知识和文化霸权主义。人类学家通过展示文化的多样性存在之事实就已在客观上构成了对独断与霸权的潜在挑战"[①]。

　　以地方性知识比照共同性知识，并没有贬低共同性知识的意思。在我看来，共同性知识相对而言属于精英知识，目标在普遍真理，方向是尖端、纵深；地方性知识属于民间知识，目标在特殊经验，方向在平面、延伸。根本上说，共同性知识与地方性知识是一个互补的整体，以辩证法的原理，两者不宜偏废。只是20世纪的中国过于重视共同性知识，从而使地方性知识处于普遍压抑的状态，普遍真理构成了对丰富经验的遮蔽。所以，20世纪的中国不乏有一定思想的作家，却没有大百科全书式的作家。根本原因在于20世纪中国人没有从百科全书的角度进行自身的知识建构，地方性知识的稀薄反过来制约了共同性知识的纵深与尖端。

　　新世纪以来，对地方性的关注渐成气候，贾平凹笔下的西安，于坚笔下的昆明，董立勃、刘亮程笔下的新疆，王安忆笔下的上海，都引起了读者广泛的关注。在这里，我想说的是冯艺笔下的广西。

　　相当长的时间里，广西在国人心目中的印象就是穷山恶水，这种感觉甚至导致了广西人的自卑心理。大概还在20世纪80年代中期，胡耀邦考察广西曾有一个说法，意思是广西山不穷水不恶，不应该如此贫困。这个说法不知是否给广西人信心，但我确实对这个说法印象深刻。其实广西给人穷山恶水的感觉并非空穴来风，广西历史上和现实中的贫困确实触目惊心，近年来中国文坛崛起了"广西三剑客"，许多人都喜欢将"广西三剑

───────────
　① 叶舒宪：《原型与跨文化阐释》，暨南大学出版社，2002，第325页。

客"的小说与广西贫穷的现实联系在一起，这种社会学的眼光也并非完全没有道理。仅仅看广西知名小说家们的小说标题，比如，鬼子的《农村弟弟》、东西的《没有语言的生活》、常弼宇的《搬家》，就可以感觉到广西的贫困，不贫困怎么会想到"搬家"呢？正因为生存环境是极端的穷山恶水，哪怕以愚公移山的毅力也不要想从石头缝里要到粮食，那还待在这里干什么？三十六计，走为上计，还是搬家为妙。所以，穷山恶水的广西实际上说的是经济的广西，经济的广西确实不容易让人产生自豪的心理。

不过，广西在国人心目中还有另外一个印象，那就是桂林山水甲天下。因为有了桂林山水的品牌，广西理直气壮地做起了旅游大省梦。桂林山水、北海银滩、乐业天坑、德天瀑布，广西的旅游资源确实丰富。这些年，我从事旅游研究，也有意识地参加了一些团队旅游，去过四川、重庆、海南、山东、湖北、江苏、浙江、河北、黑龙江等地，我不得不承认广西的旅游资源、生态环境确实屈指可数。如果说广西经济乏善可陈，那么，广西的自然山川虽然远不肥沃，但却足够优美；经济价值不高，审美价值不小。在人类尚未实现温饱的时代，经济价值无疑是第一位的，所以广西给人穷山恶水的印象无可厚非。当人类进入经济过剩的时代，审美价值地位上升，广西以青山绿水形成感召，这也符合事物发展的规律。

然而，无论是穷山恶水还是青山绿水，都仅仅注意到广西山川的自然形态，而忽略了广西山川的文化形态。人们很注意开发广西的自然资源，却忽略了广西的文化资源。在这个意义上，冯艺的新著《桂海苍茫——广西人文地理笔记》（广西人民出版社2004年5月第一版）就显示了其独辟蹊径的自觉，诚如他在该书《引子》中所说"仅仅青山绿水是不够的"，而冯艺所致力的，正是"循着广西的人文，挖掘着广西地理深处的历史"，他力图让更多的人看到"一个人文的广西"，推出一个"文化广西的品牌"。

作为一部人文地理笔记，冯艺展开的是从古至今、从北至南的历史地理背景下的广西的人文关怀。这个构思既体现了《桂海苍茫——广西人文地理笔记》形式上有序的整体性，同时暗藏了作者对广西人文地理的基本认识。与大多数地域文化研究著作不同，冯艺倾向于将广西人文放在一个开放的变动的格局中去把握。这其实正符合广西人文历史演进的事实。因为广西尽管在地理上处于边陲，但历史上很早就形成了开放。这实际上造成了广西文化的多元性质，它往往不是某种单一文化的自我发展，而是多元文化的融会贯通，也许有人会认为广西文化的独立性不强，但人们或许没有注意，这种始终处于交流的状态的多元文化恰恰具有某种现代性。在今天这样一个多元文化复杂共存、不同文明剧烈冲突的年代，广西这种多元文化和平共处的状态未尝不具有启示的意义。

冯艺的这一"人文之旅"是从广西北部名城桂林开始的，首篇《湘桂走廊，风吹古道只见依稀的脚印》就显示了作者把握广西全局的大视野。这篇雄劲的散文有三个关键词：湘桂走廊、灵渠、风。这三个关键词都具有复合含义，既是地理概念，也是文化概念。冯艺从寻找湖南通往广西的湘桂古道写起，这个道既是他地理旅行之道，也是他人文关怀之道。显而易见，冯艺为他的"在路上"的精神状态找到了一个最佳的起点，他将顺着这人文地理之道，长驱直入，深入广西文化的腹地。第二个关键词灵渠不仅是一个著名的古代水利工程，一个出湘入桂的交通枢纽，一个沟通长江水系和珠江水系的平台，更是长江文化与珠江文化交流的关键。第三个词风，当然也不仅是自然之风，更是风俗之风、风情之风、风气之风，我们可以想象，正是因为有了灵渠，正是因为湘桂走廊的疏通，先秦的十五国"风"也就是中原文明才有了刮向岭南、吹拂八桂的通道。《毛诗序》云："风，风也，教也，风以动之，教以化之。"正是因为"渠"与"道"的通，才有了风气的交流、风情的酝酿和风俗的积淀，风这一"天之使者"才能在八桂"大地飞歌"。

桂北之后是桂东。长期以来，人们忽略了桂东。可是，一旦深深潜入历史，桂东就必然浮出地表。正如人们在贺州市发现修于秦汉的潇贺古道，在贺街镇发现修于东汉时期的汉代夯土城墙，在莲塘镇发现目前中国保存最完整、规模最大、历史最悠久的客家围屋。没有这些发现，我们将无法理解贺州。凭着这些发现，冯艺为我们描绘了一个移民的贺州、客家的贺州，使我们依稀看见了中原文明对这片土地的渗透，感受到千百年前的"风"在这片土地上的流淌。

然后是桂中柳州。桂北的漓江、桂东的贺江必然要与桂中的柳江有一个汇合，这三条自北向南的江流动着中原的气息。既然是人文地理，人始终是土地的主角，柳宗元正是这个部分的主角。写柳宗元，不仅仅缅怀一个历史名人，更重要的是传递一种文化信息。当柳宗元成为柳州的主角，它意味着中原文明至唐代已经在八桂腹地根深蒂固。紧接着，一条与中原文明反差明显、气质相异的河就要出现了。

这就是流动着南方的神秘的红水河。这条八桂大地的核心动脉，从西向东横穿整个广西。顺着这条河流的脉络，冯艺为我们指点河池、来宾、梧州等八桂江山。继续向南，玉林、南宁、崇左横空出世，百年前有名震中外的太平天国，今天有引领风骚的东盟博览会。这时候，号称山水之国的广西又有两条江横亘在我们面前，那就是左江和右江。当然，所有的江都有一个必然的归宿，那就是归于海洋，冯艺这一"人文之旅"正是以中国古代海上丝绸之路始发港合浦以及北海为终点的。

风不仅是《桂海苍茫——广西人文地理笔记》首篇文章的关键词，也可以看成是全书的魂魄。通读全书，我们能清晰地感受到，冯艺的目光主要聚焦于多元文化的交流与碰撞。中原文化与广西本土少数民族文化的融合，中国文化与东南亚文化、印度佛教文化、西方基督教文化的相互影响。尤其是在冯艺笔下，这些文化交流与相互影响不是抽象的，而充满了具体的人的气息、散发着具体的人的魅力、洋溢着具体的人的个性。像柳宗元之于柳州文化建设，黄庭坚对于宜州文化的感召，苏东坡在合浦的感悟，王守仁对南宁文教的影响，马援在中国南方的业绩，莫氏土司家族的薪火承传，瓦氏夫人的抗倭丰功，葛洪与北流道教文化的关系，洪秀全与金田村的意义，西林岑氏三总督的历史功过，冯子材、苏元春、刘永福的抗法故事，马赖神父与西林教案的国际影响，来自四面八方的风在八桂大地飞扬、劲吹、此起彼伏、此消彼长，多元文化的交流与碰撞正是通过这样一个个具体、真实的历史人物得以生动、形象地表现。

我们对广西知之不少，我们对青山绿水的广西知之甚多，甚至，我们对少数民族文化丰富多彩的广西也有相当程度的了解，但是，冯艺以其史家的深邃、诗人的敏锐和旅行家的开放胸襟，以复合了自然地理、经济人文的眼光，为我们描述了另一个广西：一个处于中原文化与南方少数民族文化融合状态的广西，一个以中国文化与世界文化交流碰撞、相互影响的广西。冯艺使我们意识到，广西从来就不是自我封闭的区域，广西的文化从来就不是单一的内涵、单调的外延，广西文化的多元性、异质性、兼容性无疑可以成为我们这个全球化时代的文化标本。不，标本已经褪尽动感生命，广西文化的多元性、异质性、兼容性更像是冯艺开篇所描写的风，是那种为保守封闭解冻的风，是那种将腐朽、枯败一扫而空的风，是那种催万物花开、促日新月异、呈朝气蓬勃的风。

《听狐》

　　尽管我与凌渡先生并无交往，但我对凌渡先生的散文并不陌生。十年前和一年前，我曾两次应《广西文学》的约稿写过两篇散文评论，两篇文章都论及凌渡先生的散文作品。头一次论的是《故乡的坡歌》，后一次论的是《风雨桥》。我之所以屡屡论及凌渡先生的散文，原因之一是凌渡先生的散文题材有特色，即少数民族风情题材；原因之二是凌渡先生的散文写得较为厚实圆熟，是一个风格较为稳定的散文家。

　　不过，坦率地说，我对凌渡先生的散文也有遗憾。这主要是因为他的散文过于规范，虽然可以看出他尽量摆脱他求学时代所接受的文学观念的影响，努力淡化那个时代文学观念的痕迹，但认真地说，凌渡先生扬弃的多，建设的少，在他的散文中，我很难看出具有突围意义的思想和感觉，拥有四平八稳的形式框架，缺乏震撼人心的灵魂冲突。

　　也许正是因为有如此印象，所以，尽管我早已有一部凌渡先生新出的散文集《听狐》，却一直没有认真阅读，一直到不久前，韦永麟先生让我写一篇《听狐》的评论。韦永麟先生是我高中时代的语文老师，师命难违，我才从书架上取出《听狐》，认真读了起来。

　　在阅读的过程中，我逐渐发现，凌渡散文留在我脑海里的印象，多少有些误差。一方面，凌渡先生确实长于写少数民族风情题材的散文，在《听狐》这部集子中，《里湖，不是湖》《山里的黄昏》《巴地寨》《龙脊世界》和《蛙葬》等篇章就是如此。作者有意识地把这些写壮族、瑶族风情的散文合在一起，组成一辑，从作者娴熟的文笔中，我们可以读到许多奇风异俗，感受到这些山里人独特的生存状态，体验到这种生存状态所散发的别具一格的人生况味。另一方面，我意识到，作者娴熟的文笔并不是只到奇风异俗为止，他还努力深入到山里人的心灵层面，不止于描绘生存状态，也尽可能展现心灵状态。

　　在凌渡所有涉及心灵体验的描写中，给我印象最深的是他对那种苦涩而又无奈的人生况味的描写。这种描写在那些少数民族风情题材的散文中常常是点到为止，在那些写亲人、写朋友、写自我的篇章中，则有所深入。像《春雨又潇潇》《长明灯在秋日点燃》《关于父亲》《闲楼说梦》《矿井流出的思绪》《一树梨花》《方哥不再来》等散文就体现了心灵的穿透力。这些散文或感念朋友故交，或缅怀父母亲人，或回忆自身经历，在叙事的时候，无不渗透了深深的情感，或者说，把情感的抒写放到了写作的首要位置。在我看来，散文描写奇风异俗固然能开拓人的眼界，散文抒写真情实感更能打动人的心灵。正因为读了上述这些散文，一个新的、似曾相识却更为陌生的凌渡的形象出现在我的脑海里，我想，读这些散文，我了解的恐怕远不止是作者的身世，我感受到的更多的是作者那因为贫困而压抑扭曲的灵魂。这是一个真实动人又极富典型性的形象，他既代表作者自人，也代表了与作者同时代的一代中国底层知识分子。我读散文不算少，对那一代中国底层知识分子的生活不算陌生，但似乎是第一次读到这类生活如此真切的写照。过去我们读巴金、读杨绛，他们所传达的苦难是高层知识分子的苦难。并且，无论如何苦难，我们还能感受到他们自我主体的存在。凌渡先生的散文则使我意识到，很长时间以来，我们实在是忽略了那不知名的、那卑微甚至猥琐的更在多数的知识分子群体，贫困的生活不仅使他们的身体孱弱，而且使他们的思想孱弱，与巴金、杨绛们相比，他们显然更加软弱无力，更是默默无闻，他们一度曾完全丧失了自我，生活的重负使他们无论身心都失去了余裕。能否这样说，当凌渡先生的散文开始触及这一巨大命题时，凌渡先生那长期失落的自我终于开始复活。我想，这是一个很好的文本，它有助于我们深刻地领悟一代中国底层知识分子精神状态的形成根源。

《一座山，两个人》

在经历了长期的社会批判和文化批判之后，中国文学面临一个重要的问题，就是精神资源的匮乏。一些作家试图从宗教获得精神支持，一些作家则倾向回归土地，从自然那里寻求精神的力量，为心灵寻找栖居之所。在我看来，刘亮程、韩少功、严风华都属于后者。

刘亮程的长篇散文《一个人的村庄》开辟了中国新时期散文一个新的写作范式，韩少功的长篇散文《山南水北》在这个基础上又开辟出新的境界。严风华的长篇散文《一座山，两个人》也属于这个散文谱系，他以回归土地的姿态，展开了一个现代人的心灵诉求。

也许严风华没有韩少功那种宏大的担当，但他的回归土地同样反映了现代人面临的精神烦恼。2000年冬天，他在中国南疆边陲凭祥市一个叫上石的小镇附近的山林里，建造了一间简陋的瓦房，在长达十年的时间里，他每个月都会到这山野里居住几天，与一位孤寡老人为邻，与山林为伴，过一种渔樵耕读的生活。2009年春天，他忽然产生了创作冲动，用一个多月的时间，创作了七万多字的长篇散文《一座山，两个人》。

捧读这部散文的时候，我首先关注的是，为什么在一个人们对城市趋之若鹜的时代，会有那么一些人对乡村甚至对山野怀抱那么大的热情？就像严风华所写的："人们之所以为生计奔波劳碌，就是为了涌向城市，拥有一份难得的舒适和热闹，谁愿意返回山中，点孤灯，听山风，熬长夜？"对此，《一座山，两个人》给了我很诚实的回答。归纳原因，大约有两点：一是城市社会充满了人与人之间的伤害，作者如此写道："我已渐渐明了，我为何到山里偶作闲居的原因，我是在尽可能地远离生活中常常发生的那种无端的令人烦恼的伤害和干扰。"（51页）① "乡野坦荡荡……

---

① 这里标注的是《一座山，两个人》的页码，下同。本书由广西民族出版社2009年9月出版。

不像城市，有太多的管束，有太多的诱惑，也有太多的争斗，有太多的陷阱。城市其实就是一方看不见的沼泽地，时时让你陷入其中，时时让你挣扎，不得安生。"（8—9页）二是山野社会为个人提供了不须伪装自我的自由，"城市里每一天都少不了要上演着一些缺乏真诚的戏剧，乡野孤寂，人烟罕至，没有这样的戏剧。"（117页）可以"剥去伪装，废除级别"，"将往日上班、开会、应酬时的那种正襟危坐，一扫而光。"（60页）简言之，山野给了个人心灵的自由，如作者所说："为自己开辟一片属于自己的心灵世界来，避开烦劳，避开嘈杂，让心清一清，静一静。"（98页）

的确，人类因为建构了社会、营造了城市、创新了科学，从而获得了极大的身体舒适，自然对人类身体的伤害被降低到了最低的限度。但是，由社会、城市和科学带来的问题也层出不穷，其中，最大的问题就是人的心灵失去了健康，心灵的伤害无孔不入，人之回归土地、回归自然，很大程度上，正是为了维护自己心灵的健康，为自己营建一个心灵的安妥之地。所以，当严风华找到这样一个地方时，他是欣喜若狂的，从以下的抒情文字，我们可以感受到他由衷的快乐："这个地方，无意中说来就来了，无意中就属于我了。整个山林是我的，整个黑夜是我的。萤火虫的光亮，夜鸟的啼鸣，草虫的吟唱，树叶的摩挲，山风的吹拂，都是我的。我从来没有如此富有，富有得如此舒坦，舒坦得如此轻盈。"（26页）

乡野能给予现代人如此的心灵自由，从古至今，许多诗人、哲学家都表达了对乡土的向往，甚至身体力行，他们笔下的乡土确也令人神往。但是，为什么并不是所有的现代人都趋之若鹜？这个问题，在严风华这部长篇散文中也能找到答案：那就是乡野自然虽然能为人类提供逃避社会伤害的心灵栖居，但也会给人类带来身体的伤害和物质的匮缺。在这个问题上，严风华是诚实的。他不是一味地宣扬乡野的诗意，而是客观地陈述自然的优劣。在物质生活这一方面，他坦率地承认："乡下的生活无疑是简陋而艰苦的。"他告诉我们："山多草木，亦多草虫。看得见的和看不见的，备受困扰。"他真切而细致地写到了诸如飞蛾、老鼠、癞蛤蟆、蝎子、蜈蚣、毒蛇对人的困扰，这种困扰有时是令人不适，有时却可能伤人性命。哪怕是城市人喜欢的草木和春天，到了山里，除了给人带来诗意之外，同时也给人带来烦恼和伤害。"对于住在山里的人来说，春夏两季是最难过的。因为这两季，雨水多，潮湿；草丛和树木过于茂密，便显得阴湿，而且招惹虫子。"（91页）而草木阴森、雨水频繁、人烟罕至的山野，又容易生出致人发病的瘴气（143页）。不妨看看这段有关乡野夜晚睡觉被潮湿侵袭的描写：

> 雾水漫起，从瓦缝里透进来，打湿了被面，一摸，潮潮的，凉凉的，要命的是，刚躺下，刚盖上被子，就感觉手脚、身上痒痒的。先是觉得有一两个小虫不知哪儿偷袭上来，轻手轻脚的，然后就是闲庭信步，悠然自得，实在大胆妄为。我轻轻伸出手去往痒痒的地方捏，想把那虫子捏住，却总也捏不到。不一会，这儿也痒了，那儿也痒了。一抓，便起了疙瘩。一折腾，睡意全消。（48—49页）

除了物质的匮缺和对人类身体的伤害之外，自然乡野有时还会令人感到害怕和恐惧（42页）。害怕和恐惧并不是毫无理由的，山林是野兽和盗贼出没的地方，虽然时至现代，野兽和盗贼都大为减少，但也不能完全掉以轻心。作品专门有一节《为贼做梦》，虽然最后盗贼并没有真正出现，但山野中人的恐惧已经写得活灵活现，入木三分。

显然，自然乡野存在的这些问题大多数是现代城市人无法忍受的。如果只提供山林浪漫诗意的一面，而忽略山林艰辛孤苦的一面，那么，就可能误导读者。这样的浪漫就只能是伪浪漫，这样的诗意也只能是经不起推敲的诗意。

显而易见，自然乡野也会给人带来孤独。在这部长篇散文中，严风华多次写到了孤独。有一天与他为邻的老人外出，他独自在山野中过夜，"孤独感像小爬虫一样慢慢地爬满了全身"（42页）。"我总感到孤独。一座山里，老伯一个人独处了多年，我每次来，一眼便感到了他的孤独；他的孤独，又很快就感染了我。"（118页）

人类是一种群居动物，孤独是人类本能排斥的一种情感。离群索居的乡野生活，不可避免会遭遇孤独，严风华是如何面对孤独的呢？这个问题也可以表述为：在返朴归真的行为选择中，个人如何面对孤独？

值得注意的是，在严风华的山野体验中，孤独并不完全是一种负面情感。虽然他会由于孤独而产生恐惧，但是，他也能感受到孤独的美妙、得到孤独的享受，他如此描写："此时的孤独，是一种无与伦比的滋味，像药酒一样，散漫全身，最终悄悄地潜入了我的心灵，一点一点地为我筑起了一座简朴而又清静的营垒，让我曲卷在那儿，静静地歇息。"（43页）正是因为体验了孤独，他才感悟到："孤独是一种孕育智慧和滋养心灵的行为和过程。"（43页）"孤独是一段心路历程，慢慢走过去，能感受出很多东西来。"（99—100页）

其实，大多数人只能以旅游者的姿态感受乡野，而不能以定居者的方式深入乡野，不仅因为乡野不能满足人的物质需要，很大程度上，是因为乡野不能提供现代城市的热闹，容易使深入者感到孤独。

那么，为什么严风华却能享受孤独？

那是因为严风华在深入乡野的时候，建构了两种能力。

一种是心理的能力。这种心理的能力很大程度上来自他与古今中外哲人的对话。仔细阅读《一座山，两个人》，可以发现，在远离众人的上石的山林里，表面上严风华只有老伯一个邻人，但实际上，离群索居的他却通过书籍时刻与先哲智者在一起。这些哲人主要有老子、庄子、阮籍、嵇康、王羲之、陶渊明、周去非、陈继儒、袁宏道、徐霞客、张岱、张潮、李叔同、法布尔、梭罗。研究这些哲人，可以发现，他们往往有这样几个特点：思想独辟蹊径、生活特立独行、格调卓越高尚、趣味超脱纯正、知识博大精深。简单地说，他们是不同流俗而精神自足之人。由于精神自足，因此，虽然不同流俗，但却不会孤独，在心理上有一种强大的自我支持的力量。值得指出的是，严风华所阅读的书籍中，也有的出自当代中国作者的手笔，如贾平凹、何新、刘力红等，这三人分别是当代文学、当代政治学、当代医学写作中有过重要影响的人物。古代的先哲、当代的智者，成为严风华的精神同道。因为有这样一个源远流长的精神谱系，因为有这样一个庞大的思想同道，隐居山林的严风华始能超越庸常的孤独。

第二种是知识的能力。分析严风华阅读的书单，可以发现，其中不少属于有关自然的知识类读物，如《岭外代答》《徐霞客游记》《昆虫记》等，而《黄帝内经》和《思考中医》则属于对人本身这一自然存在的科学探究。的确，深入自然山野不能逞匹夫之勇，或者一时意气，除了心理的强力支持之外，对自然、对人本身的知识应该成为深入山林者的知识装备。如果没有建构起自然的知识，就不可能与自然真正融为一体，只能成为自然的旁观者，而无法形成与自然交流、对话的知识体系，永远外在于自然，陷入茫然的孤独。

显然，严风华在努力建构能够深入自然，能够与自然亲近、亲和的知识能力。《满地香溢》一节，写了指天椒、假蒌、野淮山、雷公根、鱼腥草等各种植物的习性、功用和吃法。《邻居》一节，写了蜈蚣、蛤蚧、蜜蜂、山鸡、松鼠、蛇、竹鼠等各种动物的习性和功用。《山林的影子》一节，让我们理解了山里不建厕所的原因。还有天气的知识、土地的知识。当人对自然有了深入的了解，人与自然情感交流的渠道一旦建立，孤独也就自然消解。因为，"土地就是家园"，对此，作者有一段很生动的描写：

> 在老伯的经营下，果园里什么树种都有。而各自为政，安然相处，互不干扰。老伯平时极少施肥，但得益于土地的滋养，树们一棵棵枝繁叶茂，生机勃勃。我常常穿插其中，开始觉得它们是树，但后来就渐渐感到它们简直就是朋友，沉默的朋友；我仿佛是在与一个个老友碰面，与它们擦肩而过。在山里，也许是过于孤单和清冷的缘故，看一棵树，一根草，都可以看成朋友。（61页）

当大自然的一草一木都成为可以进行情感交流的对象，返璞归真者何来孤独？

本文开头谈到中国作家对精神资源的寻找，其中一个途径就是从土地那里寻找精神支持。显而易见，严风华选择的正是这样一种路径。出于最质朴的对于土地的情感，他选择了对自然乡野的回归。在长达十年的山野生活体验中，他"用一座山来构造我的心灵之窗"（118页），力求悟道，力求提升个人的精神境界，漫长而庞大的精神传统和天人合一的知识体系成为其强有力的精神资源，同时也成为其强有力的精神支援。正是在这样的精神资源的营养下，他实现了心灵的安居。

《绚丽之下　沉静之上》

　　锦璐的散文集《绚丽之下　沉静之上》打动我的地方，是她对树的描写。该散文集那篇一万多字的压卷之作《重返故乡：一个旁观者的自白》里写到她2015年夏天重返故乡乌鲁木齐，回到她曾经住过的家属院逗留，她发现："楼多了，树也多了，却独独少了我窗前的那棵树。那棵树陪着我读完高中，读完大学。在我前两次回来的时候，它还在，超过了我家二楼的高度，枝叶婆娑摇曳在三楼那户人家的窗外。"

　　锦璐在那个曾经有树的地方站了几分钟。她的记忆里，当年她的家搬到这个地方的时候，树就已经存在了，没有人知道树的来历。如今，树不在了，锦璐也无从了解树的去向。"在我的世界里消失了一棵树。它曾经与我朝夕相处，我却不知道它的来龙去脉。"这是锦璐的议论。

　　说实在的，阅读这篇长文时，我对这棵树并未留下太深的印象，因为该文的主体部分就不再提及这棵树了。虽然按常规的文章写法，这篇文章的最后，是应该照应前文，重新谈谈这棵树的。

　　然而，继续阅读散文集中其他的篇章，我忽然意识到树实在是锦璐文学世界抑或生命世界中一个极其重要的意象。

　　得出这个结论，是因为这本并不厚重的散文集中，竟然有两段完全相同的文字，都是关于树的。

　　一段文字来自《西北行色》，锦璐出生于西北，在西北生活到大学毕业，然后回到父亲的南方故乡工作与生活，自然对西北与华南的植物皆有感受。这篇文章比较了南方与西北的树：

　　南方的树太婀娜，太风骚，在烟水葱茏的环境中比赛着鲜艳，比赛着娇媚。比如榕树，亭亭华盖，枝桠旁逸斜出，像慵懒的贵妇，闲散地伸出四肢。而在西北，你绝对看不到这样的树。它们将自己的身子收拢得紧紧密密，呈现着一种生命紧张的姿态，一种抗争的姿态，一种积蓄力量随时随地迸发的姿态。

另一段文字来自《那棵树》，这篇散文写的是生长在中越边境广西凭祥的蚬木：

它的枝叶不像南方那些太过婀娜的树，在烟水葱茏的环境中比赛着闲适，枝桠旁逸斜出。它没有。它将自己的身子收拢得紧紧密密，呈现着一种生命紧张的姿态，一种抗争的姿态，一种积蓄力量随时随地迸发的姿态。

可以看出，这两段文字，对于西北的树和凭祥蚬木的描绘，完全相同。

值得注意的是，《重返故乡：一个旁观者的自白》那篇长文中，锦璐专门谈及自己写作的一个软肋，就是不会描写自然、描写景物，每当其小说不得不涉及景物描写时，她都得冥思苦想好半天，她坦率地承认她严重缺乏对于自然景物的想象力。

那么，我挑出她两篇文章中关于西北的树和凭祥蚬木的完全相同的描绘，是否就是为了证实锦璐缺乏自然景物描写的才能呢？

显然不是。

我想说的是，树，特别是这种姿态性状的树，在锦璐的人生世界和文学世界中实在太重要了。锦璐这里表面说的是树，其实说的是人，是锦璐本人。

它将自己的身子收拢得紧紧密密，呈现着一种生命紧张的姿态，一种抗争的姿态，一种积蓄力量随时随地迸发的姿态。

这段文字，很大程度上，是锦璐对自身性格、对自身命运的隐喻。

不是吗？

呈现这种姿态的树，既普遍生长于西北，又特别存在于广西南部，这不正好与锦璐本人的经历相同吗？

其实，相同不仅是外在的。

这部散文集里有一组文章，总题为《权力的启蒙》，由三个故事组成。

第一个故事讲述的是锦璐幼儿园时期家里买了一台电视机，最初，锦璐东倒西歪地躺在沙发上看电视，不妨将这看成是锦璐童年时期曾经有过的生命舒展的姿态，这种姿态她的母亲命名为"享受"，但不久以后，因为看电视的过度兴奋导致沙发遭到损坏，锦璐挨了母亲的巴掌，从此，锦璐只能与邻居小朋友一样平起平坐，混成一团，回到硬板小木椅上看电视了。

第二个故事讲述的是锦璐小学期间曾经有一次陷入了被同桌和一个班干部诬陷的情境，虽然她极力反驳，也有同学为她申辩，更多的同学只是处于围观状态，最后老师认可了锦璐同桌的说法，使锦璐受到了不白之冤。

第三个故事讲述的是锦璐中学阶段所在的班上同学们对班长不满意，七八个同学在一个女同学的带领下给学校写了一封信要求改选班长，由于母亲的干预，锦璐在这封信上涂改了自己的签名的位置，并因此成为同学们心目中的软骨头、小人和这次上书事件的主谋。

这样的复述显然是苍白无力的，完全无法重现幼年锦璐、童年锦璐以及少年锦璐内心受到的伤害，但是，哪怕是如此苍白无力的复述，也已经足以让我们感受到，锦璐确实与她所描绘的"那棵树"有某种同构关系：呈现着一种生命紧张的姿态……

在《那棵树》中，锦璐说："辨认不同地域人群的方式之一，是树在他们身上的投影不同。树的品格，烙印在他们各自生长的履历中。"

在《重返故乡：一个旁观者的自白》中，锦璐也因为那棵消失的树而发出追问："为什么我的来路会被人误判？我的来龙去脉是什么？问来问去，我觉得自己最想问的就是——是什么样的原因，让我成为一个跟文学有关的人？成为一个在小说中辨析人（人类）来龙去脉的人？"

锦璐在这里追问的似乎是她为什么会成为一个她那种风格的小说家，我读到的却是，她为什么会成为一个"将自己的身子收拢得紧紧密密，呈现着一种生命紧张的姿态，一种抗争的姿态，一种积蓄力量随时随地迸发的姿态"的人？

树的性状无疑与树的生长环境有关，人的性格当然与人的社会环境相连。锦璐的散文集《绚丽之下　沉静之上》有许多有关她的成长环境的书写，它或许道出了锦璐之所以成为锦璐的诸多奥妙，又或许隐藏了不少可以帮助我们理解锦璐小说及其小说中人物的密码。

《中华文明史上的广西人》

2006年3月16日，我在《广西日报》发表了《重拾广西的文化自信》一文，开宗明义，指出："广西人似乎有种自卑情结，无论谈经济还是谈文化都觉得自己很落后。然而，多年来我从事广西的文化研究，发现广西文化并非真的乏善可陈。"

两个月后，2006年5月，我很欣喜地看到，《广西日报》花山副刊隆重推出《重拾广西文化的自信》专栏，之后连续三年，我经常在这个专栏读到介绍历史上广西文化名人的文章。这个专栏刊发的数十篇文章，持续说明一个事实：广西文化并非真的乏善可陈。

我的《重拾广西的文化自信》一文发表后，的确产生了一定的影响。好几个媒体的编辑曾与我联系，希望我为他们的刊物撰写文章，介绍广西的历史文化名人。因为，重拾广西文化自信的一项基础工作，应该就是为广西文化名人列传。

然而，世界上有的事情是知难行易，有的事情却知易行难。我虽然认识到广西有许多值得我们研究、值得我们书写的文化名人，但真要我来研究和书写，却力不从心。这个不从心的力，既指的是由于时间和专业工作分解的精力，也指的是个人学问修养积累的功力。做学术研究，常常出现这样的情况，哪怕有了好的想法，有了"知"，但因为精力的不落实，功力的不到位，也无法"心想事成"，此即所谓"知易行难"。

确实如此，我曾经应某刊物之约提交了一个广西文化名人的名单，也推荐了一些作者，但我知道，能写这类文章的作者不多。果然，虽然某刊物颇为重视这个选题，也刊发了一些专题文章，但未能持续。根本原因，在于作者难找。

然而，《广西日报》副刊却持续地将这件事做下来了。三年，栏目开了100多期，文章发了200多篇（每期传记与议论各一篇）。而且，持续开设这个专栏的，只有两个人：潘茨宣和梁宇广。潘茨宣写的是人物传记，依据史实，陈述传主人生经历，展示传主文化功绩；梁宇广在人物传记的基础上借题发挥，将传记所展现的文化事实上升为某种具有普适意义的文化命题。

正是通过这个专栏，我知道了潘茨宣这个名字。恕我孤陋寡闻，在此之前，我对这个名字一无所知。但潘茨宣的文章引起了我的注意。客观地说，潘茨宣在《重拾广西的文化自信》的专栏文章写得越多，潘茨宣这个名字越引起我的注意。因为，第一，广西历史文化名人，分属许多不同的学科，有的是学者，有的是官员，有的是军人，有的是文学家，有的是艺术家，有的是教育家，有的是科学家，有的是革命家，职业、事业的多样化，专业、学问的百科化，使任何个人难以覆盖。一个人或许比较了解其专业领域的名人，但对其他专业的名人，可能就知之甚少。然而，潘茨宣以一人之力为广西文化名人"列传"，这些名人的专业覆盖面之博，确实令我感到潘茨宣的涉猎之广。第二，广西文化名人，虽然称之为名人，但由于长期以来广西对文化建设重视不够，导致"名人"不够"出名"，导致一些在中华文明史上有过贡献的广西人鲜为人知。虽然我算是"重拾广西的文化自信"的倡导者，虽然我在文章中也列举了许多广为人知或鲜为人知的"广西文化名人"，但不得不承认，还有许多在中华文明史上有过贡献的广西人，我也闻所未闻。像著名语言学家岑麒祥、著名造纸专家陈丕扬，于我而言，都是从潘茨宣的专栏文章中第一次得知。从这里，我们也可以感觉到，潘茨宣在广西文化知识体系中的积累之厚。第三，有些人虽然声名卓著，但由于各种原因，人们并不知道他是广西人。比如，我也是在读了潘茨宣的专栏文章之后，才知道宋明理学的创始人、《爱莲说》的作者、被联合国教科文组织列为第三十六位世界文化名人的周敦颐竟然出生于广西贺州桂岭镇。由此，我们也可以体会到潘茨宣对广西文化、对广西历史、对广西这片土地用情之深。

不久前，潘茨宣先生寄给我广西师范大学出版社出版的《中华文明史上的广西人》一书。此书仅选入了潘茨宣与梁宇广两位作者为《广西日报》副刊《重拾广西的文化自信》专栏的一半文章，就有65篇，洋洋36万字。其中部分文章我已经在报纸上读过，更多的文章则是第一次拜读。过去隔一段时间偶尔读到一篇，时间长了已经感到作者涉猎之广、积累之厚、用情之深，这回厚厚一册书在手，则在以上三点感受之外，又加上了一点感受，那就是作者的用力之巨。

为广西文化名人"列传"是有相当难度的。这种难度既表现在文献的匮乏，也表现在新材料的散漫。广西地处边陲，长期受文化主流意识的遮蔽，文化自卑情结较深，进而也导致了文化积累的疏忽。一旦想到要"重拾广西的文化自信"，直接面临的困难就是文化材料的匮乏。许多名人事迹往往表现为只言片语，真要写成文章，变成信史，取证查据的困难立刻让人望而却步。然而，认真阅读潘茨宣、梁宇广的"列传"与"漫笔"，可以发现，为了写出、写好这些文章，作者不仅查阅了大量文献，而且实地参观了许多传主生活的地方；不仅有许多来自传统文献的信息，而且有不少"与时俱进"的新材料的补充。总而言之，作者不仅具有坐冷板凳成为书蠹两耳不闻窗外事的文史学者的素质，而且也有新闻记者博采信息、眼见为实的新闻敏感。如写周敦颐的那篇文章，不仅写出了历史中国视界中周敦颐的文化业绩，而且写出了当代世界视界中周敦颐的文化评价；又如写岑麟祥的那篇文章，不仅陈述了岑麟祥在语言学研究的成就，而且还介绍了其后人追随父辈的文化承传。于是，"重拾广西的文化自信"的文章就不仅具有历史传记的底蕴，而且增加了新闻资讯的内涵。它是历史，也是新闻；有历史的厚重，也有现实的体温；它立足于讲述文化的历史，却着眼于当代的文化承传。

　　读《中华文明史上的广西人》，我还有一个感受，或者说是一个发现，就是这本书几乎没有写到广西历史上的商人。与此相关，这本书涉及的科学家、企业家也很少，广西历史上有影响的商人、科学家、企业家可能确实不多，但不会没有。我有一个想法，越是不多，越说明我们这块土地缺乏这种文化环境，我们就越是应该通过挖掘这种文化资源营造健康的商业文化、科技文化、企业文化环境。因此，在这篇文章里，我冒昧地建议《广西日报》副刊考虑组织这方面的文章，也希望作者潘茨宣写作这方面的文章。

《广西民族风俗艺术》

我至今还记得少年时代，每到夏天阳光灿烂的日子，母亲就会打开家里的樟木箱，将压在里面的物件拿到阳光下曝晒。这些物件也许是母亲青年时代的衣裙，也可能是母亲青年时代的影集。我至今还记得自己每到这种时候的欢欣，因为我的少年时代正值"文化大革命"时期，在那样一个只剩下白色、蓝色、灰色的时代，母亲打开的箱子给了我五彩斑斓的体验。虽然岁月在这些物件上留下了发黄的印痕，但我还是能感觉到它曾经有过的鲜艳。更何况，人的怀旧心理几乎是一种与生俱来的情结，即使那时的我还少不更事，但已经朦胧地感觉到岁月的价值，就好像发黄的小人书，往往比那些新鲜出炉的小人书更能吸引我们。

20世纪是人类生活形态变化最为剧烈的一个世纪，对于中国而言尤其如此。仅仅100年的时间里，中国社会就经历了从农业文明到工业文明的转变，而世纪之交，又露出了信息技术时代、生物技术时代的端倪。这个历程对于西方而言，至少花了300多年的时间。大变革不可避免地会带来大淘汰。人类数千年积累的文化很容易在这种大变革的状态中遭遇损害。今天我们不仅应该惋惜类似北京古城墙那样的大批古建筑的拆除，更应该惋惜的是与这些古建筑相关联的传统工艺的失传。这些年我从事旅游文化研究，走乡村、钻街巷作田野调查，一个最大的感触就是：凡是那些工艺质量令人眼睛一亮、精神一振的建筑，不用咨询，就可以判断它是半个世纪以前的作品。近十年，中国大地上出现了不少富人，同时也崛起了不少称得上豪华的建筑，但在工艺的细腻、精致、耐用、讲究程度上，根本无法与半个世纪以前的作品相提并论。这样的结果当然有许多原因，但其中一个重要的原因是我们已经很难找到具有这种能力的工匠。

然而，人类不仅是自然的动物、社会的动物，而且是文化的动物。他不仅有回归自然、谋生社会的欲求，也有寄托文化的愿望。当人类尚未满足基本的物质需要时，其最大的愿望当然是温饱的生活以满足自然本能的需要。这就是马斯洛的所谓生存需要。而温饱的目标实现之后，就会产生对于功名的欲望，也就是获得社会的尊重，获得通常所说的成就感，也就是马斯洛所谓的尊重需要。然而，人的生存需要和尊重需要的满足并不等于解决了所有问题。一个衣食无忧、地位尊贵的人并不等于是一个幸福完美彻底满足的人。这时候他更重要的需要也许是文化意义的。文化虽然有数百种定义，提到它人人都可以说上一大堆话，但若认真追究，人们可能又会产生"找不着北"的感觉。这里我并没有解说文化的野心，我只是想说明文化在很大程度上是人的一种心灵需要，是灵魂的归宿。一个丰衣足食地位尊崇的人有可能内心空虚惶惶不可终日，很大的原因是因为没有文化的寄托。西方当代文学中常见的"空心人"，海外华文文学中常见的"无根者"就是这种人物形象的典型。近几年席卷中国的旅游热，阳朔西街、云南丽江、江苏周庄、山西大院游人如织的盛况正是中国人对久违了的传统文化的内心需要的一个总爆发，是一批白领中国人在实现了温饱小康的物质目标和他人尊重的社会目标之后自然而然生发出来的文化需要。对这些传统文化的追逐实际上是对我们传统的根的追逐，是对我们曾经丧失的历史记忆的一种修复，是对我们久违了的民族情感的一种呵护。毕竟，这些保存在边地僻壤的传统文化，业已成为我们与历史、与土地、与祖先血肉相连的象征。

"礼失而求诸野"，只是这"野"的空间范围已经越来越小。传统的珍宝在箱底收藏，只是这样的箱子越来越少。正是在这样的情势下，文化抢救的工作就变得越来越重要、越来越急迫、越来越严峻了。我这里多次出现"箱底"这个词语，其实，这个词语并不是我的别出心裁，而是阅读吕胜中主编的《广西民族风俗艺术》后的直接搬用，我觉得作者这个箱底的比喻非常妙，它不仅形象地说明了当今中国传统文化的处境，而且表现了作者语言表达的匠心独运。是的，当我拿到吕胜中主编、广西美术出版社出版的《广西民族风俗艺术》四卷大书时，的确有一种出乎意料的感觉。这是一套十分别致的书，别致得几乎出离了我们习惯了的关于图书的想象。这种别致当然首先在于这套书装帧设计给我们的视觉冲击。我甚至不知道用什么词语来描述它。图文并茂的说法太平，仿古的说法太俗，创新的说法太泛，它显然容纳了多元的书籍装帧元素。我并不是一个鉴赏图书装帧艺术的行家，但我可以感觉到设计者在这套书的装帧上所用的心力。直排加点评的形式令我们有一种阅读线装书的感觉。古歌加"书中书"表现了独树一帜的创意。卷次序列、箱匣方式暗示它的收藏价值。而考究、耐心、繁复的编排则表明设计者不是在做一部普通的图书，而是在雕琢一个尽善尽美的艺术品。这样一种唯美的形式追求似乎在提醒我们，这套书一定装进了厚重的内容，承载着恒定的价值。

的确，各用上下两卷的篇幅来记述《娃崽背带》和《五彩衣裳》，这样的规模显示了编作者全力以赴的决心。或许人们在阅读之初会有担心：以如此不惜工本的方式阐释两个平常的题目，是否有点小题大做？然而，一旦进入阅读状态，这种担心就烟消云散了。在我们这样一个全球化的时代，五彩衣裳早已被西装革履逼到了文化中心的边缘，娃崽背带更是被机械的童车挤进了日常生活的箱底。然而，如果我们认识到五彩衣裳和娃崽背带不仅曾在过去千百年的日常生活中有过实际的功用，而且它们身上还保留着现代人已经遗忘的民族传统艺术，暗藏有我们的祖先生存与发展的奥秘，我们就不会对这样的题目、这样的物件有任何的轻视。记得数年前我在广西贺州博物馆参观民族服饰，面对那些斑斓的色彩与和谐的线条，同行的一位美学专家不禁感叹：如果能破译这些远古图案的秘密，将是何等的功德。为什么这样说呢？以我肤浅的学识，我想，要真正理解那些远古图案的秘密，需要研究者具备多学科的理论和知识、天赋的想象力和出色的艺术才华。比如考古学的知识、人类学的理论、民俗学的方法、艺术学的技巧、诗学的才情，等等，而这些素质是很难集于一人之身的。如今读到《广西民族风俗艺术》四卷大书，我觉得编作者意欲实现的就是这样的功德。也就是说，编作者正是以其深厚广博的学术积累和激情与才华兼容的艺术品格来从事这个工作的。

我想，倘若我们不被这套大书繁复铺张的版式设计看花了眼，我们仍然可以对这套书内容要素的多元构成有一个清晰的了解。

简单地说，构成这套书的两大要素是摄影图像与文字。就图像而言，它大概包括这样两种类型：一是娃崽背带和五彩衣裳的静物特写，这些静物特写既有整体物象的特写，又有局部图案的放大。这类图像提供的是工艺的价值，它不仅给读者赏心悦目的审美体验，而且将这些形式的工艺方法作了直观的呈现。这体现的是这套书的艺术学价值。二是与娃崽背带和五彩衣裳相关的原生态生活情景的照相，其功能在于提供产生这种艺术形式的文化背景，传达这种艺术形式与其文化生态环境水乳交融的和谐境界，使静态的形式获得生命内涵的动态充盈。这体现的是这套书的民俗学

有书作伴

价值。

就文字而言，它主要包括这样几种文体：一是论述性质的论文。像《广西民族服饰概述》就是一篇完整的论文，它从"着衣的样式和种类""民族传统服饰的演变发展""服装的民俗功能与象征""衣裳的制作"这些方面对广西民族服饰进行了整体的观照与论述。其余像《细看神秘的花纹——图腾遗风、宇宙景观、民族的历程、远古程式》以及《辈辈传代——关于广西的娃崽背带》等无不是学识精湛、文笔精美的论文。二是说明性质的评点。这里的评点往往是针对图像的，它可能是说明图像的内容，比如那龙飞凤舞的线条，外行人可能不解其意，但作者告诉你这是汉族八仙所持的宝物，你因此而豁然开朗。当然，这只是浅显层次的评点，只说明了"是什么"。关键在于书中有大量讲述"为什么"和"怎样"的评点，就比如"五彩衣裳"这个命名吧，人们大多会认为"五彩"不过是泛指，殊不知这里面仍然有图腾的原理。原来"传说中的瑶族始祖盘瓠是一只五彩斑斓的龙犬，所以瑶族男女总要在衣裳处挑绣五彩图纹，以示不忘祖"。又比如壮族娃崽背带上绣满了各种各样的花朵，这是因为传说"壮族女神米洛甲是从花朵中生出来的，一个个壮家的娃崽，原本也都是花婆山上的一朵朵花儿"，而绣满花朵的背带就"象征了花婆的怀抱——一个充满花香鸟语的温暖世界，花婆米洛甲是生育之神，她把花籽撒播人间，又以缀满百花的背带护着娇嫩的花儿少年"。还比如那个绣在瑶族男裤膝部被人们解释为"血手印"的图符，"其实正是创世神话中顶天立地的神竿，而竿顶部的十字符号是太阳的象征。神竿有箭头为顶部的造型，可释之为男性的符号。两边膝上的十支神竿——箭，射向十个太阳，正是重现创世史诗中的射日神话"。而除了说明"为什么"，作者还不忘说明"怎样"。比如专设一节"看山寨母亲怎样背娃崽"，以图文并茂的形式，将动作一个个地分解来说明。又比如广西有一个瑶族支系称为盘瑶，其特征是将头发盘在头顶上。这样的形象经常到瑶族居住区的人们或许司空见惯。然而，一旦问他这头发是如何盘的，可能就一问三不知了。于是，当我们读到书中这样的文字："金秀瑶族自治县部分盘瑶妇女盘发于头，在头顶上罩上圆锥形的竹笋壳，在脑后的部位留有可以通风的洞孔，再用边沿绣有花纹的黑布巾盖住竹笋壳，布外以瑶锦带层层缠紧，成为尖状帽，故又称'尖头瑶'。"我们就不得不佩服作者对其研究对象研究的透彻，不是单纯停留在"知"的层面，而且进入到"行"的境界，也就是可操作的境界。对此，我甚至这样认为：如果有企业家有兴趣，选择阳朔西街一个工艺店，根据这套书提供的图像和方法专门制作广西民族服饰，一定会得到旅游者尤其是海外旅游者的青睐。三是描写与抒情兼美的诗。这里所谓的诗包括几种类型。如流传在广西巴马的长达6000余行的布努瑶史诗《背带歌》，如穿插在文中画旁的山歌民谣，当然，还有一种是作者创作的充满诗意的文字，像这一段关于盘龙纹八卦盘型刺绣背带盖的解说文字："背带盖具有为孩子挡日晒风雨的实用功能，是母亲背上稚嫩生命的一片天空。为此，苗家的巧妇把它当作华盖，构造出一番浩荡的意境。中央是圆形的八卦花，龙盘四周的第一层瓣有飞凤卧兽和流动着的云气；第二层瓣是花果树，树干分两杈向两边弯垂，吊挂不同的花果，像是守着八卦花心的八个面孔上的眼睛。这便是天的象征。圆的天悬在黑色底布上，显出深远莫测的空间。方形的边框便是地了。边框上长着扶摇而上的花树，卧着滚动绣球的狮子，写有凡俗的渴望。天圆地方之间的衔接是四角的混沌花，孕育着即将顶天立地的生命。华盖的主题是天，地的表现在这里只是一种呼应。缀结在背带盖上有上百个嵌着镜片的铜纽，还有无以数计的小银片，镜片有反射光芒的作用，而鬼魅是怕光的，因而这是一只只能辨析善恶、逼退阴祟的雪亮眼睛。深远莫测的华盖闪烁起来，又如撒落在夜空的繁星。"这些文字既是写实又有写意，既是历史又是哲学，更是诗。

我在阅读《广西民族风俗艺术》这部大书的时候，不仅感觉到编作者学者的修养、艺术家的品位与诗人的激情，也深层地体会到编作者在潜心民间艺术研究所产生的困惑、犹豫乃至矛盾。这里我不妨提供一些想法以赞助编作者的自信心。小说家阿城有过一个说法，所谓文明有进步落后之分，文化无进步落后之别。我是很赞同他这个观点的。进一步，我想接着文章开头的话说下去：对文化的需要是人类心灵的需要。换言之，守护我们的文化，也就意味着守护我们的灵魂。这只是说明了问题的一方面，说明的是传统文化的"灵魂之用"。但是，我还想说，文化不仅有"灵魂之用"，而且同样有"经济之用"。这就牵涉到对当今时代经济形态的理解。目前，发达国家在"知识经济"之后已经出现了一种"文化经济"的理论，如果说知识经济主要依靠科技资源，那么，文化经济就需要文化资源的支撑。据说，"美国人不担心中国科技超过美国，而对中国急速发展的文化产业很不安。"甚至有人认为："在互联网时代，只要谁买下了文化，谁就可以控制世界。"（参见《中华读书报》2001年1月23日6版，朱光烈

有
书
作
伴

《文化经济时代的到来》）无独有偶，不久前，美国通用公司的前副总裁杨雪兰也说："我们曾经做过调查，发现美国人最尊重最看重的，是中国的文化。""他们想看中国真正的艺术。这分两种，一种是本真的，民间的，如纳西古乐；一种是在传统文化基础上生长出来的现代的。"（参见《光明日报》2002年5月15日B1版，单三娅《"西方人最看重的是中国的文化"》）这些信息都在告诉我们，在当今社会，文化并不像历史上那样只具有认识价值、审美价值，随着人类物质生活的日益改善，随着人类社会结构的日趋完善，也就是说，随着人类与社会需要的日益满足，那么，人类的文化需要就变得日益突出，日益普遍。有需要就有市场，于是，文化就会在认识价值、审美价值浮现出它的经济价值。这就是我所认为的文化的"经济之用"。事实上，今日社会，我们已经可以看到许多文化创造经济价值的实例。

这些年民间文化的书出了不少，以我所接触的范围，我觉得大都存在着诸多缺陷，比如图像与文字的分离、艺术与文化的分离、学术与诗意的分离。造成这种种分离的最重要的原因恐怕还是这类书所要求的作者的多学科素质与实际上作者单一学科素质的矛盾。相比之下，《广西民族风俗艺术》不仅在形式上显得卓然不群，而且在内涵上也实现了民间文化类图书的质的突破，它预示着我们对民间文化的收集、整理、研究工作有了全新的认识，更证明了我们从事民间文化研究的学者开始形成了蔚成大器的学术品格。

《广西世居民族文化丛书》

由《壮行天下·壮族卷》《岭外汉风·汉族卷》《瑶风鸣翠·瑶族卷》《风起苗舞·苗族卷》《侗情如歌·侗族卷》《南国回风·回族卷》《京色海岸·京族卷》《彝风异俗·彝族卷》《水秀南方·水族卷》《风兮仫佬·仫佬族卷》《本色毛南·毛南族卷》《仡佬风存·仡佬族卷》组成的《广西世居民族文化丛书》已经由广西民族出版社全套出版，这是首套以分册形式介绍广西12个世居民族文化的丛书，"属开创性、基础性的艰苦繁杂的文化工程"，它的出版，意味着广西的多民族文化形象首次完整地出现在读者眼前。

我第一次看到这套《广西世居民族文化丛书》是在广州的天河图书中心。当时是2011年4月。精妙的图书策划、典雅的装帧设计、优美抒情的叙述文字令我爱不释手。2006年，我在《广西日报》发表过一篇短文《重建广西的文化自信》，其中专门谈到广西文化图书的出版情况，当时是这样写的：

每次到外地出差，我都喜欢逛书店，我的一个强烈感觉，就是许多省份特别重视出版本省文化研究的著作。北京、上海自不待言。即便像四川、云南、陕西这样的西部地区，也非常重视地方文化的积累，出版大量地方文化、地方人物的研究著作。客观地说，这些图书是很能显示一个地区的文化传统和文化底蕴的。相比之下，我们在书店很难看到有关广西历史地理文化研究的著作。

这是五年前我的感受。因此，当我在天河图书中心看到这套丛书，我有一种意外的惊喜。我意识到，我们广西的出版人，不仅策划和创作了不少好书，而且，这些好书已经走出了重峦叠嶂的十万大山，进入了中国发达地区读者的视野。

有书作伴

5月，我将这12本图书，或者说，将广西12个世居民族做了一个初步的浏览。在阅读这套丛书的同时，我还阅读了2011年最新两期的《领导者》杂志，这两期杂志的核心内容正好是中国民族问题。另外，为参加《民族文学》举办的一个民族文学研讨会，我还阅读了一批民族文学研究的文章。在这样的背景下，我对这套《广西世居民族文化丛书》的感受已经远远超出了广西的地域范围，这里，我不妨谈谈我的阅读感受。

　　首先，我有一个强烈的意识，那就是广西世居民族对中国文化强烈的向心力。举例来说，明代以广西壮族为基本力量的广西俍兵，与浙江义乌兵、福建藤牌军、关东铁骑并称四大精锐地方武装，曾多次受中央政府调往长城沿线与蒙古骑兵作战，调往江浙沿海抵抗倭寇的侵扰。鸦片战争之后，帝国主义列强环伺中国，对瓜分中国跃跃欲试。然而，人们发现，广西的少数民族在维护国家领土完整、边疆安全方面绝不含糊。1841年，广西少数民族士兵参加了广东的抗英战争。1885年，壮、瑶、彝各族士兵参加了中法战争镇南关战役，并取得了近代史上中国抗击外来侵略的难得一见的胜利。抗日战争期间，回族人白崇禧参与指挥了震惊中外的台儿庄战役，亲自指挥了惨烈无比的昆仑关战役，成为世界闻名的中国名将。这些历史事实，无不证明广西世居民族强烈的中华民族意识和中华民族凝聚力。今天，人们大都喜欢谈论广西民族的和谐文化。在我看来，所谓和谐文化，对于广西这样的少数民族自治区和边疆省区，其最重要的元素就是根基深厚的中华民族意识和中华民族凝聚力，没有这种深厚的中华民族意识和中华民族凝聚力，遑论其他。

　　其次，广西世居民族对中国文化强烈的向心力及其根基深厚的中华意识，是与两千多年中原文化对广西世居民族的深刻影响分不开的。自秦始皇修通灵渠之后，中原文化就开始向岭南传播。还在西汉，梧州就出现了著名的经学家陈钦、陈元父子，成为岭南经学始祖。南朝，颜延之执政桂林，倡导读书风气，为桂林奠定了深厚的读书传统。唐朝，柳宗元执政柳州；宋朝，黄庭坚执政宜州；明朝，王守仁执政南宁。中原文明就这样通过中华民族这批最杰出的文化人从北而南依次传播到广西腹地。可以推见，正是这批杰出的文化人，他们给淳朴的广西带来了先进的科技文化、教育文化理念，不仅造就了广西世居民族对中原文化的深刻认同和皈依，而且，也促进了广西各族人民平等交流、和睦相处的和谐关系。如果说今天的广西民族和谐，那么，它与中原文化千百年来润物细无声的传播方式确乎有内在的有机联系。

再次，广西的文化多样性在这套丛书中得到了清晰的呈现。广西是壮族自治区，但同时，广西还世居着另外11个民族。其中，壮族、瑶族、仫佬族、毛南族、京族的最主要居住地就是广西，而京族还是我国为数不多的濒海而居的民族之一。中国55个少数民族，以广西为主要居住地的民族就有5个，这充分表明了广西的文化多样性。过去人们常常认为广西少数民族特色不鲜明，读了这套丛书，将彻底改变这种误解。仅以音乐这个项目而论，我们可以发现，广西不仅有壮族的山歌和天琴，而且有京族的唱哈和独弦琴；不仅有苗族的唱鼓和芦笙，而且有瑶族的史诗和长鼓。值得指出的是，广西文化的多样性是与广西复杂的地理位置、地质地貌联系在一起的。过去，人们通常认为广西就是一个山区，但是，真正进入广西，会发现广西也有大量的平原，更重要的，还有大片的海域，不仅沿边，而且沿海。无论是山地文化还是海洋文化发育得都很充分。不妨这样说，正是这种地理位置的复杂性、地质地貌的丰富性造就了广西文化的多样性。

这些年来，广西的出版社出版了多套品质相当不错的广西文化图书，在我的视野范围内，广西师范大学出版社的《广西城市传记丛书》《解读广西丛书》、广西人民出版社的《八桂文化大观·溯源系列》，以及广西民族出版社这套《广西世居民族文化丛书》都具有上佳的品质。2011年，广西的GDP将会超过万亿，经济将迈上一个崭新的台阶。而未来广西经济的继续发展，将会与广西的文化建设关系更为密切，广西经济与文化的互动将更为频繁。在这个意义上说，《广西世居民族文化丛书》正是在为广西的进一步发展提供文化的支撑和引领。从一个更大的范围看，21世纪的中国，面临更深刻的民族问题、面临更为严峻的文化生态和自然生态的挑战，从我们上述《广西世居民族文化丛书》的阅读感受可以发现，这套丛书可以为我们思考中国民族关系、中华民族的凝聚力以及中国文化多样性这些问题提供新的材料、新的视角，从这个意义上看，《广西世居民族文化丛书》的出版，无论是对广西，还是对全国，都具有重要的战略意义。

《"美丽南方"的广西表达》

《"美丽南方"的广西表达》表达了什么？

我以为，《"美丽南方"的广西表达》通过对广西自然生态和人文生态的探讨，通过对广西文化历史与现实的体察，通过对国家发展战略的思考和响应，表达了广西文化自觉的态度、文化自信的精神和文化自强的愿望。

首先，《"美丽南方"的广西表达》表达了广西文化自觉的态度。

我们知道，"努力建设美丽中国，实现中华民族永续发展"是2012年党的十八大明确提出的国家发展战略目标。2013年，习近平总书记在致生态文明贵阳国际论坛2013年年会的贺信中再次强调："走向生态文明新时代，建设美丽中国，是实现中华民族伟大复兴的中国梦的重要内容。"显而易见，2015年，广西提出"美丽南方·广西"这一品牌，是对党中央"美丽中国"发展战略的自觉响应，体现了广西文化界面对"美丽中国"发展战略的文化自觉。所谓"文化自觉"，按费孝通先生的说法，就是"各美其美，美人之美，美美与共，天下大同"，那么，"美丽南方·广西"就是对广西"南方之美"的自觉认识，是对广西"南方之美"的深刻领会，是对中国"东西南北中"多元美丽的差异化表达，其最后抵达的当然是"天下大同"的"美丽中国"愿景。

值得注意的是，"美丽南方·广西"既是"美丽中国"的发展战略的自觉响应，也是广西文坛经典、陆地长篇小说《美丽的南方》的当下回声。从"美丽的南方"到"美丽南方"，是从诗抵达诗学、从文学抵达美学、从个人想象到集体体验的一个行旅。半个多世纪以前，曾经在中国西北、东北大地从文多年的壮族作家陆地，在广西完成了他第一个长篇小说，也是当代广西作家的第一个长篇小说《美丽的南方》，作者以其文化自觉的慧眼发现、发掘着"南方之美"，不妨看小说中的这段描写：

现在是春光明媚，鸟语花香。村头像在一块娇绿的地毯上，织着花色缤纷的图案。梨花谢落了，树上披上细嫩的绿叶，桃树也在绿叶中结了小小的发青的果子；芭蕉换着新嫩的阔大的叶子，竹丛挺起没有脱箨的竹笋；野地里铺着银色的金英、粉红的杜鹃花；鹰爪兰散发着浓烈的香气；蜜蜂在花丛中嗡嗡喧闹；鹧鸪远远地传来求偶的呼唤，斑鸠在森密的橄榄树上，不时唱着咕咕的悠长而安逸的调子，画眉躲在龙眼或荔枝树上，尽情地唱它的快乐的清唱。一场春雨过后，田洞里注满了水，新插上的秧苗，给田里添了新的生命；有节奏的水声从小溪流过……

读过陆地《美丽的南方》，会发现"美丽南方·广西"并非空穴来风、无本之木，而是其来有自、言有所本。半个世纪以前《美丽的南方》为当今的"美丽南方"奠定了一个话语基础，它使广西在汇入"美丽中国"这一伟大中国梦的过程中显得顺畅自然。

其次，《"美丽南方"的广西表达》表达了广西文化自信的精神。

提出打造"美丽南方·广西"，并不意味着提出者就认为广西已经"尽善尽美"，而是意味着广西拥有了改变自身落后形象的"文化自信"。

通过百度，我们可以看到自信的基本含义：自信是指人对自己的个性心理与社会角色进行的一种积极评价的结果。它是一种有能力或采用某种有效手段完成某项任务、解决某个问题的信念。它是心理健康的重要标志之一，也是一个人取得成功必须要具备的一项心理特质。

李白说：天生我材必有用。这是自信的最好注释。自信，能够将人的潜能最大限度地发挥出来。

想想看，如果没有自信，千百年来被认为是文化蛮荒地区的广西，怎么能够在清代出现4个状元，状元人数在全国省际排名并列第五？同样，如果没有自信，迄今创办仅30年的地方高校出版社广西师范大学出版社如何能够得到知识精英的交口称赞，其出版的图书又如何能够大面积进入全国各种图书排行榜？

如果说个人的自信来自于对自我存在的积极评价，那么，文化自信则是一个民族、一个地区对自身文化传统和文化现状的积极评价结果；如果说个人的成功需要自信，那么，一个民族的复兴，一个地区的进步，一项事业的成功，则需要文化自信。因为，"文化自信，是更基础、更广泛、更深厚的自信"。

文化自信不仅来自对自身文化传统和文化现状的肯定，而且拥有对他者文化的开放和包容，对自身善者扩而充之，对他方美者悉数拿来，唯有如此的文化自信，始能创造尽善尽美的"美丽新世界"。

再次，《"美丽南方"的广西表达》表达了广西文化自强的愿望。

文化自觉和文化自信的目标是文化自强。

对于广西而言，"美丽南方"是现实：堪称奇观的喀斯特地貌、丽甲天下的桂林山水，这是"美丽南方"的地理生成之美；遍布崇山峻岭的长寿乡，香飘四季的多民族美食，这是"美丽南方"的生态和谐之美；媲美天籁的刘山姐山歌，五彩缤纷的壮侗苗瑶，这是"美丽南方"的民族文化之美；仰望千年的摩崖石刻，贯通中原岭南的兴安灵渠，这是"美丽南方"的历史文化之美；文学桂军的边缘崛起，实景演出的遍地开花，漓江画派的源远流长，这是"美丽南方"的文化创新之美。

对于广西而言，"美丽南方"更是愿景。南方，在文化中国本来就是一个美丽的存在。说起"美丽南方"，人们很自然会想起南宋柳永词《望海潮　东南形胜》，这是一首极写南方之美的词，全词如下：

东南形胜，三吴都会，钱塘自古繁华，烟柳画桥，风帘翠幕，参差十万人家。云树绕堤沙，怒涛卷霜雪，天堑无涯。市列珠玑，户盈罗绮，竞豪奢。

重湖叠巘清嘉。有三秋桂子，十里荷花。羌管弄晴，菱歌泛夜，嬉嬉钓叟莲娃。千骑拥高牙。乘醉听箫鼓，吟赏烟霞。异日图将好景，归去凤池夸。

柳永这首词虽然写的是当时的杭州，但"三秋桂子，十里荷花"却是典型中国南方的写照。私下里，我甚至愿意把它作为"美丽南方"的最初表达。而这"美丽南方"，几乎可以视为中国人内心深处的乌托邦。

是的，南方美丽，美丽南方。尽管广西已经有许多美丽的单项指标，然而，与综合的、全体的"美丽南方"相比，广西显然还有很大的距离。文化自强的愿望，就是要缩短这很大的距离，就是要树雄心、立壮志，千方百计，群策群力，励精图治，把世人眼中偏远的、蛮荒的、闭塞的广西建设成为令人艳羡、仰慕、开放的"美丽南方"。

《广西北部湾地区历史文化资源保护与开发研究》

2008 年，国家批准实施《广西北部湾经济区发展规划》。规划的制定，为北部湾城市群构建了既各自独立又整体互补的经济发展格局，形成了北部湾经济区整体发展的意识。北部湾经济进入了发展的快车道。

相比之下，虽然北部湾各城市的文化这些年都有所发展，北海申报国家历史文化名城获得批准，实现了北部湾城市群国家历史文化名城零的突破。但总体而言，北部湾城市群的文化还处于各自发展的状态。

北部湾经济区包括了南宁、北海、钦州、防城港、崇左、玉林六个城市，文化资源相当丰富。南宁作为广西壮族自治区首府，是广西政治、经济、文化中心自不待言，北海、钦州、防城港是紧接北部湾的滨海城市，历史悠久，集中西文化于一身，海洋文化发育充分。防城港与越南海陆相通，崇左与越南有数百公里的边境线，边疆文化相当发达。玉林紧邻广东，华侨文化和商业文化都很发达。北部湾六城市，每个城市的文化底蕴都不薄，每个城市说起自己的文化，都可以津津乐道，如数家珍。然而，一旦将北部湾文化作为一个整体，让我们去思考它的发展之道，我们可能会觉得茫然无措，抓不住主脑。

这种情况与我们长期以来没有将北部湾地区作为一个整体进行思考有关。人们囿于行政区划的格局，各自为政，城市与城市之间"鸡犬之声相闻，老死不相往来"，颇有井水不犯河水之势。显而易见，这种状态对整个地区的发展是非常不利的。北部湾地区有如此好的区位优势，有如此丰富的资源优势，但在中国 30 多年的改革开放进程中，却明显滞后，虽然 20 世纪 90 年代初北海也曾经一度显赫，演绎过百万精英北海淘金的大戏，但最终在宏观调控的大局势中，偃旗息鼓，留下一堆烂尾楼。今天，人们反思这段历史，可以有各种各样的结论，但在我看来，没有形成区域发展的整体思维，没有北部湾文化的整体支撑，应该是北部湾优势明显、发展滞

行
书
作
伴

226

后的根本原因。

21世纪之初，有识之士已经认识到这个问题。2001年，自治区党委宣传部组织区内有关专家学者对广西环北部湾文化进行研究，通过深入实地调研，写出了主题调研报告和一批研究论文，并于2002年在北海、钦州、防城港市召开了研讨会，同年，潘琦主编的《广西环北部湾文化研究》由广西人民出版社出版。这可能是广西第一次将北部湾作为一个整体，对其文化资源进行整体性的调查研究，在此基础上思考其发展之道。其时，北部湾经济区虽然已显端倪，但并未形成完整格局。然而，专家、学者的思考显然为北部湾经济区的尘埃落定起了助推的作用。6年以后，国家批准实施的北部湾经济区发展规划，终于确定了北部湾的发展格局和发展思路。作为中国南方最后一片尚未得到充分开发的沿海区域，北部湾终于风生水起。

正如近些年举国所形成的共识，文化是民族凝聚力和创造力的重要源泉，是综合国力竞争的重要因素，是经济社会发展的重要支撑。基于这样的认识，可以说，文化将成为北部湾经济区发展的重要支撑。换言之，北部湾的文化如果不能形成整体性，那么，北部湾的经济发展也难以获得整体性的支撑。从这个角度看，吕余生、李建平等著的《广西北部湾地区历史文化资源保护与开发研究》一书的出版就变得意义重大。

《广西北部湾地区历史文化资源保护与开发研究》是迄今为止第一部将广西北部湾历史文化作为整体进行系统研究的专著。全书分总论、分论、专论以及附录四个部分。总论对广西北部湾地区历史文化资源的概况、类型、特征、保护与开发思路、保护与开发的政策建议进行了总体论述。分论对南宁、北海、钦州和防城港四个城市的历史文化资源的保护与开发进行了分项论述。专论包括五个部分：一是北部湾经济区文化发展对策研究，二是把北部湾经济区建设成为面向东盟开放合作的区域文化中心，三是推进北海文化产业发展对策研究，四是"十二五"期间推进北海文化产业发展的对策研究，五是北海文化产业与旅游产业融合发展的实施路径。附录则对北海历史文化底蕴和泛北部湾文化参与中国—东盟区域经济合作的意义和途径进入了深入探讨。

综观全书，首先，总体性研究是其最大亮点。总体性研究解决的是北部湾区域文化资源的整合问题，是将北部湾丰富的历史文化资源聚合成一个有机的整体，建构北部湾文化的总体格局，为北部湾地区经济发展提供整体性支撑。其次，对策性研究是本书的第二大亮点。文化研究长期以来的问题是有学理性乏应用性，如何使文化研究有用于社会经济建设，这是文化研究多年来力图突破的瓶颈。本书作者大都对北部湾历史文化资源了然于心，有多年北部湾文化研究的学术积累，而撰写本书的目的，不仅是要展示北部湾的历史文化资源，更是要提供文化资源保护与开发的思路和对策，这就将文化研究的重心从纯粹学理的层面推进到了应用层面，将象牙之塔中的学者引进到了社会服务的大舞台，这是对学者能力的一个全新考量。从本书作者提供的各种对策和建议中可以看出，这批学者还是经得起这个考量的。再次，本书集中笔墨的一个领域是文化产业，文化产业是文化与经济密切结合的地方，是国家文化大发展大繁荣的一个重要组成部分，是中国经济发展的一个重要的新的生长点。然而，文化学者在进行文化研究时往往感到捉襟见肘，经济专家在进行产业研究时面对文化又往往找不到着力点。相对而言，本书作者长期研究文化产业，对这方面确实颇有心得，为北部湾文化产业的发展提出了一些切实可行的思路，成为本书第三大亮点。最后，本书的第四个亮点是理出了泛北部湾文化参与中国—东盟区域经济合作的思路，提出了将北部湾经济区建设成为面向东盟开放合作的区域文化中心的观点，为北部湾文化在国家文化战略发展格局中找到了一个有利又有为的发展空间，激活了北部湾文化发展的想象力。

广西能否崛起于21世纪初期，彻底改变原来的消极面貌，很大程度上要看北部湾经济区能否真正风生水起、大展宏图，实现广西从中国西部走向中国东部、走向世界前沿的目标。北部湾经济区格局的构建，为广西的复兴提供了一条快速通道，而这条快速通道能否真正通畅、真正实现快速，还有待于北部湾的文化建设去支撑、去铺垫。因此，北部湾文化的整体性研究就变得非常重要和迫切。也因此，吕余生、李建平等著的《广西北部湾历史文化资源保护与开发研究》的出版就显得十分及时、相当给力。它是广西一批前沿学者长期思考研究北部湾文化建设的重要结果，为今后北部湾文化的整体性研究提供了可资借鉴的范本，为北部湾经济区文化的大发展大繁荣提供了诸多实事求是的思想。

《广西文学50年》

　　《广西文学50年》最重要的价值在于它是第一部整体研究当代广西文学发展历史的专著，它以历史发展脉络为经，以各时代代表性作家和重要作品为纬，较为客观地介绍了新中国成立50年来广西文学的全貌，评述了主要作家、重要的文学作品和文学现象、文学运动，也适当地陈述文学发展的背景，并在对文学与时代的关系及其社会功用，执政党对文艺工作的领导等问题进行探索研究的基础上对文学发展的历史经验作了初步总结，填补了广西文学研究的一个学术空白，为人们全面认识广西当代文学提供了一个全景性读本。

　　作为一个长期从事广西文学评论的学者，我深知这个成果殊为不易。总体上看，《广西文学50年》由三个部分结构而成：一是建构了一个区域经济与区域文学、时代性与民族性互动的理论视角，二是梳理了半个多世纪广西文学发展的历史脉络，三是研究了一批代表性的广西作家作品。显而易见，这是一个很有创新意识，也很符合广西文学实际的思维结构。进一步，我们也发现，这三部分工作的任何一部分都不容易：第一部分工作需要理论家修养，第二部分工作需要史学家功夫，第三部分工作需要批评家眼光。理论阐释、历史爬梳和作品品评的构架确实体现了李建平的"大文学眼光"。这里所用的"大文学"一词模仿的是黄仁宇的"大历史"概念。提出这个概念是想说明李建平确实有一种难能可贵的宏观把握能力、多元综合能力，这与他长期从事当代文学批评、桂林抗战文化历史和文化产业的研究是分不开的，这些研究锻炼了他融理论家修养、史学家功夫和批评家眼光为一体的才能。唯其如此，他才可能形成这样一个理论、历史和作家作品互证、互补的逻辑框架，他才可能领衔完成这个带有他鲜明的思维个性和一家之言的特征、堪称庞大又首开先河的广西当代文学史著作。

　　在充分肯定《广西文学50年》的价值和成就的前提下，作为一个同行，作为一个从这部书得到了许多启发和帮助的广西文学的研究者，我还想指出它的一些不足。

第一个不足是相对封闭的文学格局意识。广西文学的研究不能局限在广西文学范围内进行，不能脱离同时代整个中国文学发展的坐标系。比如，怎样评价广西文学，不能在广西文学的范围内自说自话，而要把广西文学放在整个中国文学的格局中衡量，以整个中国文学作为参照。像对东西、鬼子、李冯、林白等人的评价，指出他们中的有些人获得鲁迅文学奖固然是一个衡量指标，但仅有这个指标显然还是浅层次的，更应该看到东西、鬼子、李冯、林白等人的创作已经汇入了同时期中国文学的主流，看到尽管新时期中国文坛已经涌现了右派、知青、先锋几个作家群，但只是到了女性主义创作潮流、到了晚生代创作潮流，广西作家才以群体的姿态成为中国文坛的关注对象，进而从整个中国文坛的格局来把握新桂军的崛起，只有这样，才能做出对不同时期广西文学的科学评价，更深入地理解广西文学在中国文学中的地位、价值和意义。同样，在对待1980年在南宁召开的全国当代诗歌创作和诗歌理论研讨会、在探讨20世纪80年代初广西通俗文学热诸问题上，由于没有建立充分的全国格局的视角，进而简化了这两个发生在广西的文学活动和文学现象的重大意义。

第二个不足是相对固化的文学历史观念，往往孤立地对待不同时段、不同作家形成的文学现象，没有深入把握现象间的互动影响、内在关联。广西文学50年，书名本身就提供了一个纵向发展的历史景深，从大框架看，历史脉络也十分清晰，但仔细辨析可以发现，对内在的、深入的文学发展理路缺乏把握。比如，"百越境界"的提出应该是广西文学发展的一个重要事件，这是本书注意到了的。然而，仅仅说它重要仍然是浅层次的，更深层次的是应该看到这个观念对后来广西文学发展的影响。因为，尽管广西文学直到20世纪90年代中期才爆得大名，但寻根文学阶段的广西文学已经引起全国文坛一定的关注。《广西文学50年》注意到了"百越境界"在寻根文学思潮中的领先性，但没有对广西文坛何以会在这个文学潮流中领先进行任何分析，这使它只是停留在"事"的层面，而没有向"理"的层面掘进。更重要的是，寻根文学的观念对广西作家的影响，本书几乎没有论及。其实，回顾广西文学发展的历史可以发现，正是全国寻根文学思潮勃兴的时候，聂震宁的小说引起了全国文坛的注意，林白开始了小说创作，蓝怀昌的《波努河》出版，深受拉美文学影响的东西步入文

有书作伴

坛，鬼子开始其创作的第一次转型，这些现象并不是孤立的，虽然这些作家都没有提出寻根或附和"百越境界"的文学观念，但他们与梅帅元、杨克、李逊、张宗栻这些与"百越境界"关系密切的作家并非完全风马牛不相及，因此，对"百越境界"的研究，就不应仅仅停留在事件层面，而应该上升到广西作家的文化自觉、美学自觉这个层面上进行，进而呈现广西文学发展的内在的文学逻辑。

第三个不足是相对弱化的学术积累承传意识。文学史的写作与文学批评的不同在于它不是以鉴赏、发现为基本精神的，因为它已经有文学批评作为第一阶段的研究成果作基础，是一种二度研究。这就决定了文学史的写作必须建立在已有的研究成果基础之上，充分利用已有的研究成果以构建一个完整、公正、充实、丰富、深厚的学术大厦。在这个方面，《广西文学50年》确有为人诟病的地方。比如，广西三剑客在本书中被列为专章，占了较大篇幅，作者对其论述用力也甚多。然而，作为具有全国影响的小说家，广西三剑客已经得到了全国评论界的广泛关注，相关研究成果很多，仅《南方文坛》就发表了至少不下十篇的专题研究文章，其中不少还出自国内批评名家的手笔。然而，除李冯一节对有关评论家的研究成果有所引述之外，《广西文学50年》关于东西、鬼子的论述没有充分利用和消化原来已有的研究成果，这就明显影响了对于东西、鬼子的论述的学术含量。即使有些地方有所借鉴，也因为没有严格注明观点来源而有失规范。同样，像蓝怀昌的《波努河》、黄继树的《桂系演义》都曾经有过大量的研究文章，其中不乏有洞见的思想，但本书呈现的相关论述却没有体现出对他人研究成果的充分利用，从而在概括力和深刻度方面都有所损失。

之所以指出我所理解的《广西文学50年》的诸多不足，实在是因为多年来我较深地介入了广西文学的发展进程，对广西文学研究有一些愿意与大家分享的心得体会。事实上，所有这些不足丝毫不影响《广西文学50年》在当代广西文学研究中所具有的里程碑意义。尤其值得指出的是，我之所以敢于对这部筚路蓝缕、难度极大的文学史著作提出如此多的批评意见，很大程度上来自李建平先生的鼓励。前天下午，我曾与李建平先生交流了自己的想法，是他欣然支持了我的立场，从而给了我批评的勇气。所以，当我表达了我的上述想法之后，我觉得我不仅应该对李建平先生的辛劳和创造表示敬意，更应该对他的宽容求实的学术姿态表示敬意。

《美丽教师》

流行不一定意味着正确，但却一定有其深层的原理。关于教师职业有两个流行很广的说法。其一是"教师像一支蜡烛，燃烧了自己，照亮了他人"。其二是"家有五斗粮，不做孩子王"。仔细反省这两个说法，会发现前者是从道德角度思考教师职业，它往往出于治人者之口；后者是从功利角度思考教师职业，它往往为治于人者认同。我这里并不想分析这两种观念的正确与否或生成缘由。我想说的是，在我们长期关于教师的职业思考中，缺少一个审美的角度。

当我读到王枬《美丽教师》这部著作时，我发现，王枬是在全心全意地从审美的角度去思考和体验教师职业。

所谓思考，我指的是王枬学而不厌的为学之道。王枬是从一个很严谨很系统的美学学科视角，凭着她长达20多年的美学理论积累来展开她对教师职业的思考的。20世纪80年代初期的中国有过一段持续长久的美学热。从《美丽教师》的有关文字，我可以感觉到那场美学热对王枬的深刻影响。可贵的是，美学不仅点燃了她求知的激情，更内化积淀成她为学的基础。也许，美学在它生成的学科难以有突破性的掘进，但却在更广泛的学科范围获得延伸。当王枬将她的美学理论积累运用于对教师学的观照，她自然有诸多新颖的发现。许多长期遮蔽的问题得以敞亮，许多模糊含混的思想得以洞察。这就是王枬对于教师职业美的知，这种知是一种系统的学理的知，一种长期持续不断推进的知。

所谓体验，我指的是王枬诲人不倦的为师之道。说实话，我与王枬交往并不多。但在从事园丁工程的工作时，我不止一次听学员说王枬讲课如何文采斐然、激情洋溢。除了讲课，王枬的仪表神态也很令学员心仪。仔细琢磨，学员对王枬的这些评价都与审美有关。也就是说，作为教师的王枬自塑的正是一个美的教师的形象。我深知，这些园丁工程的 A 类学员都是来自广西各地的优秀教师，他们都有丰富的求学经验和教学经验，他们的眼光犀利而且挑剔。犀利指的是他们特别能发现一个教师素质的优劣，挑剔指的是他们对优秀的看法绝不平庸，往往是优中选优。所以，当我听到学员对王栩的美的认同，我意识到，王栩不仅拥有对教师职业的美学理论思考，更有对教师职业的审美实践体验。她做了20多年的教师，她不仅传道、授业、解惑，而且审美。这就是王栩对于教师职业美的行，这种行是一种身体力行的行，一种境界愈深人格愈美的行。

我深知，这种境界来之不易更非偶然。我曾与王栩有过一些合作经历，能感觉到她对文学艺术、对大自然那种发自内心的热爱。她不仅拥有流畅明晰的理性思考，也拥有灵动跳脱的感性体验。她读到好文章时的欣喜，她面对好山水的欢愉，她欣赏艺术品的投入，一切都那么自然、那么和谐、那么令人感动。她被美感动着，而她的感动又启发甚至煽动了别人对美的感动。

孔子最向往的境界是"暮春者，春服既成，冠者五六人，童子六七人，浴乎沂，风乎舞雩，泳而归"。我的理解是：这是教师的境界，是美丽的境界，合而言之，是美丽教师的境界。谨以此理解完成马超勤女士的约稿并与王栩女士共勉。

《智慧型教师的诞生》

从 1998—2003 年，我作为导师组成员，有幸参加了广西 21 世纪园丁工程首届 A 类学员的培训工作。这五年的工作，对我而言，有两大收获：一是对广西的中小学教育有了较为直观和深入的了解；二是亲自体验了整个培训工作的科学性和创造性。

广西 21 世纪园丁工程的设计与实施得到了各方面的好评，也取得了不少成果。它从整体上建构了广西中小学教育的反思精神，提升了广西中小学教育的科学与人文素质，开发并释放了一批广西优秀中小学教师的潜能。作为导师，表面上我是以教育者的身份出现，但在五年的培训过程中，我认为我学到的远远超过我在这个工程中所贡献的，我收获的远远超过我在这个工程中所付出的。

当我阅读王枬等人撰写的《智慧型教师的诞生》这部以探讨中国基础教育教师素质的教育学专著时，我的感觉是亲切的，是心领神会的，是温故知新而且常常产生旧雨新知的感觉的。

这本书的领衔作者是王枬，王枬也是当年园丁工程的领衔设计者和实施者之一。园丁工程，顾名思义，就是培养教师的工程。具体到广西 21 世纪园丁工程，则有培养名师的目标在其中。王枬等人花了五年甚至更多的时间设计、实施了这样一个教师培养工程，它的成果是丰硕的。这里，我不是要为园丁工程做总结。我只是想说，作为一个园丁工程的亲历者，我特别能体会《智慧型教师的诞生》这部著作的来之不易。在很大程度上，它不是皓首穷经、面壁十年的单纯的个人的思想性成果，它有着长期的教育实践做支撑。这种支撑不是单纯经验意义上的支撑，而是具有很强的自觉意识、探索意识和学理意识的支撑。

这种支撑有三个物化的重要成果，那就是《岁月如歌——听优秀教师讲自己的故事》《教学人生——优秀教师教学风格个案研究》和《智慧人生——特级教师教学风格个案研究》三本著作。这三本著作的研究对象都

有
书
作
伴

是广西21世纪园丁工程的首届A类学员。当年，王枬、陈时见和高金岭等人一方面在设计、组织、实施对这些优秀教师的培训，另一方面，也在有条不紊地组织人员对这些优秀教师进行研究。这种研究包括了研究对象的自述，也包括了研究者深入到学校、课堂甚至研究对象生活中所进行的观察、访问、分析与思考。这些研究最后形成了上面三部著作的成果。从我的叙述可以看出，这三部著作确实包含了研究者脚踏实地、深入基础教育前沿所做的努力。

如今，这三部著作成了《智慧型教师的诞生》这部著作的基础，它的所有心血和智慧被纳入了《智慧型教师的诞生》这部著作的思维体系。我说这么多，实际上是想呈现这样一个实践操作—个案研究—理论提升的研究流程。这样一个研究流程显然是具有方法论上的示范意义的。它使教育理论的研究不再是人云亦云、纸上谈兵、悬空高蹈的玄学，而有了深入的实践操作和细致的个案研究的支撑。这是这部著作的最大特色，也是它的最重要价值所在。

我还想说一下我所体会到的这部著作的第二个特色，那就是作者持续多年的对于教师职业、教师素质的思考。无论是上面三部她主持的著作，还是她独立撰写的《教学语言艺术——课堂教学的主旋律》，无不是以教师职业、教师素质为主题的。我曾经阅读过王枬的另一部著作，可能也是她用心很专、用力很大的一部著作即《美丽教师——教师职业美的研究》，更是直截了当地标明著作研究的对象就是教师的职业美。可以看出，王枬对教师职业、教师素质确实有很深入、很用心、很投入的思考，这跟她自己是一个教师有关，跟她生活在一个教师角色变化特别大、教师的社会地位变化特别大的时代有关。作为一个教师，王枬一个很大的特点是好学习好思想。这使我想起孔子的一句名言：学而不思则罔，思而不学则殆。显然，工枬是努力澄清罔而绝不接近殆的。她在努力学习做一个好教师，也在努力思考如何做一个好教师。在《智慧型教师的诞生》这部著作里可以看到，书中特别充满创见、充满激情甚至充满诗意的地方，往往就是那些对教师职业、教师素质进行描述与阐释的地方。也许是王枬本身是一个好教师的缘故，也许是王枬本人从教师职业获得了太多美的享受、美的体验的缘故，她对教师职业、教师素质的描述与阐释具有某种浪漫主义的色彩，具有令人神往、令人沉醉的美不胜收的色彩，这让理性、冷静的我几乎要质疑她是否将教师职业过于理想化了。但我接着又想，她是在研究智慧型教师，智慧型教师是能享受、体验到教师职业的美不胜收的。

在中国，教师越来越成为一个让人们羡慕的职业，这是千百年来教师职业让人们尊敬的一个新的进展。在我看来，如果一个教师能够既让人尊敬、又让人羡慕，他或她可能就可以被认为是一个智慧型教师了，请恕我如此轻松地就将王枬引经据典、旁征博引的智慧型教师的概念偷换了。做一个让人尊敬又让人羡慕的教师可能是很多教师的愿望，那不妨读一读王枬领衔著作的这部《智慧型教师的诞生》。它由四个章节构成，它为我们讲述了什么是智慧型教师、历史上曾经有过什么样的智慧型教师、现实中智慧型教师有什么样的面貌、我们怎样才能成为一个智慧型教师这样四个问题，通过对这样四个问题的理论阐述和个案展示，它为我们引领了一个通向智慧型教师的目标，搭建了一级级通向智慧型教师的台阶。

有书作伴

《读书指津》

我认识的同代朋友中，龙子仲、毛荣生、沈东子都是文章好手，这已有公论，自不待言。我想说的是，他们同时也是阅读高手，听他们谈阅读的见解，一定不隔。

比如龙子仲谈梁遇春的偏激："梁遇春可能很偏激，但他偏激得很有趣。古人论诗歌的'趣'，曾有一种叫作'无理而妙'的观点，就是说的这层意思。梁遇春散文中的这种偏激，常常表现为一种激愤。而这激愤的底蕴，又是基于一种青春的苦闷而来的。他时时表达着对青春生命无所作为的荒芜感，触景触事每多深情的感伤。我们可以体会到那敏感的背后藏着的是怎样一颗充满渴望的心。"

比如毛荣生谈肖红的寂寞："肖红不喋喋不休地去展示寂寞，不声嘶力竭地去宣泄寂寞，也不是以苦写苦去膨胀寂寞，她只是浅浅地，淡淡地，和风细雨地，不动声色地去描摹这份寂寞，但却描摹出了淋漓尽致的寂寞人生来。这寂寞如此深重，如此动人，如此凄婉，如此美丽！"

比如沈东子谈希斯克利夫的悲剧："一部《呼啸山庄》里，每个人都经历了悲剧。无论是林顿、小林顿还是哈里顿，也无论是伊莎贝拉还是小凯茜，我们都可以产生同情，可是对希斯克利夫，却不是同情两个字就可以打发的。他的悲剧不是那种仅仅让人产生同情的悲剧，人们在同情他的同时，还会敬畏他。这就是希斯克利夫与众不同的地方。"

我以为，上引的这些谈法是教科书里找不到的。之所以能达到这样的境界，我想，在于他们阅读时用了心。用心去体验，用心去品味，用心去培养，于是，他们的见解就变成心得。心灵和躯体就是不一样，身体大同小异，心灵变化万千。要不然为什么雨果会说：比土地更辽阔的是海洋，比海洋更辽阔的是天空，比天空更辽阔的是人的心灵。如此辽阔的心灵中结出的果实，谓之心得，怎不卓然独特呢？

《出版广角》

20世纪90年代中期以来，广西文坛崛起了"三剑客"和8个签约作家，形成20世纪末中国文坛一道奇异的风景线。与此同时，广西期刊界也崛起了两个理论类期刊，那就是《南方文坛》和《出版广角》。《南方文坛》在文学评论界享有盛誉，《出版广角》在书业界口碑甚好。这些人物和刊物的崛起，似乎证明了在这样一个众声喧哗的社会转型期，文化边缘地区所具有的强劲挑战力和创新力。

我有幸成为《出版广角》创刊号的文章作者之一，也因此格外关注这份刊物的成长。在我的印象中，中国有三个图书理论刊物办得颇有特色，它们分别是北京的《读书》、湖南的《书屋》、广西的《出版广角》。《读书》着重在读，读得沉潜；《书屋》落实在屋，这座屋子搭得精致；《出版广角》一个广字，道出了它兼容并包、博采杂收的办刊特点。

我猜想《读书》的办刊人更具人文知识分子品格，故能以沉潜的风尚吸引了一代知识分子；《书屋》的办刊人多少应该有一些艺术家气质，才可能营造出那样一个精美雅致的阅读空间。相比之下，我对《出版广角》的办刊人稍微熟悉，这是出版家办期刊的典型，它很难使那些口味单纯的读者心满意足，却可能产生各类读者都能在其中各取所需的效果。

这就是"广"字的秘密所在了。大多数图书理论刊物都是专注于图书的，而在对图书的专注中，又进一步发展为对图书文字思想的专注。这自然是一种抓主要矛盾的做法。这种做法固然有可能抵达厚重深刻，但也有可能牺牲丰富与鲜活。于是，这就需要建立一种宽广的视角，也就是广角，《出版广角》的意义或许就在这里了。

"广"并不是一个含糊不清、玄乎其性的词语。《出版广角》的"广"是落到实处的。它表现为办刊者对出版全过程的关注，这包括出版思想、出版政策、出版法规、选购策划、文字内容、装帧艺术、印刷质量、发行销售、图书评论等一系列环节；它表现为办刊者对出版有关实体的全方位关注，这包括出版署、出版局、出版社、书店等；它表现为办刊者对出版有关人物的关注，这包括出版家、编辑家、发行商、作者等；它表现为办刊者对出版物种类的关注，诸如图书、期刊、音像制品等；它还表现为对不同国家、地区出版事业的关注，诸如欧美和中国台湾、香港等等。

正是因为建立了这样的广角，我们才能从中获取大量有价值的信息。《中文出版走向世界的几个问题》《中国出版：来一次深呼吸》《市场化产业化探索》等文皆以大的视角对中国出版业的现状和未来作了材料丰实、意识新锐的探讨，读这些文章确实使人感受到了中国出版的脉搏，有助于建立中国出版的国际眼光。《90年代文学图书市场化进程》《畅销书制度与大众人文关怀》等专题文章表现了对图书市场的精心思考，在市场经济的时代，图书必须建立自己肥沃的市场土壤，这类思考有助于建立新的出版机制。《从〈围城〉到〈废都〉》《20世纪中国杂文真相随想》等文章作风泼辣，率性发言，于随波逐流的风尚中开辟一个独立思考的空间。

当然，"广"不仅仅是一个空间概念，它同样也应该具有时间意义。对当下出版现象的关注是《出版广角》的特色，但它也不应该回避对历史的回顾与反思。新开辟的《世纪回眸》栏目或许体现了办刊者在这方面的努力。我想，这方面有许多课题可做。诸如民国时代著名出版社、出版家的研究，诸如经典图书品牌的研究，成功的出版发行模式研究，甚至对20世纪上半叶鸳鸯蝴蝶派作品的流通机制进行探讨，都将会引起今日读者温故知新的兴趣，提供今日出版人温故知新的启发。与此同时，还不妨多发表一些系统介绍西方著名出版集团、出版家的文章。这样，《出版广角》就能在空间的广角之外建立一个时间的广角，在敏锐及时的办刊作风之外建立一种沉潜厚重的作风，《出版广角》的文章就可能不仅好读，而且耐读。

《民国师范》

据说数字是最有说服力的。

今天中国的大学和中国的城市一样，充满了数字。然而，许多年以后回首历史，如果我们的大学只留下了一堆数字，我们会不会感到遗憾？也许是因为敏感到这种可能会有的遗憾，我们开始寻找、收集故事，在漫漫书海中、漫漫人海中打捞故事。

呈现在读者面前的就是一本故事书，讲述的是民国时期广西师范大学教授们的故事，52个教授，168个故事。这168个故事是7位研究生在数百种图书中最后锁定130种，然后从这130种图书中摘编的，摘编的原则是对故事本身的内容不增不减，对故事可能蕴含的思想不删不改，只是通过结构的调整以呈现故事本身的完整性和独立性。

私下里将这些故事给一些朋友们读了，回答说这些故事挺有魅力。

能不能这样说，数字体现了实力，甚至，体现了实利；而故事，拥有魅力，拥有感召力。在今天这个数字化时代，人们崇尚实力，追逐实利。然而，仅仅拥有实力和实利，而没有魅力和感召力，是不是仍然有些遗憾？人类数字计算能力增强的同时，故事演绎的能力是不是会减弱？实力和魅力、实利与审美是不是天敌？当数字高歌猛进的时候，故事是不是已经遭遇放逐？

这不是天问，而是现实之问。

我们打捞这168个故事，奉献给即将迎来80诞辰的这所大学。与这所大学拥有的将近30000万个日子来说，168个故事似乎还太少。打捞这些故事，不是为了证明我们这所大学今天拥有的实力，而是为了感受我们这所大学曾经拥有的魅力。

那么，请让我们打开这本书，穿越——进入这些有体温有热血有情致有梦想的故事。

《师说新语》

有历史的大学和没有历史的大学是不一样的，有能力承传历史和没有能力承传历史的大学也不一样。广西师范大学是一所有历史的大学。它不仅有近80年的时间意义上的历史，更有大师云集、英才辈出的办学意义上的历史。如今，学校第一代教授和学生大都风流云散，然而，他们创建和积淀的人文精神、人文传统却不应该随风而逝。基于此，我们希望自己的大学是一个有能力承传历史的大学，于是有了做广西师范大学口述历史的想法。

美国诗人惠特曼说过："指出最美好的，并把他从最坏的东西区别开来，是一世代带给另一世代的烦恼……"为什么要做大学口述历史？至少有三个目的：一是补正史之不足。正史因为有统一的模式，许多内容放不进去，口述历史可以装正史放不进去的东西。二是抢救记忆。一批老人已经不想或不能动笔，但他们还保持着历史的记忆，口述历史可以抢救他们的历史记忆。三是还原现场。试图通过口述的形式表现理想的大学精神、大学课堂和大学生活。

就目前我们的认识，我们觉得口述历史具有这样几个特点：一是个人化性质。一般校史都具有官方性质，口述历史尽可能保持个人化性质，用个人的眼光看历史。每个人的感觉不同导致了对历史、对某个事件不同的理解，这是口述历史最可宝贵的地方。二是散文化性质，包括散文化语言和散文化细节。一般校史都是官方语言，口述历史尽可能使用散文化语言；一般校史只是宏大叙事，只写大事，口述历史不妨关注小事、关注细节。三是重视人和人的精神。常规校史注重的是事，大事记是少不了的；口述历史注重的是人，活生生的人，不仅注重人做了什么事，而且注重做事的人的精神、性格、感情，注重这个人之所以做出那些事的原因。

以"师说新语"作为学校口述历史的命名，来自南朝刘义庆笔记文学《世说新语》的谐音，叙事模式与语言风格上可以看出我们的口述历史对刘著的有意承传。改"世"为"师",是因为我们主要叙述的是前辈教师、大师的事迹和人文风韵;"师说"又与韩愈古文名篇《师说》同名,意味着口述历史的主旨是关于理想教师、理想教育、理想大学以及理想大学生活的记录与思考。口述历史多来自前辈教师的口述,正合"师说"含义。"新语",既指这些前辈教师、前辈大师讲述的是现代的教育理念、教育思想,也未尝不可以理解为我们这项工作虽然基于承传,但却意在创新。

学校口述历史的想法最初来自黄伟林教授、徐坤华主任、伍锦昌副主任几位教师的闲谈创意,得到王枬书记的及时认可。王枬书记亲自主持了这项工作的策划和实施,多次开会研究,将原来散漫的创意变成了富有系统性和可操作性、立意更宏大的方案,组建了由教师和学生、教学与行政互补的口述历史工作小组,查阅了大量文献资料,领队采访了在广西师范大学任教50多年的贺祥麟、钟文典教授。目前的口述历史文本主要来自对钟文典、贺祥麟、陈培干三位老教师的采访。采访主要由王枬、黄伟林、徐坤华、伍锦昌、张戟、罗元等教师负责,黄国清、谢婷婷、卢燕华、张乐亭、岳海东、杨非飞、张俊显等本科生和研究生不仅参与了采访工作,而且负责了采访之后的录音整理工作。值得特别指出的是,文学院中国现当代文学专业硕士研究生张俊显负责了录音整理之后的文章编写工作,他有较好的思想悟性和文字功底,准确地把握了主编对文章立意、叙事模式、语言风格的编写要求,写出了符合主编意图的文字。

有书作伴

《文化思闻》

　　黄祖松的文化随笔集《文化思闻》由三辑文章组成，分别是"文化纵横""文化随笔"和"文化之旅"。"文化纵横"偏向论文性质，但与学院派论文不同的是，黄祖松的论文有更多现实材料，更多感性事实，这显然得益于黄祖松的新闻职业。"文化随笔"往往从某个文化现象谈起，但又不停留于就事论事，而注意阐发现象背后的道理，由此可看出黄祖松的思考品质。"文化之旅"接近游记，写的是作者旅行的见闻，但与传统游记不同，黄祖松更注重人文景观和人文思考，所以，他的旅行是一种"文化之旅"。

　　读完这部随笔集，我觉得全书三辑50多篇文章，贯穿着两个关键词，那就是"文化""广西"。

　　尽管从潘琦先生的序言我们得知，黄祖松擅长文艺评论，很有文学功底，是广西颇有影响的文艺评论家。但《文化思闻》一书的写作题材却远远不能被文学或文艺所涵盖，它涉及新闻、出版、影视、哲学、文学、音乐、雕塑等多个学科领域，作者已经成功地超越了单一学科的身份局限，拓展到整个文化领域。这是传统专业学者难以做到的。除对某个单一学科的关注外，这部著作尤其关注文化产业、文化管理问题，这更是当下许多学院派学者的视觉盲点。客观地说，这些年来，广西的文化建设确实有不少让外省甚至发达地区推崇的地方，广西"三剑客"、《印象·刘三姐》、《南方文坛》已经成为相关领域的重要文化品牌。这里面专业人才的素质和努力固然是第一位的因素，但广西营建的文化环境无疑也成为文化广西边缘崛起的重要因素。黄祖松以大量篇幅分析、研究、探讨了这个问题，其提供的事实材料和在事实材料上引发的思考当然对人们进行文化建设有重要的借鉴作用。因此，以广阔的文化题材为材料，对多学科文化领域的广泛涉及，在此基础上形成的对文化产业的认识以及文化管理经验的总结，构成了这部书的核心内容及重要特色。正是在这个意义上，称《文思闻》的核心关键词是"文化",名副其实。

《文化思闻》的另一个潜在的关键词是"广西"。这不仅指他写作的材料大都来自广西,比如桂东南文艺创作观察、新时期广西文艺领导方法解读、广西文化产品输出策略论等等,与此同时,黄祖松那些题材与广西似乎无关的话题,其潜在的思考指向,仍然是广西的文化建设或者说是文化支持的广西形象。比如那篇《经济的"落后"与艺术的"先进"》,标题看起来讲的是马克思、恩格斯发现的经济与艺术发展不平衡的规律,但落到实处谈的仍然是广西文艺创作的成败得失。其他像《"广西形象"呼唤文化》《文化广西 产业突破》《文化广西呼唤领军人物》《广西文坛的团队精神》《呼唤"广西精神"》等文章,其热爱广西的拳拳之心,昭然于文字之间。

值得指出的是,"文化""广西"在黄祖松那里,不仅是一种写作题材,更沉淀、渗透了他深深的思考。也就是说,"思考"成为《文化思闻》这部书的最重要品质。如果说能够最广泛地占有文化领域的写作材料,得益于黄祖松的职业;那么,能够对这些材料做出有其鲜明个性和独特路径的思考,则显示了黄祖松作为一个文艺评论家的品格。像《走在欧洲森林草地间》一文,里面对自然景物的观察和描写都相当细腻优美,但作者并没有停留于这种感性认识上,而更强调"读出了其中的人文涵义"这样的理性思考。可以看出,即使是流连于自然山水之间,黄祖松也没有忘记他的"思想者"的角色,他"有情"但不"忘情",感性洋溢但又不失却理性。

黄祖松的正业是主持《广西日报》副刊的编辑。这些年《广西日报》副刊完全超越了许多报纸副刊容易陷入的无病呻吟的文人俗套。它组织的有关广西地域文化、广西文化产业等一系列专题文章给人一种清新刚健的感觉。读了《文化思闻》,我不仅对黄祖松的文章学识有了进一步的了解,也对《广西日报》的副刊理念有了更深入的认识。的确,一个新闻从业者需要高屋建瓴、兼容并包的文化眼光,也需要与时俱进、因地制宜的观念意识,《文化思闻》显示了黄祖松在这方面的努力,显示了黄祖松对文化广西的挚爱感和责任心。

《东盟十国文化丛书》

读《东盟十国文化丛书》，我觉得其最大的特点是这套丛书的定位，用两个短语概括，那就是文化内蕴、文学笔调。

怎么理解？

文化内蕴指的是《东盟十国文化丛书》把写作的重心放在对东盟十国的文化描述和体验上，所有自然、地理、历史、民俗、宗教、生活的内容都围绕着文化这个中心，而不像过去的这类图书，往往把写作重心放在政治、经济层面，从而凸显了丛书的文化主题、文化内涵、文化品格，文化成为全书最核心也最深层的内蕴，超越了我们习惯的意识形态思维，显示出极具魅力的普适性价值。

的确，人们越来越意识到文化在当今人类文明阶段的重要地位。有人认为人类社会已经进入文化经济时代，更有人提出一个与生产力相对应的概念，即文化力，或称软实力。美国学者 Joseph S.Nye 在 15 年前将一个国家的实力分为三种类型：军事实力、经济实力和软实力。根据 Joseph S.Nye 的界定，"软实力是国家通过自己的吸引力来实现发展目标，而不是靠武力威胁、武力报复以及经济制裁。软实力产生于一个国家的文化吸引力、政治行为标准和政策。一个国家的政策在别国眼里看起来合法合理，那么该国的软实力就会得到提升；一个国家的文化、价值体系有吸引力，那么其他国家就会追随；一个国家能够用自己的文化和价值体系塑造世界秩序，它的行为在其他国家眼里就更具有合法性，它也可以通过自己的价值和制度力量来规范世界秩序，而不需要诉诸武力和经济制裁"（引自《新周刊》总第 224 期第 27 页）。如今，人们普遍认为软实力是综合国力的重要组成。有识之士甚至认为"昨天的文化就是今天的经济"。经济学家发现，当人类实现了温饱的物质需要之后，文化需要会占据经济结构中的更大的比例。当今世界发达国家的一个重要标志就是文化产业的发达。有人甚至改变一种我们已经习惯了的所谓"文化搭台，经济唱戏"的思维模式，认为现在已经到了"经济搭台，文化唱戏"的时代。不管这些说法是否偏颇，但它们无不透露了一个重要的信息，那就是文化已经渗透了社会生活的方方面面，扮演了当今时代的主要角色。

《东盟十国文化丛书》正是鉴于文化在当今世界扮演了重要角色，而把关注的焦点聚集到了东盟十国的文化上面。丛书以每个国家作一分册，重点介绍该国的地理与历史、民族与宗教，介绍其风土、风物、风俗、文学艺术、文化教育和旅游名胜。文化蕴藏了一个民族或一个国家的心灵秘密，是一个国家或民族的性格密码。商业的繁荣与否显示了一个国家的实力，文化的丰富与否呈现出一个国家的魅力。一百多年来，西风东渐，我们对远离我们的欧美国家的了解日渐增多。相比之下，我们原来相当熟悉的东南亚国家于我们而言反而陌生了。然而，在后工业社会，人们越来越深切地感觉到，单一的西方文化价值观并不能给世界带来真正的和平与安宁，多元文化抑或文化的多样化正在显示出巨大的魅力。《东盟十国文化丛书》正是以多元文化价值的视角看待东盟十国文化，尽可能发掘其独特价值，呈现其独特魅力。相信读者阅读了这套丛书，会发现一个绚丽多彩的东盟，发现东盟十国文化的源远流长、博大精深，发现东盟十国人民的独特性格和心灵秘密，甚至，还会发现东盟十国历史上与中华民族的友好交往和相互影响。

文学笔调指的是《东盟十国文化丛书》采用的是散文的笔法而不是说明文或者议论文的笔法进行写作。过去大多数文化类图书，多因为相对干涩的表现方式影响了它的传播。相对而言，文学笔调能够为文化类图书扫除传播上的障碍。像房龙的历史类图书、林语堂的文化类图书正是因为作者有非常好的文学修养，以散文随笔的方式谈天说地，使之成为文化类图书的名著。然而，通常而言，治文化的学者和事文学的作家各有不同的思维，前者趋于周详抽象，后者趋于散漫形象。把两者进行有机的结合确实很困难。值得庆幸的是，《东盟十国文化丛书》的主编们慧眼识人，他们在广西阵容强大的文学创作队伍中发现了一批有文化眼光、文化积累而又充满审美体验的年轻作家作为这套丛书的作者，他们不仅有对东盟十国文化深入的认知，而且能做出对东盟十国文化浅出的表达，因此，《东盟十国文化丛书》称得上是学术内涵与美文形式的有效结合。

广西文化界近年来颇有作为，在文学、艺术、出版各方面均有骄人业绩。现在，这套《东盟十国文化丛书》的出版再次显示了广西文化人的才能，显示了他们在全球化语境中的全球文化意识和独特审美表达。这套集文化内蕴和文学笔调于一体的丛书，也在某种意义上为广西文化人的全球化、国际化提供了一个新的途径。

的确，单纯的商品交换使人功利，丰富的文化交流使人亲近。但愿《东盟十国文化丛书》能得到广大读者的欢迎，也祝愿《东盟十国文化丛书》能在中国与东盟十国的文化交流中起到添砖加瓦、铺路搭桥的作用。

有书作伴

《西南大动脉》

黄继树、牛建农合著的《西南大动脉》写了一位小车司机小黄讲的故事：

刚上南昆线的时候，有一天他开车送几个人到平林去。返程时，车子在一摊稀泥中打滑了，怎么开也开不出去。刚才来的时候，过得很顺利的，现在人下去了，车子轻了，就打滑了。

这时，跑过来一群孩子，围着车子，看新奇。小黄叫孩子们上车，帮帮忙。孩子们畏畏缩缩，直往后躲，死都不肯上车。他只好请孩子们帮他推，可是推不动。费了好大的劲，连说带比画，才动员几个孩子坐上了车。

车子顺利地开出那摊稀泥，小黄停车，叫孩子们下车。可这一回，孩子们不肯下车，他们说："叔叔，你开吧，开吧。"小黄说："那怎么行，车子一跑出去，就很远很远。"

孩子们说"不怕，不怕"小黄就开车。孩子们乐呀，乐死了！说："哎呀，跟马跑起来一样快！不，比马跑得快！"

小黄问："你们坐过火车吗？""没有。"孩子们齐声回答。"见过火车吗？"小黄又问。"没有。""坐过汽车吗？""没有。"孩子们情绪好极了，他们齐声回答"没有"的时候，声音里充满欢乐，像在唱歌。

"那，你们出远门，怎么办呢？""骑车！""走路呀。"小黄心酸了。

又开出去一段路，小黄停住车。"下车吧，孩子们，再走，你们就找不到回家的路了。""我们认识路，叔叔。"小家伙们不肯动。"路太远，天又黑，你们怎么走呢？""我们打火把呀。"为了证明他们能够打火把，好几个小孩掏出火柴，伸到小黄面前，让他看。

小黄又发动了车子。他心情特别复杂。他是个技术过硬的司机，开车从来聚精会神，但是这一次，他的心乱了。他想开慢一点，免得跑出去太远，因为孩子们还得靠两只脚板走回去呀；他又想开快一点，快得飞起来，让这平林的孩子们好好体会一下坐小车的滋味。

天黑了，孩子们欢天喜地地踏上了归程。小黄看见有几个火把，在黑乎乎的山野里亮起来。他听见孩子们清脆的童声在说着什么，争论着什么……

小黄每说起这件事，就喉头发硬，眼泪就流下来。

这个故事确实感人，它使我想起多年前读铁凝《哦，香雪》的感觉。近年来下岗、扶贫题材的小说不少，但感人至深的故事不多。这个故事则是直接从生活一线得来的，它为整部作品增色不少。

《西南大动脉》的副标题是"南昆铁路三重奏"，因为在作者看来，南昆铁路不仅是一条科技大动脉、人才大动脉，还是一条扶贫大动脉。读了这个故事，我们或许能明白：为什么说南昆铁路是当今中国最大的扶贫项目，为什么擅长长篇历史小说的黄继树在20世纪最后几年紧紧追随大西南建设者的奋斗足迹，在短短几年间为广大读者奉献四部长篇报告文学。

《铁血将军李明瑞》

　　说来我也孤陋寡闻，我最初知道李明瑞这个人物，还是因为读了黄继树的《桂系演义》。因为《桂系演义》，我对李明瑞略有所知，知道他是桂军中赫赫有名的战将，为人深沉，有抱负，长期为李宗仁和白崇禧排挤，后来终于脱离李白桂系，倒桂反蒋，创建了红七军和红八军。

　　也许是因为《桂系演义》对李明瑞的才能、性格、抱负写得较有特色，我对这个人物产生了较大的兴趣。只是《桂系演义》由于整体构思的原因，对李明瑞倒桂反蒋之后的情况仅一笔带过，不再涉及，留下了我对李明瑞这一人物的悬念。

　　直到最近读了刘波、桂仁亿的《铁血将军李明瑞》，我才对李明瑞的情况有了全局性的了解。

　　生于1896年的李明瑞1920年毕业于云南讲武堂韶州分校，1926年任国民革命军第七军旅长，北伐战争中著名的贺胜桥之战、德安之战都留下了他赫赫战功。北伐之后，他不为金钱、地位所利诱，为实现为国民的理想抱负，倒桂反蒋，在共产党的领导下，策划了龙州起义，建立了左、右江革命根据地。作为红七军、红八军的总指挥，李明瑞以其杰出的军事指挥才能和对党的赤胆忠心，在国民党军队的围追堵截中，转战9000余里，终于到达中央革命根据地，实现了与朱毛红军的会师。在紧接着的中央红军第三次反"围剿"中，李明瑞参加了几乎所有重大战役，战果辉煌。遗憾的是，不久，由于王明占据了中共中央的领导位置，李明瑞被作为"肃反对象"，惨遭杀害，一代名将就这样悲剧性地结束了生命。

　　熟悉中国共产党党史的人们，会知道李明瑞的悲剧是具有某种普遍性的。然而，悲剧并不因为普遍而减弱它的悲剧力量。作者写到李明瑞的悲剧结局时，自然而然地写下了这样的文字：

　　1931年的10月啊，正是将军刚打完第三次反"围剿"最后一仗，意气风发走进的又一个10月！应该属于将军的10月还有很多很多，可是，却在革命最需要他的时候结束了！

在这即将走完人生的最后一个10月，他把无愧留给了自己和红七军，他把遗憾留给了1931年的秋天。

将军倒下了，倒在自己的营地上，倒在自己人的枪口下，一腔铁血洒在中国革命的另一沙场。江西省雩都县黄龙乡朱田村郊野那一堆新垒的黄土，还有漫地红透了的黄栌树落叶，掩盖着铁血将军不瞑目的躯体，掩盖着铁血将军不朽的英魂。

这些文字具有强烈的抒情色彩，是一种因为李明瑞悲剧结局而产生的遗憾之情、沉痛之情、悲壮之情。然而，作为读者，我感受到的却不仅仅是这些文字的抒情力量，同时，我还感到这些文字的思想力量，它以一种强烈抒情的姿态启开了一种深沉的冷峻的思考，而这种思考又是与对20世纪中华民族历史进程的反思紧紧融为一体的。

（《铁血将军李明瑞》刘波，林仁红著"八桂俊杰丛书"之一种，接力出版社1994年第1版。）

《总政委邓小平》

　　《总政委邓小平》写的是1929年夏天到1931年春天的邓小平。这段时间邓小平最重要的职务是红七军、红八军总政委，最重要的事迹就是创建红七军、红八军，建立左右江革命根据地。

　　具体地说，1929年7月邓小平作为中共中央的代表，从上海经香港到南宁，任务是做上层统战工作和领导广西全盘工作。在广西期间，邓小平亲自进行广西地方军政领导俞作柏、李明瑞的统战工作；亲自领导了南宁兵变；创建红七军，领导百色起义；创建红八军，领导龙州起义；建立左右江革命根据地，并亲自领导农民运动和土地革命；主持"改造七军，发展七军"的平马整训；最后率领红七军转战千里，于1931年2月抵达江西崇义，创建崇义根据地。同年3月，邓小平赴上海中共中央汇报工作。

　　匈牙利作家巴拉奇·代内什在其传记著作《邓小平》中写到这里时，曾发了慨叹："这是一个最远、交通最困难、最难领导和组织的地区。同上海联系，不是通过电台，而是只能通过交通员。由于敌人的封锁包围，交通员即使不走几个月，也要走几个星期。但这仍然是邓小平在中国革命极漫长的连续剧中扮演的第一个独立角色。"邓小平的女儿毛毛在《我的父亲邓小平》一书中对这段生活亦有感而发："对于父亲本人来说，红七军、红八军的革命历程和战斗实践，的确给予了他更多的锤炼。无论是经验还是教训，无论是胜仗还是败仗，都为他在今后更广泛的领域内进行革命斗争实践，积累了更加丰富的经验，打下了更加坚实的基础，使他愈益成熟。"当然《总政委邓小平》的作者李时新在经历了长达一年查阅资料、采访考查、分析研究之后，也表达了类似的感想："这是邓小平最初的执政。对于善于总结经验教训、敢于坚持真理修正错误的邓小平，对于后来成为更大地域地方政权的最高领导人和中国的最高领导人，这最初的执政，无疑有着更大更深远的意义。"

　　李时新在写作《总政委邓小平》一书时，贯穿宏观的视野、全景的叙

有书作伴

述以及严谨求实的历史态度。在此之前,李时新写过《血城》《血江》《血海》《血围》等一系列军事畅销书,出于市场的需要,李时新将他的目光和笔触集中于一个个血肉横飞的战争故事,写得精彩纷呈,惊心动魄。然而,《总政委邓小平》却不是一部"抓一点,不计其余"的著作,作者力图以一个片断的生活展示一个完整的伟人。

在《总政委邓小平》一书中,我们可以清楚地看到邓小平以怎样的思想魅力为中国共产党吸纳了大批精英,看到邓小平以怎样的理论素养和行政才能为长期受剥削、压迫和愚弄的人民群众传播全新的政治理念、经济理念,甚至还显示了从事秘密工作的才能、处理少数民族关系以及对外关系的才能。俗话说,从一滴水看见太阳的光辉,从在广西期间的邓小平,我们也看到了一代伟人的成长历程。

邓小平的一生光辉灿烂又极富传奇色彩。它可以分为留法时期、在广西时期、抗战时期、解放战争时期、总书记时期、"文革"时期以及新时期等诸多时段。如今,关于邓小平的传记,"通史"居多,"断代史"则偏重抗战之后。相对而言,留法和在广西期间的邓小平,研究尚处于积累资料阶段。李时新以严谨求实的姿态和高度投入的激情,写出了洋洋40万言的《总政委邓小平》,填补了邓小平传记写作中的一个空白。

《大儒梁漱溟》

八年前我读过艾恺的《最后一个儒家——梁漱溟与现代中国的困境》，觉得这是一部厚重扎实的好书，并对梁漱溟这样一个中国现代思想家产生了较大的兴趣。但同时也觉得艾恺的著作有一个大遗憾，那就是艾恺对梁漱溟1949年以后的生活经历、思想发展写得太少，不到全书的二十分之一。艾恺这部书是1979年出版的，当时艾恺尚未见过梁漱溟，写作过程中也无法与梁漱溟取得联系。所以，他对梁漱溟1949年以后的生活经历、思想发展不熟悉是很自然的。尽管事出有因，但艾恺的著作毕竟给读者留下了遗憾。

当我读到陆明伟先生的《大儒梁漱溟》之后，这个遗憾终于得到了弥补。长达25万字的《大儒梁漱溟》除了一些追溯性的文字外，专门对1949年以后的梁漱溟的生活经历、思想发展作了系统深入的叙述。在陆著之前，我曾读过不少有关梁漱溟的传记文章，这些传记文章对梁漱溟在新中国成立后的三件大事多有绘声绘色的描述。这三件大事分别是：1953年公开顶撞毛泽东，1970年对《宪法草案》提出批评意见，1974年拒绝批孔。但是，这些传记文章的不足之处在于，它们无法把1949年以后的梁漱溟结构成一个整体。在读这些传记文章的时候，我常常想，1953年到1970年、1970年到1974年、1974年到1976年的梁漱溟是如何生活如何思想的？这些历史空白、这些思想空白是那些传记文章所无法填补的。

《大儒梁漱溟》较充实地填补了这些空白。它使我不仅看清了有关梁漱溟的那些历史"特写镜头"，也多少了解了有关梁漱溟的那些"特写镜头"之间的连接和转换。这并不是因为作者善于运用电影蒙太奇手法，而是因为作者能够以一种不避烦难、努力求实的姿态去搜集、整理、爬梳各种有关资料。这些资料不仅来自对卷帙浩繁的图书文献的阅读，而且来自对梁漱溟亲友以及梁漱溟研究专家学者的采访，正因为这番艰辛的工作，《大儒梁漱溟》才能达到它现在所呈现的水准，才能凸现它特有的学术价值和文学价值。

《潘琦文集》

　　20世纪90年代以来，中国文坛崛起了一支队伍，即新桂军。新桂军壮大到什么程度？这个问题恐怕仍然是当局者迷，旁观者清。不妨引用北京大学中文系教授陈晓明的说法，他的说法也许会令许多妄自菲薄的广西人吃惊："桂军势不可挡，迟早要拿下中国文坛半壁江山。"

　　这些年我到外省开会，常常听到外省作协对广西作协的称赞和羡慕，称赞自然是广西出了一批享誉中国文坛的青年作家，羡慕则往往指的是广西有一个爱文学、懂文学的好领导。他们说的这个领导，就是潘琦。

　　东西有一篇颇有影响的写潘琦的文章《部长作家》，现在，当我面对新近出版的洋洋九卷本的《潘琦文集》（中国大百科全书出版社2003年8月第一版），我想谈的不是作为部长、书记的潘琦，而是作为作家的潘琦。

　　《潘琦文集》由《爱在大山里——抒情散文集》《远逝的岁月——叙事散文集》《绿色的山冈——游记散文集》《春天的颂歌——诗歌集》《踏实人生路——杂感集》《风格就是人品——文艺类论文集》《真理就是力量——社科类论文集》《艺术就是情感——文艺类序言集》《思考就是行动——社科类序言集》九卷组成。显而易见，九卷文集基本可以分成两类，前五卷为创作，属于文学作品；后四卷为研究，属于人文社科类论文。本文既然是谈作为作家的潘琦，我就主要谈谈自己阅读前面五卷文学作品的一些想法。

　　诗缘情。这是中国传统文学的一条定律。潘琦深谙此道。他的《文艺类序言集》标题为《艺术就是情感》，充分说明了他对这条定律的坚信。当然，对于一个作家来说，理论上的觉悟和实际中的运用并不一定水乳交融。但是，具体到潘琦的创作，我们可以发现他是将这条定律一以贯之的。其实，人非草木，孰能无情。但有情不等于纵情，纵情不等于滥情。人生活在纷繁复杂的社会结构中，理性往往比情感更有助于人的生存与发展。这就导致许多现代人选择理性、疏远感性、理性大于感性。这在现实社会中当然是正确的选择。但落实到文学创作，就难以"放之四海而皆准"。好在潘琦的作品从来不回避感情，不疏远感情，相反，他的作品总是蕴藏着深情、浓情、挚情。因为有情，始能动人。

这种情，首先表现为对亲人的亲情。《母亲的生命》一文写的是作者的母亲，全文贯穿始终的，正是一个儿子对母亲的亲情。当母亲牙痛在床上打滚呻吟的时候，作者"心痛着"；当想到母亲因迷路回不了家的遭遇时，作者"眼泪夺眶而出"；当母亲病情缓解，作者"泪水模糊了我的双眼"。同样，《怀念父亲》写父亲的一生，感情同样成为全文的灵魂。想到父亲辛苦的一生，作者"眼泪滚滚而流"；父亲去世时，面对父亲的棺材，"我双膝跪上前，深深地拜了三拜，我们兄弟姐妹放声痛哭"。

我所以挑出这两篇写亲情的散文，是因为亲情是一个人最质朴、最本色、最深切的感情。人的感情正是从亲情推而广之的。从这两篇写父母儿女情的文章，我们可以看到潘琦文学创作的情感底色，看到他的情感的活水源头。

从这样的情感底色和情感的活水源头出发，潘琦还写了许多记人的散文，如《当我想起覃老》《怀念张老师》《怀念张报》《文学青年的良师益友——缅怀黄勇刹同志》《郑必坚印象》《难忘这段情》等等。这些散文中的主人公，有的是作者的领导，有的是作者的朋友，有的是作者的老师，有的是作者的下级。无论什么身份，作者对他们寄予的，一律是发自内心深处的挚情。像《怀念张老师》一文，写的是作者进城读小学时的第一位班主任张淑云老师。当作者提笔写这篇文章时，这位仅做过作者两年多时间班主任的张老师离开人世已经40年了。然而，岁月在深挚的情感面前显示了它的无力，远逝的张老师在作者心目中仍然熠熠生辉。文章这样写道："岁月流逝，一晃四十年过去了。这些年来，我总是忙忙碌碌，奔奔波波，但不论到什么地方，只要想起张老师，都摆脱不了她身上昨日的情影，都会触景生悲情。"

当然，世上没有无缘无故的感情。作者对父母的情来自天伦，对领导、朋友、老师的情则来自这些人物身上美好的品德。像自治区前主席覃应机身上的责任感、自律性、实事求是的作风和爱护市民的诚心，构成了令作者敬佩、仰慕的品质，引发了作者对他的感念之情。张老师对学生的爱护和关心，滋润并培育了作者生生不息的爱心。国际共产主义老战士张报能赢得作者的敬爱，则是因为他坚定的信念、忠诚以及对故乡、对祖国的热爱。诗人黄勇刹对文学青年的扶持，对自己民族的热爱，既使作者感激敬佩，也为作者树立了榜样。可以说，作者所有的记人散文，无不渗透一个"情"字。有一段时间，中国文学是排斥情感的。人成了无情之物，人情成了罪名，人情味成了缺点。潘琦显然是反其道而行之。他那篇《郑必坚印象》，写身为中宣部副部长的郑必坚同志，40多年了仍不忘当年土改时的房东老乡，到了广西仍专程前往探望，百忙之中仍不忘到烈士墓悼念当年牺牲的战友。潘琦写郑必坚印象，推崇的正是郑必坚这种深挚的情怀。情，人情，人的美好的感情，不仅被作者向往，而且由作者践行。《难忘这段情》以广西青年作家在中国文坛的崛起为经，以作者和青年作家的友情为纬，事业上的成功固然可喜可贺，"相处如战友，相交似朋友，相敬如亲友"的美好感情则值得怀念、回味、珍惜。像文中这段描写：

初夏的南国，莺飞草长，都说这样的日子是郊游的最好时节，我把二十多位文学青年请到花山壮族山寨召开了文学创作座谈会。青年们的笑容如初夏的阳光一样灿烂，如清朗的月亮一样明净。我们坐在寨前的草坪上，探讨文学艺术的发展规律，商量振兴广西文坛的措施，勾画八桂文学发展的蓝图，憧憬八桂文苑繁荣的前景。大家心情轻松愉快，畅所欲言，用心去思考，真诚交流，仿佛是在和秀丽的花山对话，与散漫的浮云携手，随滔滔的左江水奔流。

读到这样的文字，人们不仅可以感受到事业的鼓舞，而且可以感受到"事情"的珍贵。这里所谓"事情"，指的是志同道合的事业中蕴藉散发的那种温暖明净、通达自然、高山流水的感情。

从最基本的天伦之情，到社会交往的朋友情、师生情、事业情，潘琦表现的情既是具体的、个别的，这遵循了文学的个性之道；也是抽象的、普遍的，这体现了作者对博大情怀的追求。像《神圣的母爱》《富有拓荒者》《论母爱》《论爱情》《论人情味》，这些散文同样是言情，但这里的情已经从具体个别的情提升为抽象普遍的情。这时候的潘琦，也力图从抒写个人之爱升华为写人类之爱，力图为一己之情造就人类之情的境界。

潘琦作品中的情还表现为故乡情。他的故乡是一个名叫凤立村的小山村。作者写了许多表达故乡情的作品，如诗歌《故乡的小溪流》《家乡的

有书作伴

257

清泉》《我赞美故乡的土地》《我思念故乡》，如散文《家乡的歌》《山村的小路》《乡思》《故乡的古榕树》《故乡的叶笛》《故乡的秋天》等等。这是一个贫困的仫佬族小山村，一支山歌形象地写出了小山村的生活状况："小路弯弯细又长，无钱无米上学堂；男人跟着牛屁股，妹仔早早做人娘。"然而，贫困并不能阻挡作者对故乡的热爱，在作者笔下，这个仫佬族小山村有着许多迷人的地方，悠扬的山歌、清澈的山溪、蜿蜒的山路、茂密的山林。与作者最质朴的亲情相对应，作者的乡情同样是作者对这个世界的情感根柢。用作者的话说："仫佬山乡，那是我发芽长叶的地方，是我情感的源头。对故乡的情恋，无论走到哪里，都像淙淙的甘泉滋润着我的心灵，对故乡的思恋，无论何时都像一把快乐的钥匙，常常打开我的心房，放出我的童音，勾起我无数遐想。"（《乡思》）

对家园的爱、对故乡的情是人类特别值得珍惜的情愫。因为，从这种最基本的情愫出发，一个人有可能扩而充之葆有对祖国、对世界、对宇宙自然的热爱，本色的自然之情因此超越而成为自觉的人文之情。读这些抒写故乡情的作品，可以发现，作者对故乡的感情正经历了一个从单纯的自然之情到丰富的人文之情的过程。童年更多的是对故乡清泉竹林的爱，少年则产生了对故乡现实的思，"记得那场轰轰烈烈的恶剧，/叮咚的溪流是仫佬人的申诉，/记得那闹腾、辩论、游行的日子，/山间浮动着朵朵惨云愁雾。"（《故乡的小溪流》）而随着作者的长大成人，阅历丰富，识见深远，作者对故乡的情更是升华为对祖国的情，比如，在《山村的小路》一文中，作者这样写道："我常常把故乡的小路和祖国的前途命运连在一起，尽管道路是崎岖的、曲折的、泥泞的，但前面的道路是宽阔的。如果把祖国山河看作是有生命、有灵魂的躯体，那么无数条小路就是它跳动的脉络，是它敏感的神经，这条条脉管正孕育着新的生机。"这种对祖国的热爱以及对祖国强大的渴望，在作者人到中年以后变得更为执著。当作者参观完肯尼迪航天中心，凭车窗遥望那帮助人类登上月球的火箭发射塔，默默想着："人类是从这里登上月球，这是人类科学技术高度发达的标志。具有五千多年悠久文化的中华民族，曾为人类创造了四大发明，也一定会在不久的将来登上其他星球，为人类探索太空作出贡献。"而在参观欧洲文化之都佛罗伦萨的时候，作者这样写道："佛罗伦萨曾经在欧洲文化史上创下的辉煌，如今已不可复见。我为自己能如此地走近它、读解它而欣喜不已。我没有翅膀，却在飞翔，思绪不禁向着东方飞去。"

文载道。这也是中国传统文学的定则。尽管有段时间人们对文载道这条定则有所非议，但在我看来，这不等于是这条定则失去了概括力，而是因为道有不同，人们对某些文所载之道不以为然从而恨屋及乌对文载道这一定则产生了怀疑。具体到潘琦的创作，毫无疑问，作者载道的意识是很明确的。作为一个共产党员，特别是作为一个党的高级干部，潘琦所载之道当然与他所加入的党的理想、信仰有着密切的关系。这既是他的信仰和理想，也是他的工作职责、事业目标。所以，我们可以从这九卷文集读到大量作者表达对党的热爱，为党的理论、方针、政策做宣传的作品。这是自然而然的。其实，如果我们从一个更大的视野，从一个更开阔的历史高度，以一种平常心，我们可以发现，中国传统官吏制度是一种仕官文化，从政者写作本来就是传统。如今我们读到的大量古代诗文，其作者在作家身份之外更重要的身份是官员，著名的大作家韩愈、柳宗元、苏东坡、白居易、范仲淹莫不如此。只是现代社会由于分工日趋细密，官员兼作家的现象就成了特殊。不过，我认为从政者参与写作是一件好事。对从政者自己，可以通过写作深化、明晰、拓展其思想，因为从政是需要思想的。对社会，则公众可以通过其文章了解其思想、性格。从政者需要与社会、与公众沟通、交流，而不仅仅与其上级或下级沟通交流。一个有写作才能并乐于写作的从政者就多了一个与他要为之服务的公众交流的平台。具体到潘琦的创作，他长期从事文化宣传事业的领导工作，于是，写作更是他从事领导工作的一个重要手段。在很大程度上，文化艺术宣传工作需要文化人的支持，而文化人的工作特别需要一个自由宽松的环境。一个写作的领导人对文化、对文化人的工作性质和工作价值当有更贴切的理解，只要他不嫉才，不自以为是，那么，他就有可能提供一个有益于创作、有益于调动人的积极性的文化环境。广西这些年文学艺术成绩较突出，有了有目共睹的发展，与主管领导对文化的理解和重视当然有密切的关系。进一步，现在虽然是经济主导的时代，但并不等于文化就退居次要。事实上，文化的现代化恰恰是一个国家或地区综合实力的重要指标。甚至一些发达国家已经进入文化经济的时代。世界上不少国家或地区很有钱，但文化贫弱，它们最终还是不能成为国际主流或国家主流。中国作为一个大国，广西作为一个发展中地区，领导者的文化眼光非常重要。像他所写的《关于区域文化研究的思考》《要加强对红水河文化的研究》《研究区域文化　开发文化资源》《开展区域文化研究　服务桂北经济建设》《努力探索发展先进文化的新途径——关于环北部湾文化的思考》等文艺类论文，就体现了相当深刻的文化眼光。有时候我想，任何职业在其职业长处之外，都有其职业局限。读潘琦这些文章，我意识到，从政者多思考文化问题，参与文章写作，对施政的长远眼光的建立颇有好处。反过来，文化人读一读从政者的文章，也可能增强一些对从政者的理解，更重要的还有对政治的理解。这里的政治不是那种高高在上自我封闭让公众无法介入的政治，而是那种与公众息息相关需要公众关心和参与的政治。而长远目光的建立和相互理解对一个社会的健康发展是很有益处的。

正是基于这样的认识，因此，我们在《潘琦文集》中不仅可以读到政治之道、道德之道、宏大叙事之道，还可以读到大量日常的、平凡的、朴素的、可称为常识又常常被人们遗忘和疏忽的人生之道。《踏实人生路——杂感集》使我想起培根的《论说文集》和张中行的《顺生论》。作者用随笔小品的形式对责任、良心、性格、荣誉、意志、青春、中年、老年、幸福、友谊、习惯、同情等一百多个人生、社会问题进行了富于哲理、生动有趣充满个性的论述。如《论礼貌》写道："礼貌举止也像穿衣一样，不要太窄，要宽而适体，如此行动上才能自如，才能使有礼貌的人喜悦，受人以礼貌相待的人也喜悦。"又如《论友谊》写道："友谊，不可继承，不可转让，不可传递，不可贴上封条保存起来，不可冷冻在冰箱里永远保鲜。友谊是一部孤本书，一个人可以和不同的人有不同的友谊，却不会和同一个人有不同的友谊。友谊之鲜果，只留给灌溉果树的人品尝，别人摘下来尝一口，很可能会酸掉了牙。别有寄托的友谊，别有利用的友谊，不是真正的友谊，而是撒向死海里的网，到头来空收无益！"像这样言简意赅、含蓄隽永的论述，在书中俯拾即是，不胜枚举。这时候的作者，与其说是一个从政者，不如说是一个智者。当然，从政与智慧并非水火不容，相反，政治中亦有大智慧，能否领悟全看个中人士是否有慧根、有灵气、有智慧。

诗缘情，文载道。分开述说易，整合表现难。文学作品不仅要有动人之情、惠人之道，更要有将情与道融会贯通的叙述技巧，为情与道创造一个"有意味的形式"的表现才能。读潘琦数百篇诗歌散文，我以为，潘琦作品的最大特色，在于民间文化的滋养。一个受过现代高等教育的写作者，语言往往容易欧化，表达往往容易艰深，但潘琦却因为从小得到少数民族民间文化的滋养，形成了他质朴、流畅、生动、形象、雅俗共赏的文风。他的许多文章常有新鲜的比喻、饱满的想象，这些新鲜饱满的比喻和想象，为他意欲表达的情和试图阐述的道增加了一种独特的魅力。与此同时，现代教育的训练又使他自由从容的想象力在舒展自如的同时还能收放自如，如《家乡的歌》以山歌构成文章的主线，《山村的小路》全文紧扣小路这一核心意象，《母亲的生命》笔墨始终落在母亲的病痛上，这些文章技巧，看似不经意，实则匠心独运。限于篇幅，我不可能对潘琦诗文的艺术技巧有太多阐述。这里只对作者那首获中宣部第七届"五个一工程奖"、首届中国音乐"金钟奖"的歌词作品《三月三　九月九》略作分析，以呈现作者在貌似平易散漫的形式中暗藏的对艺术的苦心经营。

歌词不长，先抄录如下：

三月三，九月九
歌儿挽着彩云走。
三月唱播种，
九月唱丰收，
牧歌满山飘，
渔歌浪中游，
为什么家乡这样美？
只因那各族兄弟手挽手！

三月三，九月九
歌儿挽着日月走。
三月唱希望，
九月唱成熟，
歌中有故事，
歌中有追求，
为什么祖国这样美？
五十六个兄弟民族手挽手！

首先，这首歌词的构思很富创意。三月三和九月九两个节日正值春秋两季，恰与播种收获相对应。同时，三月三又是广西少数民族的节日，歌词因此有了明确的少数民族山歌意味。其次，两节歌词，内容形式均形成对称结构。上节写自然的三月三、九月九，下节写人文的三月三、九月九，但内容形式的对称不等于意义的均衡，意义上，下节正好形成对上节的超越和升华。上节通过牧歌和渔歌暗示了广西的山水地域特色，下节则以故事和追求提升为祖国的同心同德。最后，歌词语言的简洁爽劲，朗朗上口，也为它的传播流行带来了便利。毕竟，绝大多数文学创作并不只是为了藏之名山、诉诸后世，而是为了以美好的情打动人，以智慧的道启悟人，以巧妙的艺术予人美感。我想，这应该也是潘琦孜孜不倦于文学创作的初衷，而因了他的勤奋，他的好学，他的阅历，他的资质，他的悟性，他有理由"惊奇于他自己的文学之美"（《音乐情缘》）。

《东西小说论》

数月前，我到河池学院出差，存超告诉我他正在写一部《东西小说论》，我觉得是个好题目。上个月，我接到存超的电话，说他已经写完书稿，请我写序。紧接着，我读到了《东西小说论》的电子文本。

我很快读完了存超的这部著作。我的第一个感觉是羡慕。羡慕的是存超抓住了一个很好的选题，写出了一本有价值的著作。这些年来，东西小说在中国文坛有不小的影响，获得了鲁迅文学奖和庄重文文学奖，多部小说拍成了影视剧，许多小说被各种选刊或选本选用，这些都是东西小说可以称道的一些指标，说出来是很有说服力的。然而，作为一个长期做文学研究的教师，我觉得一个作家仅仅有这些指标还是很不够的。这样的作家可能热闹有余，持久不足。我讲了20多年中国当代文学，亲历了一个个当红作家如何被遗忘的历史，也算有些历史感，不容易被那些炫目的指标迷惑。在这种心态下，我私心里认为，东西确实是一个有价值的小说家，他有特殊的小说写作天赋和杰出的语言表现能力，有对人类一些重大问题的深切思考和形象表达，这都是一个小说家最终从众多注定被遗忘的那些显赫一时的小说家中胜出的重要潜质。东西是具有这种潜质的，至于最后他能走多远，既要看他的抱负和努力，也要看时代提供的机遇和理解。

做当代文学研究，不仅需要坐冷板凳的刻苦精神，而且需要慧眼慧心。当下文坛繁荣异常，每年数百部长篇小说出版，知名或不知名的作家数以千计，谁也不可能将之一网打尽。因此，研究当代文学，从纷繁中把握有价值的作家，确实需要研究者良好的艺术感觉，甚至也需要一些机缘。存超能抓住东西小说这样一个值得研究的好题目，当然与他良好的艺术感觉有关。十年前，我有一段与存超朝夕相处的时光，那时候我们经常在一起晚上散步。我记得当时除了聊一些日常话题之外，聊得最多的就是东西的小说。当时东西的长篇小说《耳光响亮》刚发表不久，我专门买了一本阅读。由于东西小说内在的难度，我读后很不理解，存超多次与我谈了他的阅读感受，他的一些感受对我很有启发，使我加深和拓宽了对东西小说的理解。后来我写了一些东西小说的研究文章，其中也有存超思想的启发和触动。我每每回忆那几个月的时光，那种悠闲、随意、漫无边际的闲谈，对我真是可遇而不可求。当然，我写这些不是为了抒情，我只是表达我阅读存超《东西小说论》的第二个感觉，那就是钦佩，对存超所具有的慧眼和慧心的钦佩，他抓住东西小说这个研究课题，并不仅仅来自运气，更来自他对文学敏锐的领悟力。

这种对文学敏锐的领悟力在《东西小说论》中随处可见。这部著作由上下两篇组成。上篇是将东西小说的一些特殊的质素抽出来做综合研究，相当于原理阐述；下篇则是选择十多个东西的小说逐一分析，接近于文本细读。这样的结构是很见作者整体布局的匠心的。除了这种结构上的总体把握外，存超对东西小说的解读往往有其独特的、带有鲜明个人色彩的发现。前面我已经说过，阅读东西小说是有难度的。很显然，分析东西小说的难度就更大。我读过不少分析东西小说的文章，我发现，宏观的分析多，微观的分析少，点到为止的论述多，深入挖掘的论述少。很显然，人们发现了东西小说的价值，却回避了东西小说的难度。相比之下，存超既发现了价值，又没有回避难度。这确实是需要慧眼也需要功力的阐释。我本人也写过东西一些小说的分析文章，诸如对《不要问我》《没有语言的生活》《耳光响亮》的解读，我深知深入分析东西小说的困难。但存超的分析确实体现了他的慧眼和功力，他总能在那些困难的地方开辟出新的阐释空间，我注意到他在分析中对原型理论、对文学人类学理论以及民间故事理论的有效利用。我认为东西的《秘密地带》是一个很好的小说，也曾经在文章中认真讨论过这个作品，但总觉得言不尽意，读到存超的阐释，特别是读到他关于《秘密地带》对民间故事原型的利用，确实有茅塞顿开的感觉。作为东西小说的很认真的读者，我读过东西许多小说，但不得不承认，存超的《东西小说论》唤起了我阅读和重读东西小说的欲望，打开了我理解东西小说的新的空间，刷新了我对东西小说的一些阅读体验，这就说到了我阅读存超《东西小说论》的第三个感觉，那就是感谢。

《桂林往事》

不久前获赠赵平先生在民族出版社出版的新著《桂林往事》。这是我早已想拜读的一本书，书中分《名人逸事》《考古惊奇》《寻踪觅迹》《悬案探谜》和《桂系秘闻》几个专题数十篇文章。可以毫不夸张地说，这本书以及过去赵平先生赠我的《桂林轶事》《章亚若在桂林》两本书中的大部分文章都是我感兴趣的话题，并且，每篇文章都有一些新颖实在的材料和内容。

一本书是否有价值，直接与这本书的话题是否让读者感兴趣有关。《桂林往事》中的《孙中山攀登天水寨那天》《林森来到桂林》《桂林汉奸群丑图》《岑春煊"巧取豪夺"雁山园》《词人王鹏运的归葬之谜》《阚维雍将军的身后之谜》等都是我感兴趣的话题。为什么感兴趣？我不妨随意拿几个话题解释一下。比如，自从克林顿访问阳朔渔村之后，渔村旅游方兴未艾，许多人都知道渔村是两位总统光临的地方。然而，当年孙中山造访渔村究竟是怎样的情景，浅尝辄止的人们自然不得而知。赵平先生的文章却能将事件的始末原本写出，让那些想深究的读者或者行者大快朵颐，满足饕餮的欲望。又比如，桂林雁山园几易其主，其中缘由颇有周折，赵平先生的文章在历史的幽暗处摸索探究，自然能引起读者的兴趣。还比如，我曾在一篇网上文章看到过抗日战争时期广西无汉奸的极端说法，如果人云亦云，自然贻笑大方。过去的文章更多写的是桂林正面抗日的一面，对汉奸的情况涉及很少。赵平先生的文章，则将一批桂林汉奸的所作所为以及最后下场娓娓道来，填补了读者某些知识的空白点，那些似是而非的说法在这样的文章面前只好立刻销声匿迹。

引起读者的阅读兴趣需要作者对社会时代的心理有某种深度的把握，能感应时代的脉动。赵平先生的这些文章，看标题就知道作者对当下桂林的人文氛围是有深入认知的，所以他的选题常常就是读者感兴趣的话题。当然，除了对时代心理的敏感之外，引起阅读兴趣也需要文章具有某种文

有书作伴

265

学的气质，在叙述话语的选择和文章结构的提炼上打动读者，激起读者的阅读期待。赵平先生的文章是有这样的气质的，这自然也是其书其文让人们兴味盎然的原因之一。

不过，我更推崇的是赵平先生文章中新颖实在的材料和内容。时下许多图书，往往是将别人写过的内容重新排列组合，既无新的史料，也无新的史识。这样的书并不是完全没有意义，但确实意义不大。赵平先生的书，却是十足的干货，每一点材料，都来自他的阅读、他的采访、他的田野调查，是真正的第一手材料。阅读其实是他研究的准备，他需要了解还有哪些问题前人的研究没有涉及；采访是他发现新材料的重要途径，因为许多真知隐藏在民间；田野调查是他证明论点、落实证据的重要方法，他不同于许多从书本到书本的学者，他直接行走在历史的大地上，去感应历史的律动，呼吸历史的空气。我曾请赵平先生带我参观过飞虎队秧塘机场的遗址，参观过章亚若的墓地。我亲眼看见他遇到一点新的材料马上掏出笔记本记录，他的这种一丝不苟的治学态度在今天确实越来越少。我也到过赵平先生的家，在他的书房，他通过各种途径收集的材料按研究课题分门别类，有纲有目，有图有表，一目了然。正是由于他有这种严谨的治学精神和科学的治学方法，他写出的文章才可能是专家的文章。他总是在其他专家疑惑不清、欲言却止的地方发言，以新鲜平实的材料说话，从而起到为读者解惑的效果，在历史的幽暗处打上丝丝缕缕求知者的阳光。

人文学问并不像有些人想象的那样只需要自圆其说，自说自话，有时它也是需要并且可以通过事实进行验证的科学的思想和结论。章亚若墓地的确认、猫儿山飞机残骸的辨认都证明了赵平先生的"先见之明"。他能在人们还众说纷纭的时候通过他的"真知"推理出"灼见"，最后他的"灼见"被事实所证明。这种对每一个人文学者难得的机遇经常被赵平先生遭遇。这个事实对许多"怀才不遇"的人文学者其实是一个重要的启示，那就是，在机遇来临之前，我们究竟有多少知识准备，我们是否有"真知"去照亮我们的思想，使我们那些剪不断、理还乱的思想成为"灼见"。

赵平先生从事桂林文史研究数十年，在桂林的许多重大历史研究成果如甑皮岩遗址发掘与抢救、靖江王陵的普查及明代青花梅瓶的发现中都有他劳动的汗水和智慧。章亚若在桂林、飞虎队在桂林等专题研究更是他的"独门绝活"。桂林的地方史研究因为有了赵平先生而异彩纷呈。世界各地的学者一旦遇到涉及桂林历史的问题，往往可以在赵平那里得到满意的答案或值得进一步跟踪的线索。谢和赓先生为赵平先生题词："故乡胜迹君有功焉！"这是合乎实际的评价，但也未能完全道出赵平先生对桂林地方史研究的价值和意义。刘波先生在《桂林往事》代序中对赵平先生的贡献有很生动细致的概括，我笔力不逮，不敢重复。但我诚心认为，因为赵平先生在桂林地方史研究方面的卓著贡献，桂林应该感谢他。

《桂林老板路》①

读朱盟芳、麻承福先生主编的《桂林老板路》，我深受触动，认真思想，在芸芸众书之中，《桂林老板路》不同流俗，高标独立，自成一格，显示出三大特点。

其一，视野下沉，建构民间视角，抢救民间记忆。时下桂林题材图书，动辄称史，或者称论。无论是史是论，都取仰角，一心一意只往高处看，盯住大人物、大事件，只见精英，没有草根。不是说这样的书没有价值，但必须承认这样的书也有局限。如同观水，只见波浪，不见潜流，观的不是全水；又如看山，只见峰尖，不见山麓，看的亦不是全山。《桂林老板路》从这种"高大全"的视角惯性中脱颖而出，它不以"史"或"论"的吓人面孔示人，换一个和蔼可亲的神态，以"谈板路"的姿势娓娓而叙，以"一本桂林老百姓聊天时的讲述桂林民间旧趣闻、老故事的书"作自我定位。这个很低的、很民间的姿态，一下将自己与诸多拉大旗做虎皮的高谈阔论划清了界线，在决不随波逐流的姿势中显示了它的自信。这种自信是一种底层民间的自信。它相信文化并不只是贮藏在帝王将相的宫殿里，更是张扬在下里巴人的生活中。所以，《桂林老板路》才专门有"古城旧貌、老街老巷"、"衙门寺院、学堂会馆"、"旧时行业、古老名店"、"陋巷人物、传统手艺"、"特色物产、风味小吃"、"把爷游戏、儿歌童谣"、"方言释义、俗语撷趣"、"民风民俗、百姓节庆"、"桂剧彩调、地方曲艺"这样全部9个完全民间视角、民间题材的专题构架设计。只要将《桂林老板路》这个选题目录与其他桂林题材图书的目录相比较，立刻可以发现《桂林老板路》的独出机杼，别开生面。它植根底层民间，执着民间眼光，根据民间记忆，讲述民间文化。表面上这只是对题材的不同选择，深层处却反映了编写者不从众、不流俗，充满现代意识的文化观。

---

① 朱盟芳、麻承福先生主编，广西师范大学出版社。

其二，避大就小，摆脱宏大叙事，保留历史细节。时下桂林题材图书多是宏大叙事思维，似乎题材宏大则其书伟大。于是，读相关图书，总是那几个人物、几大事件、几栋建筑、几条江河、几座名山。关注宏大、把握主流本身并没有错，但千书一面，书就没有了新意，既无新思想，也无新材料。千人一腔，作者也就不可能成为专家，陈陈相因、自我重复，给人感觉多是一个模式，多是那几条材料。虽然开卷有益，每读亦有所得，但由于诸书大同小异，读来所得与其书的厚重不成比例。《桂林老板路》反其道而行，它以小品文的形式，讲述小故事。这些小故事当然也是历史的一部分，但它采取的不是"正史"姿态，它用的是细说历史的新方法，而不是戏说历史的无厘头；它是在细节上还原历史，而不是在本质上解构或调戏历史。不妨说，《桂林老板路》呈现的是"野史"，但它的"野史"不是通常意义的与"正史"相反的"野史"，而是"礼失而求诸野"的"野"史。它是正史的补充，更是正史的丰富，它让我们看到了诸多正史有意或无意遮蔽的东西，它以它令人耳目一新的新材料证明了"小的是美好的"，它凭它生动实在的细节叙述决定了它的成功。历史并不仅仅是帝王将相翻云覆雨变化万千的丰功伟绩，更应该是芸芸众生薪尽火传的本色生态。毫无疑问，《桂林老板路》既为我们提供了丰富多彩、栩栩如生的历史材料，也为我们建构了一种走出狭隘、走向丰富，不仅注重结果，而且注重过程的历史观。这种历史观不是为历史的结果提供论点、论据和论证，而是叙述历史的过程、还原历史的真实，展现历史的丰富。

其三，举轻若重，强调专门积累，显示专家功力。尽管《桂林老板路》视野下沉，避大就小，但并不等于它避重就轻，轻而易举。从作者阵容可以清楚地看到，《桂林老板路》的360多个故事均出自专家手笔，是大专家写小故事，以长期积累的材料写通俗易懂的小品。其中不少作者，如魏华龄、赵平、刘波、麻承福、刘作义、吴晋等老先生，我都曾从他们的著述和言传身教中深受教益，深深仰慕他们的学养、他们的学风、他们的学识。说实在的，这些历史、这些故事，他们不写，几乎无人能写，如果真没有人写，历史很鲜活的、很本真的、很草根的一部分就淹没了、消失了。像"老街老巷""俗语撷趣""传统手艺""把爷游戏"等专题，许多内容并不见于古籍文本，完全属于非物质文化遗产。而许多作者或是亲历者或是见证人，更是非他们写不可，他们写了，那些已经消失或注定要消失的文化遗产就以文字的形式得以保留。所以，《桂林老板路》的意义并

有书作伴

不仅仅体现为民间的文化观、过程的历史观，更体现为它还原了生活，传承了文化，它本身成为桂林民间文化、草根生活的一个重要载体。

把帝王将相代表的历史理解为风云际会的精英，把下里巴人的生活理解为紧贴大地的草根；把朝代更迭的历史理解为正史，把底层民间的生活理解为野史，这已经被认为是观念陈旧的文化历史观。的确，在我看来，《桂林老板路》既是草根，也是精英；既是野史，更是信史。更准确地说，《桂林老板路》是以精英的品质表现草根的生活形态，是以野史的妙趣横生的叙述记录信史。

有
书
作
伴

《桂林板路》

20世纪80年代，国民先生是活跃于桂林文坛的文学评论家，写过不少作家作品评论。印象中，90年代以来，国民先生逐渐淡出评论界，开始了桂林板路的撰写。

板路一词，应该属于桂林方言，大约是说闲话、讲逸闻、谈趣事的意思，接近北京人的侃大山，四川人的摆龙门阵。作为一种文体，板路实际上就是杂糅了知识、故事、观点等多种元素的小品文。如今，桂林电视台专门开设了《板路》栏目，但把板路作为一种文体来经营，国民先生可能还是比较早的一员。

不久前，我获赠国民先生在漓江出版社出版的《桂林板路》，闲时翻阅，觉得颇有价值。在我看来，与许多桂林板路的写作者和讲述者相比，国民先生有三大特点，也可以称为三大优势，我不妨一一道来。

首先，国民先生生于1929年，今年85岁，在目前桂林板路的众多写作者和讲述者中，他年龄可能是最大的。在我看来，板路应该在以下三个条件中至少满足其一，即"亲历、亲见、亲闻"。国民先生的年龄，决定了他拥有大多数板路讲述者不具备的资本，他写作的板路，绝大多数来自他的"亲历、亲见、亲闻"。比如《白母九十大寿》这则板路，写的是1944年白崇禧为其母做九十大寿的故事。其中写到第五军军长杜聿明把在昆仑关战胜日军获得的炮弹熔制成一块寿匾，刻上"福如东海寿比南山"几个大字，高悬中堂，字迹庄严，金光闪烁。国民先生正是这次活动的亲历者。他写道："笔者那时正在念书，也去祝寿，得了一只寿碗，上面印有'白老夫人九十大寿精诚团结 共同抗日'字样。"试想，若不是亲历者的讲述，很难有如此的现场感和可信度。听板路、读板路，最怕的是写作者、讲述者无中生有，弄虚作假。阅读国民先生的文字，可以感觉到他的认真和求实。

其次，国民先生曾先后就读西南法商学院和广州国民大学，在他那一代人中，属于受过良好教育的高学历人才。西南法商学院是1942年在桂林丽君路九岗岭建成的一所私立大学，最初叫桂林西南商业专科学校，1948年升级为西南法商学院。这所大学知道的人不多，但却是一所品质不错的大学。据蒙荫昭主编的《广西教育史》，西南商专开办的第二年已设4个科10个班级，在校学生达395人，成为当时广西境内仅次于国立广西大学的大专学校。国民先生在《抗战时期的西南法商学院》中写道："当时的西南商专环境幽雅，学风良好，学生勤奋学习，因为老师认真教学，所以该校培养出来的学生品学兼优，个个都是可用之才。"国民先生曾是这所学校的学生，他的评价有亲身的体验作为基础。与《广西教育史》的记载对照，可以看出国民先生"此言不虚"。国民先生受过良好教育，阅读国民先生的《桂林板路》，可以感觉它保持了基本的格调和一定的品质，通俗而不低俗。的确，板路这种文体，来自民间，来自市井，稍不留神，是很容易陷入流俗甚至媚俗的。

再次，国民先生曾经做过较长时间的文艺评论，锻炼了选题和选材的眼光，他不仅重视亲历亲见和亲闻，也重视阅读报刊，爬梳史料，用文献来补充自己的见闻。因此，他的板路就没有拘于一己之见闻，而有了较为开阔的视野，以民间文艺的方式，为桂林文化史、桂林社会史和桂林生活史提供了不少材料。比如，《抗战时期活跃于桂林的工程师钱乃仁》一文，介绍了建筑学家钱乃仁，民国时期桂林许多著名建筑由钱乃仁设计，如广西省立艺术馆、广西省政府和福利大夏，我想，只要人们亲眼看看这几个尚存的桂林民国建筑，对比一下后面的建筑，就可以发现钱乃仁的价值。又比如，《旧桂林的房屋》一文，写到民国时期的桂林以平房居多，平房分茅草房、竹子房、木板房和砖墙房四类，国民先生又根据自己的亲见，对此四类房屋分别说明，既概括又生动，让我们在短短的文字间就获得了对桂林民国时代房屋的认识。还比如《飞虎队与桂林大华葡萄酒》，专门介绍了抗战时期依仁路附近的大华葡萄酒店，该店老板宋崇真得到英国牧师裴乐义的亲传，获得了酿制葡萄酒的秘方。大华葡萄酒没有香精、酒精、糖精和水，不放柠檬酸，不加焦糖，完全用上等红葡萄制作而成，成为当时名闻遐迩的美酒，甚至成为陈纳德飞虎队的专门饮料。阅读这则板路，我仿佛闻到了大华葡萄酒的清香。可惜，大华葡萄酒店毁于战火。不知何时，大华葡萄酒这一品牌能够复活和复兴。

《桂林市民读本》

世纪之交的桂林进入了一个大建设的时代。这里的建设既包括物质文明建设，也包括精神文明建设。人们在对桂林进行城市改造的时候，迫切地认识到应该对这座美丽古老的城市有更深入更丰富的了解。而随着城市发展目标的日益明确，人们开始思考这座城市主人的素养。毕竟，城市的发展与城市人的素养息息相关，人的精神境界的高低常常决定着城市品格的高低。接力出版社出版的《桂林市民读本》正是为提高桂林市民的精神素质编撰的一本通俗读物，它是桂林市精神文明建设的一项富于探索意义的成果。

作为一个桂林人，应该建构怎样的精神素质？对此，《桂林市民读本》作出了回答。这本书主要由这样一些内容组成：首先是人类共同的价值观念和行为准则，这是作为人类一分子必须遵守的；其次是我国的传统道德和现实要求，这是作为一个中国人需要培养的；最后是与桂林有关的各种知识，这是作为一个桂林人应该掌握的。

这些与桂林有关的知识主要包括这样几部分：一是桂林的现实概况，它包括桂林的地理、行政、经济、文化、体育等综合性的知识；二是桂林的自然景观，桂林地市合并后十二县五城区的著名景点在这里都得到了详细介绍；三是桂林的历史文化，桂林两千多年的历史文化和杰出人物在这里得到了一个富有概括力的展示；四是旅游和环保方面的知识，桂林的城市性质决定了桂林市民应该具备这方面的知识。

桂林山水甲天下是有目共睹的事实，相比之下，桂林的人文风光则不是那么一目了然。《桂林市民读本》显然注意到了这个问题，因此，人文内涵成了它尽力追求的目标。它力图让人们知道，桂林的山水之间到处都有人文的痕迹和韵味。它似乎有这样一个愿望，即每一个读过它的人从此知道桂林历史文化的重量。

关于桂林旅游的书出版了不少，但这部《桂林市民读本》有两点是开

有书作伴

创性的。一是对环境问题的关注，二是对旅游意识的反思。说实在的，桂林已经有了近30年的作为开放城市的历史，但桂林市民是否建立了良好的环保意识和旅游意识，答案并不乐观。《桂林市民读本》真正从市民的视角关注环境问题和反思旅游意识，将环境与旅游和每个桂林市民的生活直接联系起来，让每个市民意识到环境、旅游与自己有着深刻的联系，从而自觉地关心环保、关心旅游，建立起旅游城市的主人公意识，这是非常重要的。

我想，每一个桂林市民都希望有这样一本书。通过这本书了解桂林，通过这本书明白应该做一个怎样的桂林人。它是实用的，像是一部关于桂林的小百科全书，一册在手，桂林的山水人文尽在胸中；它是科学的，像是一部桂林市民的文明准则，提升着这座城市的文化品格；它是审美的，因为它树立了一个关于人的高远的境界，激励我们去实现尽善尽美的人生信念。

有
书
作
伴

274

《击浪生涯》《风雨黄昏》①

李宗仁是一个非常奇特的人物。一方面，如唐德刚所说，他是"中国近代史上一位屈指可数的政治领袖和英雄人物"。另一方面，同样是唐德刚说的，他"言谈举止，都极其平凡而自然，没有丝毫官僚气氛，或一般政客那种搔首弄姿的态度"。

这是唐德刚先生与李宗仁长时间交往的直观认识，以唐德刚的识人之力，其判断自然令人信服。然而，众多关于李宗仁生平传记的描写，大都关注其"政治领袖和英雄人物"的一面，而对其"平凡而自然"的另一面往往视而不见。因此，当我们读到苏理立的《击浪生涯：李宗仁和郭德洁的执手岁月》与《风雨黄昏：李宗仁和胡友松的生死之恋》两部传记的时候，会感到难能可贵。恰好与其他传记作者相反，面对李宗仁这样一位万众瞩目、令人景仰的历史人物，苏理立这两部传记作品恰恰写出了他"平凡而自然"的形象。

李宗仁一生先后娶了三个妻子，发妻李秀文，平妻郭德洁，最后一任妻子胡友松。苏理立笔下李宗仁"平凡而自然"的形象，正是通过他与郭德洁和胡友松的婚恋视角建构起来的。

李宗仁与李秀文是典型的中国传统婚姻。当时的李宗仁还在桂林陆军小学读书的时候，按照父母之命、媒妁之言、八字相合的方式，完成了与李秀文的婚姻。也许这个婚姻没有什么爱情的色彩，但是，当时绝大多数中国人都是如此完成婚姻的。李宗仁也不例外。10多年以后，李宗仁已经从一个学生兵成长为一个战功卓著的将军，遇上了比他小15岁的玉林美女郭德洁，产生爱情的火花，也属自然之事。

有趣的是，建立了威名的李宗仁，这时候遇见的郭德洁，已经不像李秀文那样是一个传统型的中国妇女，她几乎是当地最早的女子学生，更接

---

① 苏理立著，北方文艺出版社出版。

近一个勇于进取、敢于担当的新女性。与李宗仁结婚后，她并不像李秀文那样甘于相夫教子，而是以巨大的热情投入了丈夫的事业，与李宗仁相携成为如唐德刚所说的"民国史上的风云夫妇"。

虽然李宗仁和郭德洁是"风云夫妇"，但在苏理立笔下，这对"风云夫妇"却不那么"风云"，甚至，还更多地倾向于"风月"。虽然苏理立不可避免地写到了郭德洁参加北伐，创办儿童福利院、德智中学，帮助李宗仁竞选副总统等"风云"事件，但其文字给人留下最深印象的，仍然是李宗仁和郭德洁"风月"般的"儿女情长"。一方面，李宗仁虽然是叱咤风云的将军，但同时也是一个需要妻子抚慰的丈夫；另一方面，郭德洁虽然有强烈的事业追求，但她本质上仍然是一个需要丈夫宠爱的妻子。可以说，在事业的一面，苏理立几乎是写意的，往往是简要略过；在情感的一面，苏理立却是工笔的，他深深地进入了李宗仁、郭德洁的内心世界，写出了他们的喜怒哀乐和悲欢离合。读苏理立的文字，我很自然地想起了另一位桂林作家黄继树。他们都是李宗仁的桂林老乡，曾经合作创作过长篇小说《第一个总统》。之后，黄继树创作了长篇小说《桂系演义》，苏理立创作了多部以桂系领袖为主人公的长篇传记。如果说黄继树对中国近现代的历史风云有更深刻的理解，写出的是李宗仁"领袖之人"；那么，苏理立则对李宗仁的婚姻家庭和心路历程有更温润的同情，写出的是李宗仁"凡人之人"。

历史人物传记的写作，需要理解的同情。这一点，苏理立自是有其独到的地方。他是善解人意的，尤其对政治人物的家庭生活有深切的理解的同情。他真正走进了李宗仁和郭德洁的情感世界。在他的笔下，我们固然可以看到李宗仁这一政治人物的情感诉求，更可以看到郭德洁作为一个时代新女性，虽然她努力谋求个性的独立，希望像男性一样建功立业，然而，既然她是以婚姻的方式进入事业的诉求，那么，她的事业实现不可避免地与丈夫的事业联系到一起，休戚相关，荣辱与共。更重要的是，虽然她在事业上已经颇有建树，但她最大的心结仍然是婚姻家庭的诉求，她在家庭中的地位、她对婚姻果实的渴望，这些非常女性的情感内容，在苏理立笔下得到了细腻、委婉、深入的传达。

胡友松是李宗仁第三任妻子。在我的印象中，或许是出于本土情结，广西人能够接受李宗仁的前两次婚姻，对李宗仁的第三次婚姻或采取回避的态度。在这个问题上，苏理立对历史真实更为尊重。他与胡友松有较长

有书作伴

时间的交往并得到了胡友松的信任，获得了大量李宗仁和胡友松婚姻生活的第一手材料。在他的笔下，胡友松是一个身世特殊、个性特殊、所生活的时代更为特殊的女性。各种特殊造就了李宗仁与胡友松特殊的婚姻。跟着苏理立的笔触进入李宗仁和胡友松的情感世界、婚姻生活，既可以看到李宗仁对家庭情感生活热烈的拥抱，这恰恰是李宗仁与其他政治人物不那么相同的一面，其他政治人物似乎不像李宗仁那样拥有更强烈、更固执的个人情感诉求；也可以看到，胡友松这样一个个性特殊的女性对李宗仁所怀抱的令人感喟的温情，温情是李宗仁和胡友松爱情婚姻中极其可贵的一种情感元素，它既存在于李宗仁身上，也存在于胡友松身上，它的存在见证了这场不算长久而且容易引起争议的婚姻同样有高贵的一面。

一个男人和三个妻子，这是一个非常容易流入"八卦"的话题。然而，苏理立的文字完全没有"八卦"的色彩，而是写出了重要历史人物的"人之常情"，写出了金戈铁马大时代英雄人物的平凡人生，写出了荒诞离奇时代历史人物对情感生活和情感世界的坚守。历史风云和情感风月各有其价值，两者的结合才是历史人物真实完整的人生。苏理立在历史风云的背景下写出了重要历史人物的情感"风月"，他呈现了众多李宗仁传记作者所未曾关注或难以关注的内容。唐德刚在与李宗仁的交往中觉得李宗仁"是一位长者，一位忠诚厚道的前辈。他不是一个罔顾民命、自高自大的独夫，更不是一个油头滑脑的政客。我在他身上看出我国农村社会里，某些可爱可贵的传统"。这是唐德刚的感受，苏理立通过李宗仁与三位妻子的叙事，为唐德刚的感受补充了有趣又有力的事实。

《超世纪少年羲雷》

叶蘩女士的儿童科幻长篇小说《超世纪少年羲雷》最近已由接力出版社出版了前两部：《空中死神》和《黑蜘蛛行动》，它及时填补了桂林乃至广西迄今尚无长篇儿童文学作品的空白。

拜读了这两部作品，我觉得其构思颇有特色，这主要涉及人物、空间、科学和神话几个方面。

作品创造了一个人物，即超世纪少年羲雷。这是一个集太空神奇和地球人性于一身的人物，整部作品叙述的正是这位少年英雄的传奇经历，羲雷因此成为全书人物的核心，亦即作品之聚焦点。此外，在核心人物羲雷周围，作品还设计了正反双方的大批人物，其中有地球人，也有太空人，还有神话人物，所有人物构成一个人物面，成为宇宙芸芸众生图。于是，作品在人物设计上达到了点面结合，既有令人钦佩的核心人物，又有作为陪衬的其他人物。

作品的空间面铺得很开，天上地下，星内星外，整个宇宙成为人物活动的背景。与此同时，作品的主战场选在了桂林，作者把桂林作为外星称霸宇宙、移民地球的突破点，书中所有故事在转战八方之后总要回到地球上这座独一无二的城市桂林。这也是一种点面结合，宇宙是宏阔的面，桂林是精致的点，铺得开，聚得拢。

外星人为称霸宇宙移民地球，它首先采用的手段是降酸雨。从这个设计可以明显看出作者为作品注入的科学内涵。作者以环境意识为主导，辅以各种各样高科技想象。我认为作者以环境意识作为构思的基点，的确匠心独运，它已涉及地球的生存与毁灭问题，科学理念和小说情节获得高度默契。

作品除了科学想象之外，更多情节由神话构成。在某种意义上说《超世纪少年羲雷》是一部桂林山水神话大全，或称桂林山水神话演义。但作者并没有照搬传统，而是变桂林山水神话的零散性为整体性，为桂林山水神话的人性注入科幻性，可以说，整体性和科幻性使作者实现了对桂林山水神话的改写。

《古代桂林山水风情散文百篇》

继《历代桂林山水风情诗词400首》之后，樊平先生用五年时间，编注出版了《古代桂林山水风情散文百篇》。

自得到樊平先生惠赠的签名本后，这本书就一直在我床前案头，成为近数月来我读得最多、也读得最仔细的一本书。

反复品读，深为佩服。

我写过不少桂林题材的文章，免不了经常翻阅今人编著的桂林文史读物。印象中比较，樊平先生这个读本，品质极高。积累了不少阅读心得之后，我终于起意写个书评，谈谈自己阅读这个读本的感想。我概括了这本书的几个特点，心中颇为自得。心想文章发表以后，樊平先生读到，一定会觉得我读得认真，评得到位，是他劳动成果的知音，并感谢我这样的晚生后学对其劳作的尊重。

可惜，当我读了黄继树、余国锟两位先生为这个读本写的《序》和《校阅后记》之后，完全失去了写书评的冲动。我所想到的，他们都白纸黑字写出来了。我再写，重则疑为抄袭，轻则斥为偷懒。我可以附和他们的观点结论，但全然没有了发表创造性阅读感受的冲动。

我最重要的阅读感受大概有这样三点：

一是樊平先生注明了所有选文的来源，并经过多种版本的校勘。这种做法既保证了选义的权威性和准确性，又为读者提供了进一步阅读和研究的途径。

二是樊平先生亲自踏勘过绝大多数选文描写的对象。其所选之文描述了选文描写对象古代的情景，其所做之注释说明了选文描写对象的历史演变和现实情形。这种做法使选文不仅具有历史价值和审美价值，而且具有科学价值和现实价值。可以说，樊平先生拓展了这些选文的生命。

三是樊平先生的选文来源相当广泛。这个读本的选文来源不仅有我所熟悉的渠道，如《粤西文载》《临桂县志》《广西通志》《桂胜·桂故》《岭外代答》《桂海虞衡志》《赤雅》以及桂林摩崖石刻，而且还有我不熟悉的渠道，我这里指的是读本所选三篇洪迈的散文，它们来自洪迈的笔记《夷坚志》。樊平先生选了《桂林走卒》《桂林秀才》和《桂林库沟》三篇。我曾在曾有云、许正平主编的《桂林旅游大典》上读到一篇洪迈的散文，没想到洪迈还有直接写桂林人物的叙述文章。值得注意的还有，为了对优秀的桂林山水风情散文一网打尽，樊平先生不排斥将今人的选本作为选文来源。我这里指的是张家璠、张益桂、许凌云译注的《古代桂林山水文选》和唐兆民的《灵渠文献粹编》，这是今人所做的两个品质优秀的桂林古代文献读本。尤其是前者与樊平先生所做的工作相类似。但是，与之相比，樊平先生的选文来源更广、所选之文更丰、注释文字更细、校勘与踏勘工作更实。

黄继树先生在序文中说："本书所选文章，有的摩崖于石，岁月滋久，苔蚀薜剥，残缺而不可读，有的虽有刻本，但原版已多云散鸟没，不复能寻，故有多种字句相异的不同版本，给选注者带来很多困难。因此，樊平先生在选注中，一篇文章不得不参阅多种版本校勘疑难，订正字句，力求做到一字一句均有出处，避免以讹传讹，贻误读者。……对版本不同、字句有疑、一时不能决断取舍者，樊平先生便尽可能前去考察，到山崖洞穴取证。"

余国锟先生在后记中提到："不无遗憾的是，部分自然景观中的湖塘、洞穴、摩崖、造像；人文景观中的亭台、楼阁、寺庙、厅堂，早已荡然无存，令今人在吟诵名篇时，难以对景睹物，抒发思古之幽情。文中不乏记述历代重修、重建著名建筑、梁津、漕运设施之盛事，说明古人很重视对古迹和古建的保护和修复。面对历史和现实方面种种因素所造成的状况，注释中不得不大量使用'已毁，遗址无考'这样的字眼。但愿'填塘造地'和21世纪竟为建公园而毁掉近千年的皇泽湾、填平皇泽溪、改变韶音洞形胜的惨烈破坏行为不再发生。"

这里抄引黄继树和余国锟两位先生的两段文字，可以发现，两位先生的感想比我更为深入、更为具体也更为细致。

余国锟先生的评语对我有一个启发，我意识到，虽然《古代桂林山水风情散文百篇》是一个古文读本，但其中却包含有编注者樊平先生"古为今用"的"春秋笔法"和"微言大义"。近几十年桂林发展飞速，物极必反，数十亿年的自然遗产和数千年的文化遗产已经面临巨大的危机。如此看来，樊平先生以其古稀之年编注桂林古代诗文，并非只是满足一己之爱好，同样抱负"醒世""警世""劝世"的良苦用心。

《桂林抗战文艺概观》

桂林文化城不仅属于中国，而且属于世界。作为著名的反法西斯文化名城，桂林文化城具有国际意义。从这个角度看，对桂林抗战文化的研究，就不再是一个区域性课题，而是一个国际性课题。因此，近年来，这一课题受到各方面的高度重视。据笔者所闻，诸多学者作家正紧锣密鼓地进行此课题的研究，如苏关鑫、雷锐主持《桂林文化城大全·文学卷》工作，王咏已和百花文艺出版社签约创作关于抗战桂林文化城的全景性历史长篇。除此之外，李建平的《桂林抗战文艺概观》作为"国内第一本全面反映战时桂林文艺运动，为中国现代文艺史和抗战文艺史填补重要内容的文艺史性质的研究专著"，已由漓江出版社出版。

李建平这部专著除了对桂林抗战文艺作宏观性把握外，还开辟文学、戏剧、美术、音乐、舞蹈几个专题进行微观探讨，可以说是点面结合、见林见树，这是此书的第一个特点。

李建平写作这部专著，历时十载，可谓十年磨一剑。他到过京、渝、宁、沪、粤、桂等地查阅资料，访问过艾青、林焕平、于逢、秦似、晏明、阳太阳等作家、艺术家，掌握了大量第一手材料。所以，材料丰富翔实、分析深刻独到是此书第二个特点。

另外，李建平虽然对桂林抗战文艺用力颇巨，但他的学术视野并不局限于此。他一方面对整个中国现代文学较有研究，另一方面也对中国当代文学异常关注。两年前他曾出版过一部专著《新潮·中国文坛奇异景观》，受到同行好评。这样的学术视野，使他在进行桂林抗战文艺的专题研究时既能深入其中，又能出乎其外。比如论茅盾在战时桂林的创作，就体现了把中国现代文学史、茅盾创作全景、茅盾战时桂林创作三者统一的研究方法，这可以看作此书的第三个特点。

《人间仙境》

鬼斧神工的桂林山水曾造就了一大批山水诗人和许多脍炙人口的桂林山水诗。据说，中国古代桂林山水诗就多达5000余首，甚至未到过桂林的大诗人杜甫、白居易、韩愈也因为桂林巨大的名气而写出了传诵千古的诗篇。前贤的才华和桂林山水的优美甚至使今天的诗人产生了畏难情绪，曾因许多祖国山河诗兴大发的余光中在面对桂林山水的时候，感到自己得了美景消化不良症，并认为桂林山水给所有文人出了道难题，是对诗人艺术想象力的挑战。

桂林山水不仅造就诗，而且造就画。或者说桂林山水本身就是一幅幅中国画。古代的石涛，现代的徐悲鸿、李可染，这些中国的绘画大师都曾因桂林山水获得了素材、灵感与经典的作品。迄今为止已有四位美国总统到过桂林，竟有三位都表达了同样的感觉：他们在来桂林之前看过大量桂林山水画，他们认为这些中国山水画提供的风景是假的，是艺术家的想象，亲临其境他们改变了自己的想法。卡特是这样说的："来到桂林后，我明白了以前所见所闻都是真的。"

不久前友人送我一部精美异常、风格大气的《人间仙境——桂林山水摄影精品集》（广西师范大学出版社出版），在展读其中美轮美奂的摄影作品时，我产生了这样的想法：桂林山水是造物主极尽才华、想象、情感的创造，她与从事审美的艺术家有一种天然的亲和。在古代，她把机会给了诗人，于是孕育了大量杰出的桂林山水诗；在现代，她把机会给了画家，于是诞生了许多优秀的桂林山水画。那么，到了当代，她把机会给了谁呢？我想说，她把机会给了摄影家。

是漓江给了摄影家最清澈的动感，是叠彩山给了摄影家最秀丽的层次感，是龙脊给了摄影家最奇妙的线条，是象山给了摄影家最栩栩如生的形象，是桂林的山、水、洞、石、云霞、虹霓、树木、田园、草地所构成的最富于变幻的组合，给了摄影家取之不尽的色彩、意境、美感。摄影，这门近现代才从西方传入的与科学关系特别密切的艺术，当他的目光与桂林山水相触的时候，一定出现了一种近似销魂的颤动。许多来自欧洲、美国、日本的摄影家在桂林山水间流连忘返，当摄影镜头对准桂林山水，这一见钟情的结果，就是那令人过目不忘、铭刻于心的摄影作品，桂林山水也因此成了国际摄影界最重要的摄影题材。不知从什么时候起，桂林突然冒出了那么多摄影家。他们的作品不仅在旅游市场赢得消费者的青睐，而且不断获得全国、国际的权威摄影大奖。他们守着这近水楼台，享用着这得天独厚的资源，他们的智慧、才华、灵性经过桂林山水的磨砺、浸润，幻化成一幅幅气象万千、意境深远、情韵盎然的摄影作品。

从某种意义上说，古代诗人发现了拥有"老八景"的桂林，近现代画家发现了拥有"新老十六景"的桂林，当代摄影家则发现了美景如万斛泉涌、不择地出的桂林。我曾接触过不少桂林的旅游界人士，他们往往不满于桂林旅游纪念品的匮乏、低档和缺乏地方特色。我则认为，桂林山水风光摄影作品本身就可以作为桂林最珍贵的旅游纪念品。《人间仙境——桂林山水摄影精品集》这一部融合了摄影家、编辑家智慧与才华的作品，不仅是第一部纯粹从艺术角度反映桂林山水的大型摄影画册，作为可以携带的桂林山水，更可能是一份令每个桂林的旅游者为之目灼、为之心动的礼物。

《桂林城最后的老巷》

2013年，对于邓云波和桂林城都是极其重要的一年。

这一年，桂林城最后的老街巷东巷拆除了；这一年，邓云波和他的团队用摄影机抢救性地记录了东巷的原貌、梳理了东巷的历史、见证了东巷拆除的过程。在此之前，桂林还没有一个影像团队如此完整、如此深度地做这样一件事情。

邓云波及其团队的工作终于以一部影像文字书的形式公之于世，即广西师范大学出版社出版的《桂林城最后的老巷——2013年影像档案》。

艺术。摄影如今承担了更多艺术的使命。同样的摄影机，同样的摄影对象，由不同的摄影家摄影，会产生完全不同的效果。《桂林城最后的老巷——2013年影像档案》无疑具有艺术的品质。我们阅读这部影像书，首先会被摄影家的摄影图片吸引。虽然摄影家反复强调他们的客观、真实，但是，摄影家的眼光仍然与常人有所不同。他们所聚焦的对象，他们的构图和用光，他们的选择与放弃，甚至，摄影机的成像与常人目光的成像本身的差异，这一切，构成了摄影不同于纯粹的客观存在，其中不可避免地包含了审美的元素。这是摄影作为艺术的前提。当我在欣赏构成该书主体部分的数百幅图片的时候，我时刻感受到美的存在。比如说瓦顶，比如说山墙，比如说水井，比如说天井，比如说石门，比如说门锁，比如说木制栅栏，比如说木制檐雕、梁雕、窗雕，比如说石板水槽、石板路面、石板墙界，这些前工业时代的物件，保存着前工业时代的审美。它们精致，方寸之间，凝聚着人类独运的匠心；凹凸之处，呈现着人类细腻的刻意。这种精致，由摄影家用影像的方式二度展示，实现了一种熠熠生辉的精美。精美，我用的就是这个词，《桂林城最后的老巷——2013年影像档案》首先传递给我们的，就是东巷的精致和精美。截至2013年，大多数人所看到的东巷，只是破败和腐朽，但是，邓云波的影像团队看到了东巷的精致和精美，并且用他们的摄影机告诉我们：老桂林曾经有过这种精致和精美。

人文。这是邓云波投入这次摄影抢救念兹在兹的初衷。他希望他的工作"从人文的角度尽可能深入、再深入",他强调,"我所关注和拍摄的除了老巷的肌理和建筑面貌,还包括老巷居民的生存现状和他们在这个时期所表现出来的样子,尤其是老巷子里与过去历史相关的人、物等更是我重点关注的对象"。

人文,其实也可以拆开来解,也就是人与文。人,既包括历史中的人,也包括现实中的人。文,可以理解为文化,是人之所以为人的核心要素。可以说,正是因为人文的在场,使邓云波及其团队的影像超越了大多数摄影家的摄影作品。大多数摄影家的影像作品,也许有美的存在,但缺乏人文的关怀。人文关怀并不仅仅是画面里有人或者人创造的文化,而是一种活态的同情。有时候我想,文学艺术究竟有什么用?现在许多人愿意说它们具有无用之用。我想,文学艺术一个很大的功用,就是要唤醒人的同情。试想,如果人无同情,人何以成其为人;又试想,人类无同情,人类何以成其为人类;再试想,社会无同情,社会何以成其为社会。我注意到,邓云波在第三章《老巷寻迹》诉说了曾经生活在东巷的名人故事名人传奇之后,专门写有这样一段话:

除了以上所列之外,还有东巷的2号、4号、16号,江南巷12号"赞庐"等风格和格局保存相对还比较完好的建筑,这些建筑虽然不一定是名人故居,也不一定有什么传奇的故事,但他们亦是桂林普通民居的代表,印满了桂林市井生活的历史痕迹,笔者认为,这些也是值得尽可能加以保护的。

接下来,我们看到第四章《老巷生活》,从早到晚、男女老少、各行各业、街坊邻里、家里家外,栩栩如生的生活情态得到了鲜活的记录。有时候,我们眼里只有数字,那是功利的;有时候,我们眼里只有名人,那是媚俗的。这时候,随着《桂林城最后的老巷——2013年影像档案》的镜头,深入到一个个市井人家,我以为,此刻,是最能唤起我们的同情的。换言之,这时候,邓云波及其摄影团队的摄影镜头,充满了人文情怀。

科学。艺术、人文与科学似乎是两股道上跑的车,走的不是一条路。然而,《桂林城最后的老巷——2013年影像档案》所追求的效果,显然不仅是艺术的、是人文的,而且必须是科学的。这是邓云波反复强调的。作为一部影像档案，他认为《桂林城最后的老巷》价值最主要体现在两个方面：一是记录的信息客观真实，二是反映的信息丰富全面。如果说艺术是追求美，那么，人文就是追求善；接着，当我提到科学这个词的时候，显然，我指的是邓云波所要追求的真。真，在我看来，不仅是提供图像的客观真实，而且要抵达历史的客观真实。如何抵达历史的客观真实，这在许多历史工作者那儿，都是一个困难的课题。邓云波显然不是专业的历史学者，但他有意无意地运用了历史研究的科学方法。历史研究讲究证据，证据是历史研究的核心竞争力。作为一部对东巷进行历史探究的著述，《桂林城最后的老巷》分别用文物影像、志鉴文献和巷民口述为我们提供了三重证据。三重证据的参照，澄清了一些含混不清的历史盲点，纠正了一些似是而非的历史谬误，于是，《桂林城最后的老巷》呈现了一部东巷的信史、真史，而不是道听途说、任人打扮、想当然尔的历史。

艺术、人文、科学，分而述之，其各有价值；总而言之，其别有意蕴。在我看来，《桂林城最后的老巷》称得上是艺术、人文与科学的结晶，它的作者不仅怀抱对桂林城的爱，而且努力实现对桂林城的知，他们用爱与知，用影像和文字的合作，完成了一次对桂林城曾经有过的精致与精美的档案记录。

我们处于一个日新月异的时代，这曾经也是我们的梦想。当日新月异真正来临，我们又觉得心理的脚步赶不上物理的速度。这真是一个矛盾的时代，但更是需要艺术之美、人文之善、科学之真的时代。其实，旧的固然已经陈旧，然而，新的何尝不会陈旧？或许，我们完全没有必要纠缠于新旧之争。反过来，我们却应该重视真伪、善恶、美丑之辨。也许，邓云波和他的团队所做的这部《桂林城最后的老巷——2013年影像档案》只是想告诉读者，我们是否应该超越喜新厌旧的境界，期盼和创造精致与精美。

读历史

读史使人明智。培根的这句名言激发了许多人对历史的兴趣。

然而，大多数历史著作却因为其板正的面孔、枯燥的叙述使人们不得不远离它们。在这些书籍中，历史只是一堆与我们毫不相关的陌生材料，一堆毫无生气的没有体温的远古化石。我们满怀期望地打开它，却被它败坏了胃口；我们满以为它会使我们聪明，结果却被它弄得麻木不仁。

当然，在浩瀚无边的历史著作中，也有一批令读者耳目一新、为之振作的好书。如果需要举例，我想首推《史记》。前人称《史记》为"史家之绝唱，无韵之《离骚》"。这个说法似乎只注重了《史记》极富诗性的一面。而在我看来，《史记》的绝妙之处在于它没有把一个个历史人物仅仅当作历史的遗迹，而是将他们还原为一个个活生生血肉丰满的人。任何一个读过《史记》的人，都会在心里永远留住陈胜、项羽、刘邦、韩信、张良这些人物的音容笑貌、精神气质。他们是伟人，而非完人，有伟绩，亦有缺陷。司马迁不仅拥有对他们的崇敬，也怀抱对他们的明察和惋惜。

当然，我也推崇如美国历史学家房龙所写的一系列通俗历史读物。房龙的妙处在于他把历史这种专家之学高度通俗化了。历史中蕴含的智慧不再只是上流人物的专利，而开始在更大范围的读者群中流通。历史改变了它艰深陈旧的面貌，向日常生活发出亲切的笑容。

人类历史源远流长，相应地，优秀的历史书也举不胜举。《资治通鉴》、《希腊波斯战争史》（希罗多德）、《路易十四时代史》（伏尔泰）、《历史哲学》（黑格尔）等都是历史学界有口皆碑的好书。读这样的历史书，能使我们真切地感受到"读史使人明智"这句话的分量。

读史书如同读其他学科的书一样，有一个循序渐进的过程。最初不妨从通史入手。在如今这样一个全球化的时代，读一读世界通史，对我们了解整个世界的面貌，各个国家的来龙去脉，自然很有好处。作为一个中国人，读一读中国通史，也会使我们对今日中国的现状有一个颇具深度的认识。读通史的方式不妨是通览，重全局而不必在细节上过多纠缠。

有了读通史的经验，则可以开始读专史、国别史、断代史。专史指的是某个专门问题的历史，国别史指的是某个国家的历史，断代史指的是某个时代或某个朝代的历史。选择不同问题、不同国家、不同时代的历史著作，不妨凭着自己的思想兴趣。关心经济者不妨读一读经济史。想更深入地了解美国，不妨读一读美国史。漫长的人类历史上，总有一些时代会令人特别感兴趣，如古希腊罗马时代，如春秋战国，如文艺复兴，如二次世界大战，等等，有关这些时代的史书不胜枚举，不妨择善而读。

史有史料、史识之分。好的史书，应该史料真实丰富，史识深刻独到。好的读史者，自然也应该既重史料，也重史识。史料丰满着知性感觉，史识指引着思维方向。当然，史书若能在史料、史识之上还有史趣，那就更能使读史者兴味盎然，不忍释卷了。

读哲学

哲学的英文单词是Philosophy，它由两个希腊字构成，philo意为爱，sophy意为智慧，合成爱智慧。由此可见，哲学是诉诸人的理性的，理性中的最高境界是智慧，哲学是智慧对世界的分析和探索。这种分析和探索的动力是爱。所以，说到头，哲学是从感性出发抵达理性的。

如今哲学已经成为一门学问、一个学科、一种专业。在专业分工日趋细密的时代，哲学离人们的日常生活越来越远。在外行人看来，它似乎是某些智力优越者的专利，是某些深奥费解的高头讲章，它拒绝所有人间烟火，在某个高远的云端用智者的目光俯视芸芸众生。

我想，这种理解要么是我们的一种误会，要么是哲学家们进了误区。在我看来，爱智慧是人类共有的一种素质。在此意义上，每个人都可以称得上是爱智者，也就是哲学家。哲学并非某些人享有的特权和专利，事实上它渗透于人们的日常生活，它时刻被人们体验、发现、爱。这种状态构成的是一种哲学的生活。每个人都置身于这种哲学的生活中。此外，还有一种所谓哲学的专业，它由一系列著书立说的哲学家及其著作学说构成。这是一个哲学书的世界，哲学书的世界与人的世界息息相通，并从人的世界获得活力和灵性。

人类文明悠久深远，积累而成的书的世界也堪称浩渺无边。哲学书和所有图书一样，也有优劣之分。读哲学书和读其他书一样，也有循序渐进之说。常规的想法，最初不妨读一些哲学史方面的著作。这些著作汗牛充栋，选择时自然应找名家名作，如罗素《西方哲学史》、冯友兰《中国哲学简史》。哲学史著作在某种意义上可比作地图，它使一个哲学书的读者对哲学家和哲学书的世界有了一个全局的认识。接下来他应该去占领一个个重要的地区。何谓重要？某种哲学初始的东西和最有代表性的东西就可称重要。就中国哲学来说，儒家必读《论语》，道家必读《老子》《庄子》，法家必读《韩非子》。这种源头性的著作一旦读过，就仿佛抓住了某种哲学的根本，以它为本演化而成的庞大的哲学体系就可能迎刃而解。同样，某种哲学的代表作，如启蒙主义哲学的《哲学通讯》（伏尔泰）、生命哲学的《作为意志和表象的世界》（叔本华）、存在主义哲学的《存在与时间》（海德格尔），都应该是哲学的必读书。代表作好比某种哲学的顶峰，登上了顶峰，就等于获得了俯视的高度，一切都变得一目了然、成竹在胸。

的确，读书既要有面的铺展、全局的把握，又要有体的纵深、奥义的索解。读哲学更是如此。这一切其实都属于老生常谈，每个阅读者只有在读的过程中才会有真正属于自己的神会与妙语。

有
书
作
伴

读美学

文艺美学的书很广泛，它们包括那些研究文学、艺术和美的规律的书。美学曾经是哲学的一个分支，比较深奥；文学则是大家所熟悉的。我们侧重于从文学论著的角度来谈谈阅读问题，相信这样对读者会有举一反三的效果。

爱文学的人很多，爱文学理论的人很少。

许多作家都公开地表示过对文学理论的不以为然。绝大多数文学读者则视文学理论为无物，他们觉得有扣人心弦的故事情节和激动人心的抒情象征已经足够，为什么还要那么多枯燥无味的解释和评说。

这一切并不妨碍文学理论的存在，甚至不能阻止文学理论一天天的成长壮大。

凡存在必合理。文学理论自然有其存在的合理性。

我以为，文学理论至少满足了人类的一种理解欲望。人类的这种理解欲望不仅仅停留在快乐感性的层面，它还努力向智慧理性的层面延伸。

文学早已成为人类文明的一种存在，文学理论则要对这种存在作一番阐释、分析、探究和评说。

人类有许多文学的读者，但也有一批乐于对文学的功能、内涵、形式结构、方法类型进行思考的读者。这些读者在作这些思考的时候，自然会希望读到有关这些思考的书。

在古今中外的文学历史上，文学理论的书已有许多。中国有《文心雕龙》《诗晶》《人间词话》，西方有《诗学》《诗艺》《艺术哲学》等等。这些著作已流传百年甚至千年，经过了历史的检验，堪称本学科的权威之作。阅读这些著作，对全面深入了解文学自然大有益处。

除了经典文学理论家撰写的文学理论著作外，我觉得经典作家撰写的文学理论著作尤其值得一读。英国小说家佛斯特的《小说面面观》、德国诗人歌德的《歌德谈话录》、美国作家纳博科夫的《文学讲稿》、苏联作家巴乌斯托夫斯基的《金蔷薇》、捷克作家米兰·昆德拉的《小说的艺术》乃至中国诗人艾青的《诗论》、小说家王蒙的《当你拿起笔》、王安忆的《王安忆小说讲稿》等都是特别能给人启发的文学理论书籍。这些著作的好处在于作者既有丰富的创作经验，又有良好的理论修养，其中讲述的文学理论常常显得更真切、更透彻、更合乎创作实际。

还应该指出的是，对文学理论著作的阅读，应该建立在阅读文学作品的基础之上。有读作品的经验，才能有读理论的收获。只读理沦，不读作品，这种理论不可能在你心灵深处留下痕迹。事实上，我们读文学理论著作，也是为了更好地理解文学作品。在文学理论和文学作品的世界中，文学作品显然占据第一位的位置。

最后要补充的是，以上我们所说的文学理论，用的是狭义的文学理论概念。广义地看，文学理论应该还包括文学史和文学批评。好的文学史可以作为我们阅读文学作品的向导；好的文学批评则能有效地帮助我们理解我们生活的时代层出不穷的文学作品。阅读文学史著作培育的是我们的学养，我们将获得丰富的经典知识；阅读文学批评启发的是我们的识见，使我们保持充沛的创造活力。

纵论武侠

西方有骑士，中国有武侠。武侠在中国，可谓源远流长。《说文》云："侠也，从人夹声。"探究起来，侠即武士，轻生轻财，若加上《史记》上所谓"匹夫之侠"和"布衣之侠"的说法，侠则除以上特征外，还属于自由平民。这等身份自由的平民，武艺高强，不谋财利而敢拼命。何也？义也。侠义并举，行侠是为了仗义，其最高境界，显然就是舍生取义。

儒以文乱法，侠以武犯禁。前者或贵族所为，后者固平民易染。侠文化是一种平民文化。儒、道、释，往往是贵族清谈。侠，常常被平民直取。拔刀相助，挺剑喋血，舍生取义，可谓武侠。

有侠则有侠文学，其滥觞已见《战国策》《左传》，其雏形有《史记·游侠列传》。司马迁不满大一统格局，于是列传朱家、郭解等无官无爵者，足见其平民精神。隋唐为浪漫的游侠时代，李白、陈子昂、杜甫都曾一马轻裘，负笈挟剑远游。于是唐传奇有名篇《柳氏传》《聂隐娘传》《虬髯客传》。虬髯客，风采逼人，潇洒尽致，合李靖、红拂，称风尘三侠。

明清小说兴，《红楼梦》有侠柳湘莲。《水浒传》写揭竿而起之群侠。《儿女英雄传》不满《红楼梦》"儿女情长"，侠女十三妹贞节烈妇之形象实为人性的扭曲。《三侠五义》中的大侠成了御猫，这是侠的变异，甚至堕落和丧失。民间精神最终成为对正统皇权、贵族心态的奴性皈依。

城市的成熟孕育出市民的文学，市民文学的最明显功能在消遣。于是在"研究"和"创造"的庄严沉重之外，还轻飘着漫天的"鸳鸯蝴蝶"。平江不肖生的《江湖奇侠传》大出风头，武侠热20世纪20年代兴二十年后衰。"南向北赵""鼎足而三"的格局显示了现代武侠小说的繁荣。陆士谔以中医的脑袋开拓了武侠小说的内功路子。平江不肖生以楚人后裔的身份为武侠内容添加了神怪成分。郑证因为作品繁富而被认为"武功天下第一"。还珠楼主李寿民，一部《蜀山剑侠传》写了55集尚未完成，读者的期待使他荣登"天下第一剑"的宝座。确切一些，他当之无愧现代武侠小说之王。

盛极而衰的自然规律，武侠小说一度在大陆绝迹。1952年澳门一场比武又唤起了城市居民的冒险猎奇心理。香港《新晚报》总编辑罗孚（广西桂林人）别出心裁逼请馆内才子梁羽生（广西蒙山人）动笔，于是，《龙虎斗京华》即时刊出从而开新派武侠小说之先河。

而后有金庸。《书剑恩仇录》即见出气势恢宏，《射雕英雄传》《神雕侠侣》《倚天屠龙记》更流宕惊人才华，《笑傲江湖》已令人感受到深层的隐喻色彩，《天龙八部》则显露结构的波谲云诡。直到《鹿鼎记》，这拿得起、放得下的封刀之作，已超越了武侠的惯性思维而成"反武侠"。这形式竟让某些人吃惊地记起塞万提斯的"反骑士小说"《堂吉诃德》。

而后有古龙，有肖逸，有倪匡，港台武侠小说家层出不穷。香港是这类天才的摇篮。诸葛青云、卧龙生、司马翎再加上流星般灿烂辉煌的古龙则被称作台湾四大武侠名家，这些名家创造了许许多多栩栩如生的武林高手，郭靖、黄蓉、金世遗、厉胜男、楚留香、陆小凤，煞是出名。相比之下，大陆的燕子李三、霍元甲还只能算不入流。

西方有骑士，中国有武侠。西方的骑士心目中有个永恒的女主人，他因为这理想的激发而实现其人生价值。中国的武侠却往往以练童子功为技艺的最高境界，女人似乎一律被中国侠客们所排斥。西方的骑士似乎无父无母，其剑技找不到师承之痕迹。中国的武侠往往仰仗于某部远古秘籍，先人即便腐朽为泥也有"隔世弟子"。在骑士和武侠之间，我们看出了两种人生：一种自由洒脱，一种坚忍负重。我们还看出了两种文化：一种厚今薄古，一种厚古薄今。这或许是武侠小说给人消遣之外的收益吧。

漫话畅销书

书一旦变成商品，就有了畅销和不畅销的区别。畅销不一定说明书的艺术价值，却决定了作者的经济地位。随着经济的开放，畅销书开始成为中国文化市场一个很显著的现象。"琼瑶热"尚未彻底平息，亦舒、严沁又蜂拥而上，岑凯伦正在走红，光泰也不声不响进入了畅销市场。如果把目光放大，还可以发现，这些多产的言情小说家，也会有"小巫见大巫"的时候。像英国的巴巴拉·卡特兰，专写言情小说，1925年以《曲线锯》成名，至今竟创作了400多部小说，在全世界发行了3亿册之多，成为英国当代文坛的一个奇迹，被誉为"爱情小说女王"。

言情之外，侦探作品也有市场。如果说言情小说让现实中的读者获得一次次脱离现实的浪漫爱情体验，侦探小说则以情节的扑朔迷离和推理的天衣无缝使读者欣赏到超人的智力。追求惊险、猎取奇异是人类不满足贫乏人生的普遍心理。除了情感和智力的愉悦之外还有对武力的崇尚，于是武侠小说先天地成为畅销书的一大类型。梁羽生曾使大陆读者耳目一新，金庸紧接着又令人们大开眼界，还有古龙、肖逸、陈青云、云中岳，格调自有高低，手法更趋怪异，出奇制胜形成今古奇观。

美国泱泱大国，文化亦极发达。《飘》在中国畅销多年，《教父》经过一段风风雨雨，也在书市场占据了显著位置。"谢尔顿热"与"琼瑶热"比有过之而无不及，竟出现数家出版社同时出版他同一本书的紧俏现象。《赌博人生》《花花世界》……层出不穷、来势汹汹。这些书往往因为"色情""淫秽"的因素而畅销，也因为"色情""淫秽"而遭禁。当然，一道最简单的查禁命令绝对比最动人的高价广告更容易促成哪怕一部平庸乏味作品的畅销。这个千真万确的事实，实在是令人啼笑皆非。

“雪米莉”现象

　　“雪米莉”畅销大陆图书市场是一个事实。一本本《女老板》《女刺客》《女特警》《女人质》等女字带头的“三字经”小说摆在各书店、各书亭、各书摊的醒目位置。

　　大陆没有畅销书作家也是一个事实。这些年有过“琼瑶热”“三毛热”“金庸热”“古龙热”“岑凯伦热”，接着又有一个“雪米莉热”，没有一个大陆作家。雪米莉，看名字就不会是大陆作家，更何况名字前面总是堂而皇之地注明了两个字：香港。

　　是“香港”这两个字鬼使神差，或者“雪米莉”这三个字神通广大，还是那一系列“女”字带头的书名惹人心动？当然，更不排斥这些书的内容自由奔放、扣人心弦。不管哪种原因，“雪米莉”畅销了。

　　于是，继“琼瑶热”“岑凯伦热”之后，“雪米莉热”降临。人们偶尔可以从大陆书评文章看到关于“雪米莉”的评论，人们依稀地感觉到，雪米莉的言情小说是琼瑶、岑凯伦言情小说的纵深发展，人们甚至认为雪米莉小说比她的先驱的作品更具有对于现代社会的认识价值。

　　但最后人们吃惊地发现，香港雪米莉是一个欺骗。雪米莉不是香港人，雪米莉也不是人们想象中类似琼瑶、岑凯伦的港台女作家，雪米莉甚至不是一个人。它是一个符号，指代广州几位青年作家。这几位青年作家需要钱，或许也想和大陆读者开个玩笑。他们伪称香港作家，取了个很女性化很香港味的名字：雪米莉，设计了一批“女”字带头的小说名字，更别出心裁地构思了一批小说情节。他们竟然一开始就成功了，冒牌的香港女作家占据了畅销书的位置。他们很快成为写作机器，在别人心目中似乎意味着独创的艺术在他们手上变成了批量的商品。

　　人们愤怒，愤怒他们的欺骗；人们佩服，佩服他们的才华；人们议论纷纷，见仁见智，“雪米莉热”曝光成为“雪米莉现象”。

　　我不想议论雪米莉的写作道德，我甚至不想探讨雪米莉的写作才华。

我只是思考这样一个现象：大陆究竟能否出现畅销书作家？

如果答案肯定，那么为什么红极一时的《男人的一半是女人》《血色黄昏》的作者只写出了一本畅销书而不能成为畅销书作家？

如果答案否定，那么为什么几位"欺世盗名"的大陆青年作者却能批量性地炮制出一本本畅销书？

矛盾的问题只能从矛盾的事实寻求解释。雪米莉在实际中是大陆作家，雪米莉在名义上又是香港作家。

矛盾的事实暗藏着一种微妙的心理。大陆读者在本能上愿读港台作品，而对大陆作家老是投以挑剔的眼光。

这一事实和心理都是意味深长的。我想问的是：是否大陆的审美意识已对司空见惯的艺术思维模式厌倦？是否大陆作家在把自己假想为大陆外作家之时果真能获得一种艺术的自由？应该说，这两种情况兼而有之。我们不能对读者的审美意识进行责怪。陈旧的套子、陈旧的思维模式确实已经影响了作品的感染力。形成这种状况，不能不说与我们一些作家独创精神缺乏、文化知识结构单一密切相关。

荐书 1997

给人推荐图书是一件很为难的事情，因为读书实在是一种个人化的行为。只是身为教师，常常不免勉为其难。当97级一位同学让我去学生阅览室看看，为学生写一篇导读文字的时候，我真是又感激又惶恐，感激的是同学们的信任，惶恐的是自己可能的误导。于是，在新生入学的那个周日，我专门参观了学生阅览室，很谨慎地选择了一些自己认真读过并认为值得一读的书。

我是从事中国现当代文学教学的教师，在这个领域多少有些心得。我选择王晓明《刺丛里的求索》、陈思和《犬耕集》、杨义《中国新文学图志》等作为推荐书目，这三位作者都是本专业年富力强、名望甚高的专家、博导，读其著作对本专业前沿问题当有所了解。此外，李辉的《人生扫描》以及漓江版的《王蒙王干对话录》《刘心武张颐武对话录》也不妨一读，这几本书有一定的专业深度且读起来不累。王晓明主编的《二十世纪中国文学史论》也应翻阅，其中会有让人感兴趣的题目和文章。然后，我还想请同学们读一下王瑶的《中国现代文学史论集》，王瑶先生是本专业的奠基人，要知道，并不是每个学科都能有这样一个公认的学科奠基人的。

我记得在我上大学的时候，我的老师很强调读作品。我想，一个中文系的学生，《鲁迅全集》总该浏览一下。当代文学方面，我觉得书架上《汪曾祺作品自选集》、《张贤亮小说自选集》、方方《风景》、王安忆《重建象牙塔》都不妨一读。汪曾祺是一个可以品味的作家，张贤亮在他那一代人中较有可读性，方方给人一种深度，王安忆对文学的痴迷令人钦佩。

我很不愿意跨专业推荐图书，但我还是忍不住越位了。书架上有房龙《人类的艺术》和《人类的解放》，这不是房龙最好的作品，但也可一读。戴维洛奇是一个有趣的小说家，他的《小说的艺术》谈小说自然内行。漓江版的《世界中篇名作选》共有六本，我记得其中不少篇章曾给我不少阅读的愉快。逾百万字的长篇小说《静静的顿河》和《约翰·克利斯朵夫》以截然不同的风格体现了文学的力量。聂鲁达的《情诗　哀诗　赞诗》不知译得好不好，我曾经非常喜欢这位诗人。20世纪是现代主义文学的世纪，出现了许多令人费解的文学作品，艾略特的《四个四重奏》我读过，似懂非懂，但我想，中文系的学生会经常遇到这类问题，还是硬着头皮读一读吧。

读书2006

　　唐德刚的《李宗仁回忆录》，过去读过，这次是重读。唐德刚的文字有一种吸引力，是信史，也是文学。用叙述的手法写历史，唐德刚在当代华人史学界可能少有人能比。他的旧文学修养和西学修养都够用，文字极有魅力，我个人喜欢他胜过喜欢黄仁宇。

　　史景迁的《追寻现代中国》和《天安门》。1989年端午节曾经在漓江边与史景迁相识，当时他为太平天国史访问钟文典教授。可能是访问结束之后路过漓江，看见划龙船的盛况，就挤在人群中看。我也在凑热闹，见到一个高大英俊的西方绅士，觉得有趣。当时正好与张力锋在一起，大家与史景迁交谈起来，知道他是耶鲁大学历史系的教授。请他在家里用了午餐，又到张力锋家用了晚餐。印象很深的是他对毛泽东和孙中山的评价是：毛泽东是一个成功者，孙中山是一个绅士。那天好像还是外婆的生日，李咏梅也来到张力锋家。与史景迁告别后李咏梅告诉我史景迁可能是一个著名的汉学家，因为她在《参考消息》上见过有关他的介绍。查阅报纸，果然。后来又在王城图书馆的一本美国中国学手册上读到对他的介绍。其英文名史班司，中文名史景迁，自称取景仰司马迁的意思。李欧梵则觉得其英文名字的译音更好，史班司，在历史学领域融司马迁和班固为一体。后来读过他的《文化类同与文化利用》和《改变中国》，前者是在北京大学的演讲。这两本书不错，专门写过读后感。今年读的这两本，标题很好，内容与标题相比弱一些，可能与译文质量也有关系。史氏长于叙述，观点隐藏在叙述中，没有好的译文，难以传达其精神。

　　查建英的《八十年代访谈录》。这是2006年很重要的一本书，许多人都写文章推荐。我是在刀锋书店买的，毫不犹豫就买了。80年代是中国现代历史上很特殊的一个年代，以后可能不会再有这种时候了。

　　林达的《如彗星划过夜空——近距离看美国之四》。好像也是在刀锋书店买的。因为读过前面三部，很喜欢，所以跟着读下去。林达还是没有让我失望。林达最好的书就是这四部，前面三部分别是《历史深处的忧虑》《总统是靠不住的》和《我也有一个梦想》。每本书都完整统一，叙述中见论述。他另外的《带一本书去法国》等都不如这四本，希望这个系列他还接着写下去。

易中天的《品三国》。百家讲坛火了很久我才注意易中天，有一天无意中在电视上看到他在讲课。不过我更习惯抱着本书阅读，这本书可读性很强。少年时代读过《三国演义》，同时还因为评法批儒读了一些谈三国人物的文章，当时就对曹操的谋士郭嘉很欣赏，所以读这本书有重温的感觉。兴之所至又读了一遍《三国演义》，读的是漓江出版社的李国文评点本。这种经典是经得起反复读的。

为了写论文，反复读了张爱玲的《倾城之恋》和《金锁记》，以及欧阳子对白先勇《台北人》的研究著作《旧时王谢堂前燕》。还有陈思和的《中国现当代文学作品十五讲》、王德威的《当代小说十六家》和王安忆的《心灵世界》。很佩服张氏的文字，也佩服欧阳子和陈思和读作品的精细。王安忆的《心灵世界》已经读了几次，对讲课极有帮助。那种将思想量化的方法，极有吸引力。在香港时遇到作者，专门表示了对她这本书的喜欢。还未找到读王德威书的门径，却写了一篇不同意其观点的文章，相信他的文章是有价值的。

为了写论文，读凡一平的《跪下》《变性人手记》《顺口溜》，前两本放在家里很久都没读，现在读，觉得还不错，有些内容很超前。可见有时为了写文章逼自己读书也是会有收获的。

麦家的《暗算》《解密》。两年前在北海会议上与麦家先生认识，不久就收到了这两本赠书，可惜一直没读。因为电视剧《暗算》热播，不少人对此剧推崇。于是找出《暗算》，一读不能释卷。再读《解密》，也是一口气读完。真不错。与一般的侦探小说不同，作者的兴趣主要在主人公性格和才能的特殊性，那是天赋的奇异品质，几乎与神性接近。后来在北京再次遇到麦家，感觉他就像小说中的解密高手，专门与之合影。

陶菊隐的《武夫当国》，也有许多人写推荐文章。读了，约一半，终于没读完。作者掌握大量史料，但缺少史家的灵魂，读起来如一盘散沙。或者说有许多珍珠，但串不起来。与唐德刚相比，虽然也是叙述，但因为没有史家的见识，只有记者的材料，而难以站起来。所以，光有史识不行，没有史料的结论往往是生硬霸道的；光有史料也不行，没有史识作灵魂，史料就是趴着的。历史作为科学必须是史料与史识的统一，这是常识，也是真理。相信以后还会有机会读这本书，毕竟史料丰富，有现场感，但可能需要自己通过阅读其他书逐渐形成了一定的史识之后，用"史识"去照亮"史料"。

有
书
作
伴

读书 2009

2009年，我随心所欲读了一些书。

我读了王蒙的自传第三部《九命七羊》、傅国涌的《金庸传》、李洁非的《典型文坛》、杨绛的《我们仨》、孙郁的《张中行别传》、孙宜学的《梁羽生新传》、唐德刚的《胡适口述自传》、何炳棣的《读史阅世六十年》、王树增的《解放战争》等一批传记。有时候半夜醒来睡不着，这些书能够安眠。有时候看上了瘾，手上事情也不想做了。王蒙是一个很有见解的作家，可惜文字太不节制，太执着于与别人较劲。批评他的人并不比他高明，但他的较劲反而使他的境界被拉下来了。《金庸传》买来几年了，最近才认真通读。金庸非常令人佩服，他的武侠小说境界之高令人不可思议，他的社评表现出卓越的见解，这些都是当代大陆作家无法与之相提并论的。可惜他的杭州谈话所表现的观念令人大跌眼镜。傅国涌平视的写作姿态是正确的，这使他的《金庸传》的品质超过过去很多本《金庸传》。《典型文坛》别开生面，让我改变了一些对周扬的看法。有一天在广西师范大学王城阅览室里，我还在《长城》上读了作者的同类文章《寂寞茅盾》，写得也很好，我同意他对茅盾的评价。他所谈的话题非常有价值，但还不够透彻。《我们仨》，感觉不如杨绛过去的东西。随着钱媛和钱钟书的逝世，真为杨绛感到痛惜。《张中行外传》写得有点张中行的味道，但许多问题还是点到为止。《梁羽生新传》是重读，主要是因为梁羽生去世，感觉梁羽生确实是一个儒雅本分的人。《胡适口述自传》写得鲜活实在，不仅胡适的性格才学，而且作者本人的性格教学也写出来了。《读史阅世六十年》正在读，还没有读完，是本好书。王树增的新书没有他原来那本《长征》写得好，有点堆材料的感觉，关键是全书缺少一个灵魂。

有段时间我经常在刀锋书店看书。其中许倬云的《世界大趋势》、当年明月的《明朝那些事》和王彬彬的《文坛三户》都是在书店读完的。许倬云讲到中国的大陆与台湾问题，肯定了台湾的民主化，肯定了大陆的经济崛起，但也指出了中国经济存在的问题：一是贫富分化，二是环境代价，客观而有智慧。王彬彬论金庸、王朔、余秋雨，我不一定赞同他的观点，但我承认他讲得还是有道理的。《明朝那些事》受到许多读者的追捧，我也喜欢，虽然文字冗长啰嗦了些。我很喜欢作者关于明政权是一个公司，皇帝是董事长的比喻。全书的结尾真是意味深长，我同意他对专制权力的看法，欣赏他最后所讲述的徐宏祖的故事及其寓意。据说作者是80后，我觉得，中国80后能达到这样的思想境界，给人希望。

我忙里偷闲读了一批小说，张欣的《对面是何人》、哲贵的《责任人》、滕肖澜的《倾国倾城》、陈雁的《余茅同之死》、矫健的《圣徒》等。张欣总是不辜负我的期望，小说写得扣人心弦，我一口气将这个长篇读完，但不得不承认，若让我再读一次，也没有兴趣了，她的小说完全用情节吸引我。哲贵的《责任人》比较特别，引起我一些思考。滕肖澜的《倾国倾城》所写的事件比较新颖，想不到现实生活中会出现这种事情，看了这个小说不久，就听说了它的现实版。有意思。《圣徒》的理念压过了形象，但却得到刊物的推崇，看来基督教影响确实越来越大。还读了几个朋友的小说如陈谦的《覆水》《望断南飞雁》、张翎的《金山》、光盘的《枪响了》《错乱》，值得读。长篇小说《金山》是今年的力作，应该给大陆作家不少启示。有天晚上失眠，幸好有王跃文的小说《苍黄》陪伴，这个小说写得比较灰。同时还读了杨少衡的长篇小说《党校同学》，没有他的中篇小说好读。张爱玲的《赤地之恋》是一部与张爱玲风格不相同的小说，但也可以看出张爱玲的才华。小说用一个叫刘荃的年轻人贯穿，这个年轻人是北京大学的学生，主要写了三件历史大事，一是土改、二是三反、三是抗美援朝。三个部分，第一个部分写得最好，第二个部分已经有观念化的倾向，第三个部分完全成为政治宣传。张爱玲本是一个私语型的小说家，擅长写日常生活，并不关心社会宏大事件，但这个小说完全由社会宏大事件结构，在让读者感受到张爱玲自我突破的同时，也可以发现她的捉襟见肘。

上面这些书，只是我2009年阅读的一小部分。我可以随心所欲地读，却不能随心所欲地写，因为报纸有篇幅的限制，这里我只好收笔了。

桂林的书店

对我来说，现在的桂林有三家书店。

第一家是桂林书城，可以说它从一个方面哺育了我的精神成长。从三多路到阳桥再到书城，我印象最深的当然还是三多路。很长一段时间，那几乎是我能够去的唯一的书店。少年时代的我在那里买过许多书，留下了许多值得记忆的故事。甚至上大学时候的每个假期，我只要回桂林，仍会去那里转一转。大学毕业以后，我仍然是那里的常客，很长一段时间，我经常背着一个黄书包在其间光顾。有时候待的时间比较久，甚至会引起个别工作人员的侧目，但我心里还算是坦然的，那时真年轻啊，一无所有而肆无忌惮，虽然物质上很贫乏，但有很多希望可以挥霍。不久前与一位朋友通短信，说到物质不可能最终满足人，这实在是最浅不过的道理了。但就是这最浅的道理，仍然需要亲身的体会才真切。真实到切到人的肌肤。这"切"字是带着刀的，可不能太疼痛啊。

第二家是大学书店。它最初开在广西师范大学王城校区的东侧门，当时应该是1986年。现在师大的教师就是从这个门进出的。开张以后就很红火，我记得我很快就在那里买了杰姆逊的《后现代主义文化理论》，当时桂林的几个文友看见了，也去买了这本书。那差不多是后现代理论刚刚进入中国的时候。桂林当时就有了这样一家人文色彩浓厚的书店，确实称得上开风气之先。后来北京有万圣书园、有风入松书店，我并不觉得太特别，因为在偏僻的南方桂林已经有了定位于人文学术的大学书店，只不过它不是民营，而是一家大学出版社办的。直到今天，大学书店仍然是我去得最多的书店。有时候为了写论文，我会不断地光顾它，我会从它正在销售的那些书中寻找我需要的思想或材料，那时候是我最大方的时候。

第三家是刀锋书店。这是一家很年轻的书店。年轻得我经常要向别人介绍它的方位。但就在我不厌其烦介绍它的位置的时候，我发现许多人早已知道它，而且已经是它的常客。比如，前些天，我与南宁《榜样》的编辑约在刀锋书店见面，当我为对方介绍书店的方位时，对方却告诉我她已经在书店等候我了。我曾在那里买过《八十年代访谈录》等一些时尚而又有思想的书。我很喜欢林达的"近距离看美国"系列，那是一对夫妻在三联书店出版的一套书信体历史叙述。林达的叙述说理能力极强，能将道理通过精彩的故事表达明白，并且这个故事不是短小的寓言体，而是庞大的史诗体，每一本书往往讲一个或者两个故事，探讨一个问题，读后，你会对事件的来龙去脉和道理的内在处和深刻处有透彻的了解。最早我读的是"近距离看美国之二"《总统是靠不住的》。这本书以总统为核心讲述美国的政治法律制度，通俗地说，它讲的是美国的政治制度如何制衡总统的权力。因为阅读感觉太好，后来我专门买了前面出版的《历史深处的忧虑》，作为《总统是靠不住的》的姊妹篇，这本书讲的是如何制约国家的权力。之后，我又买了讲种族问题的《我也有一个梦想》。印象中这三本书我都是在外地购买的，在桂林我很少见到这套书，偶尔见到也是在我已经买了之后。虽然我很喜欢这套书，但很少听到别人提到它，也少见媒体宣传它。可是，当我逛刀锋书店的时候，我发现，它的书架上摆放了许多林达的作品，不仅有"近距离看美国"系列，而且还有林达的其他书。当时我有一种这个书店深得我心的感觉。我在这里买了"近距离看美国之四"《如彗星划过夜空》，像一位读者所说的那样，林达仍然没有让我失望。这本以费城会议为主要情节的书梳理了美国宪政民主从源头、发展到相对成熟和付诸实践的基本过程，写得波澜起伏又条分缕析。虽然我向不少人推荐这套书却好像都没有得到期待的反应，但是，因为有刀锋书店对林达书的特别待遇，我相信，在我居住的这个城市，有与我趣味相投的读者朋友的存在。

如果让我概括这三家书店的特征，我想说桂林书城是大众的书店，它可以满足最大多数桂林人的需要。大学书店是学者的书店，它尽其可能满足专业人士的需要。刀锋书店是像朋友一样的书店，在那里，你获得的是漫不经心的与朋友相遇的感觉。刀锋书店似乎也有意营造这种感觉，它在有限的空间里放了几张桌椅，读者可以很休闲地在那里阅读甚至会友，我已经在那里会过一次友了，在书店会友的感觉真好，清雅的书香不知不觉渗透了你与友人的交谈和交往。

我与书

我常常庆幸自己喜欢读书。

可能还是小学一年级，我就读了自己平生读过的第一本长篇小说《渔岛怒潮》。在那个图书匮乏而又充满闲暇的时代，这本长篇小说我读了好几遍，它给我带来了一些梦想，也给我带来许多安慰。

整个小学和初中，我读了大量当时流行的小说，什么《闪闪的红星》《西沙之战》《金光大道》《烈火金钢》《草原烽火》《野火春风斗古城》《李自成》。因为共同的爱好，我认识了不少朋友，我们交往的最大动力，就是互相借书。现在回想，少年时代我曾经有两个最亲密的书友，一个是胡维平，他的父亲是文学教授，他曾经介绍我读过大量当时的禁书，比如《战斗的青春》，胡维平后来考上了南京大学，现在成了物理教授；另一个是范尔康，他的父亲是化学教授，他也是一个疯狂的读书人，他可以坐在我家一句话不说地花大半天时间把一本书读完，他后来考上北京大学，现在远在美国。可以这样说，书让我得到了不少朋友，而且，特别欣慰的是，当由于时间、空间或者更为复杂的原因，昔日的老朋友相互疏远，书仍然陪伴着我。此刻，想到这些书，想到与这些书相关的已经20多年不见的旧人，我的心里会涌起一片温情。

读书的嗜好使少年的我免遭屈辱。初一的时候，班上有个同学经常用一些市井语言谩骂我，弄得我很是自卑。当时正赶上评《水浒》，我央求父亲帮我买到了这套内部发行的书，读了后，我用书中几句我半懂不懂的话回敬这位同学，并告之这些话出自《水浒》。没想到这位同学从此对我大为尊敬，说什么我就是骂人也骂得深奥玄妙。

高一的时候，我参加过一次全校性的作文比赛。在那个文科优势的中学，我的作文相当平庸。比赛结束后，语文老师问我写了什么，我都答不上来。但最后结果公布，我荣获甲等奖。当老师把我的作文当作范文在班上朗读时，我听到的一个很重要的评语，就是这篇作文显示出我读了不少书。

我是一个非常低能的人。唱歌五音不全，跳舞踩不中节奏，任何乐器一窍不通，虽然很小就练过毛笔字，但如今连钢笔字也写不好。小学一年级我进过体操队，但好像从来竖不起倒立。小学二年级进了乒乓球队，还梦想成为国家级乒乓球运动员，但当我几年前看过我们广西的作家东西、凡一平与北京的陈建功、雷达打乒乓球，我都不敢想象自己还曾经做过这样的梦。小学三年级我进了篮球队，这个爱好我一直保持到现在，但我的球场表现，实在不敢叫人恭维。我有一个邻居，也是很亲密的同班同学，叫唐文轩，有几年时间我们形影不离，他是一个无线电天才，初中就能够用他制作的电器在他住的四楼与住在二楼的我通话。他很想让我与他有共同的爱好和才能，但是，因为我对无线电技术的"油盐不进"，一而再再而三的努力之后，他放弃了。现在他在深圳经营着一个高科技公司，他的无线电天赋得到了非常好的市场回报。

如此低能的我，一个百无一用的"书生"，假如没有读书的嗜好，很难想象，在今天这样一个竞争激烈的社会里，如何才能找到自己的立足之地。在这个意义上，我完全可以说，是书拯救了我。全靠书的赐予，我获得了一张宝贵的入场券，能够在相对自由的象牙塔里安身立命。

后记

本书所收的文章大部分是我历年所写的书评。

虽然我很主动读书，但却很少主动写书评。动笔写书评大多数都是因为朋友的约稿。这些朋友有的是书的编辑，有的是书的作者。我的绝大多数文章，包括书评，都是编辑和作者约写的。

因为这些编辑和作者的约请，我有了许多写书评的机会。在将这些书评编辑成书的时候，我心中充满了对这些朋友的感激。

读书对我来说是一件很快乐的事情。还在上中学的时候，我就决定今后要做一个大学教师。之所以有这样的想法，是因为我从小生活在大学校园，知道大学教师有时间有机会自由地读书。这是多么美好的事情呀。能够将爱好与职业相结合是幸运的，我觉得自己很幸运。

不久前我为自己的一本书稿写了后记，其中谈到我之所以喜欢读书得益于我的成长环境，得益于我的父母，因此我将那本书献给我的父母。在我把后记发给出版社编辑后不久，我临时决定将那本书的出版延迟到明年。正好同时我又在编辑这本书，所以，我决定将这本书也献给我的父母，感谢他们为我的成长付出的心血，感谢他们以自己的奋斗为我树立了人生的榜样。

2017 年 7 月 18 日记于桂林朝阳乡